edition suhrkamp 2061

Die katastrophale Versorgungslage Kubas, die Isolierung der Karibikinsel nach dem US-Embargo und dem Zerfall des sozialistischen Lagers sowie die zum Teil ruinösen Auswirkungen der ersten zögerlichen Reformschritte haben in den neunziger Jahren die einst egalitäre kubanische Gesellschaft von Grund auf verändert und zu einem unaufhaltsamen Autoritätsverlust Fidel Castros geführt.
Im Mittelpunkt dieser spannend geschriebenen Sozialgeschichte Kubas, die durch ihre gelungene Mischung aus Reportage, Reisebericht und Analyse beeindruckt, stehen die Fragen, was noch von den Träumen der Revolutionäre von 1959 übriggeblieben ist, welche Brüche und Kontinuitäten es nach dem Sieg der Revolution gegeben hat, woran Kubas real existierender Sozialismus letztlich gescheitert ist und welche Szenarien für die Zeit nach Fidel Castro denkbar sind.

Alfred Herzka

Kuba
Abschied vom Kommandanten?

Suhrkamp

edition suhrkamp 2061
Erste Auflage 1998

Erstausgabe

Satz: Jung Satzcentrum, Lahnau
Druck: Nomos Verlagsgesellschaft, Baden-Baden
Umschlag gestaltet nach einem Konzept
von Willy Fleckhaus: Rolf Staudt
Printed in Germany

1 2 3 4 5 6 – 03 02 01 00 99 98

Inhalt

Prolog

Das vorliegende Buch wurde im August 1997 beendet. Bis es den Leser erreicht hat, könnten dramatische Ereignisse Kuba von Grund auf verändert haben. Ob als Schauplatz spektakulärer Vorgänge oder als apathisch ausharrendes Land des *Comandante en jefe* Fidel Castro: Kuba ist in Europa und in den USA immer noch ein Thema, das starke Emotionen weckt.

Die Karibikinsel war in den sechziger Jahren Projektionsfläche revolutionärer Utopien: *Alle träumten von Cuba* – läßt sich mit dem kubanischen Romancier Miguel Barnet sagen –, und zwar von Salsa und Sozialismus, von Rum und Revolution. Doch nach dem kurzen Sommer der Utopie setzte bald Ernüchterung ein. Das tropische *Paradiso*, so ein Buchtitel José Lezama Limas, erwies als eine *Wahnwitzige Welt* (Reinaldo Arenas), in der ein repressives Regime das Sagen hat. Kuba ist auch heute noch Symbol für Paradies und Hölle, für Traum und Alptraum: Die berechtigte Kritik an der Mißachtung grundlegender Freiheitsrechte im sozialistischen Antillenstaat einerseits läßt oft das wachsende Massenelend in den kapitalistischen Ländern Lateinamerikas vergessen. Glühende Lobreden auf die »Errungenschaften der kubanischen Revolution« andererseits vereiteln hingegen häufig eine eingehende Analyse der Mißstände auf der Roten Insel.

Diesem Teufelskreis zu entgehen und über die kubanische Wirklichkeit zu informieren, ist das Anliegen des Buches. Politik und Wirtschaft, Geschichte und Gegenwart der Karibikinsel sollen dem Leser ebenso nahegebracht werden wie das Arbeits- und Alltagsleben der einfachen Kubaner in den Metropolen und auf dem Land. Im Mittelpunkt stehen die Fragen, was noch von den Träumen der Revolutionäre von 1959 übriggeblieben ist, welche Brüche und Kontinuitäten es nach dem Sieg der der Aufständischen gegeben hat, welche Faktoren in der Vergangenheit einen eigenständigen kubanischen Weg verhinderten und bis heute erschweren, und welche politischen Alternativen unter Fidel Castro und nach ihm bestehen.

Das Fragezeichen im Untertitel des Buches verweist auf die ungewisse Zukunft des Landes, mit oder ohne *Comandante*. Denn sowohl im sozialen als auch im politischen Bereich drohen Kuba große Gefahren: Dem unbeweglichen Patriarchen in der Hauptstadt Havanna stehen autoritäre Demagogen in der Exilgemeinde Miami gegenüber. Zwischen beiden Polen versuchen sich gegenwärtig unabhängige Organisationen zu behaupten, die die Keimzelle einer zukünftigen zivilen Gesellschaft bilden könnten. Insgesamt bleibt jedoch ungewiß, ob sich im Land eine stabile Demokratie etablieren oder ein neuer *Caudillo* die Bühne betreten wird.

Das Fragezeichen im Untertitel bezieht sich auch auf die jüngste Vergangenheit. Die westlichen Prognosen über das unmittelbar bevorstehende Ende der sozialistischen Regierung Kubas nach dem Verschwinden der »Volksdemokratien« haben sich allesamt als falsch erwiesen. Dennoch ist der bärtige Revolutionsführer seit Anfang der neunziger Jahre nicht mehr wie ehedem der unumstrittene *Líder Máximo*: Die katastrophale Versorgungslage und die Isolierung der Insel nach dem Zerfall des sozialistischen Lagers gehen mit einer moralischen Krise und mit einem unaufhaltsamen Autoritätsverlust einher. Hinzu kommen die Auswirkungen der zwar langsamen und widersprüchlichen, jedoch irreversiblen Reformschritte. Die Förderung des Massentourismus, die Legalisierung des Dollarbesitzes für Kubaner, die Dollarisierung der kubanischen Wirtschaft, ausländische Kapitalinvestoren und Joint-ventures haben die einst egalitäre kubanische Gesellschaft vollkommen verändert.

Überdies scheint sich ein Generationenkonflikt anzubahnen: Fidel Castro, einer der dienstältesten Staats- und Regierungschefs der Welt, feierte am 13. August 1997 seinen

71. Geburtstag, und dies in einem Land, dessen Bevölkerungsmehrheit unter 35 Jahre alt ist. Auch wenn sich Castro noch bester Gesundheit erfreut, auch wenn er noch lange arbeits- und regierungsfähig bleiben sollte, wird die Kluft zwischen dem spartanischen Landesgroßvater mit seinem marxistischen Vokabular und der jungen Generation mit ihren wachsenden Konsumbedürfnissen bald nicht mehr zu überbrücken sein.

1. Lilys Seidenkleid

Das grünliche Blau des Meeres, das vom Flugzeug aus gesehen Kuba zu beherrschen scheint, verschwindet bei der Landung in Havanna bei jedem Wetter. Auf dem heruntergekommenen Flughafen José Martí tauchten in den neunziger Jahren Farben und Zeichen auf, die das Ende einer langen Periode ankündigten. Beim Neuanstrich des Flughafengebäudes wurden düstere Kampfparolen durch heitere Werbeslogans ersetzt: »Cuba alegre como su sol«, »Kuba ist so fröhlich wie seine Sonne«, war gleich von der Rolltreppe aus zu lesen.

Der Fußmarsch zum Terminal gehört nun der Vergangenheit an; unten auf der Landebahn warten bereits moderne italienische Busse. Die ersten Kubaner, die dem Reisenden begegnen, sind mehrheitlich in Zivil gekleidet. Japanische Funkgeräte haben die früher allgegenwärtigen sowjetischen Faustwaffen mittlerweile verdrängt. Die seltsamen Tellermützen, die an die Kopfbedeckung der Offiziere der Roten Armee erinnern, sind nur noch selten zu erblicken. Die Abfertigungshalle wird nicht mehr von den olivgrünen Uniformen des Innenministeriums dominiert; glitzerndes Himmelblau und Diskomusik lockern das Kasernenambiente auf. Über den Köpfen der Menge, die vor der Paßkontrolle Warteschlangen bilden, hängen Videogeräte. Verführerische Aufnahmen von attraktiven Kubanerinnen, unterlegt mit Musik, versprechen das Paradies auf Erden. Das Reich der Sinne beginnt hinter grauen Holzkabinen, in denen sich phlegmatische Grenzbeamte im Zeitlupentempo bewegen.

Die Abfertigung ging Ende 1995 noch in alter Manier vor sich. »In welchem Hotel haben Sie ein Zimmer reserviert?« lautete die Standardfrage einer sichtlich gelangweilten schwarzen Offiziersanwärterin. Meine Antwort, daß ich an einem Buch über Kuba arbeite und bei Freunden in Havanna wohnen würde, irritierte die Grenzwächterin. Ihr feindseliges Schweigen weckte unangenehme Erinnerungen: Noch 1993 wurden Kubanerinnen und Kubaner von der Polizei schikaniert, wenn sie mit Touristen private Kontakte unterhielten.

Dem herbeigerufenen Vorgesetzten erschien mein Vorhaben ebenfalls zweifelhaft, und er holte weitere Erkundigungen ein. Nach zwei langen und nervös geführten Telefongesprächen wurde mein ungewöhnliches Anliegen ohne jeden weiteren Kommentar bewilligt. Ich erhielt ein Visum und konnte zu meinen Bekannten in die Hauptstadt.

Das nächste Abenteuer wartete bereits im Dollar-Taxi. Die Fahrt führte über unbeleuchtete und ausgestorben wirkende Straßen ins Zentrum von Havanna. Ab und zu tauchten wie aus dem Nichts gespensterhafte Gestalten auf Fahrrädern ohne Licht auf. Die in sich gekehrte Taxifahrerin wich ihnen in dieser unheimlichen Dunkelheit mit schlafwandlerischer Sicherheit aus und setzte dabei über ihr sowjetisches Funkgerät ihr unverständliches Gespräch fort.

»Hören Sie zu, *Compañera*«, ertönte es plötzlich aus dem Lautsprecher, »unser Freund ist wohlauf und sicher angekommen.« Dieser harmlose Satz brachte die etwa 40jährige Frau am Steuer aus der Fassung. Sie bremste brüsk und begann zu weinen. »Nach sieben Monaten ist mein Mann wieder frei«, erklärte sie unter Tränen. Dann erzählte sie mir die Geschichte von einem kleinen Polizisten, der einige Pakete Spaghetti als Geschenk angenommen hatte und deswegen strafversetzt wurde. »Wegen einer lächerlichen Menge Teigwaren haben sie ihn erniedrigt. Dabei laufen hier in dieser Gegend unzählige Schieber und Kriminelle frei herum«, verabschiedete sich die Taxifahrerin im Vedado-Viertel.

Das einst vornehme Quartier wird seit den fünfziger Jahren von einem grauen Hochhaus dominiert. »Hotel Habana Libre«, ist unter der Dachterrasse in schwindelerregender Höhe zu lesen. Die verwitterte Leuchtschrift ist jedoch irreführend;

1992 übernahm eine spanische Unternehmergruppe den geschichtsträchtigen Baukoloß, der fortan »Hotel Habana Guitart« hieß. Das Fünf-Sterne-Hotel mit wechselnden Eigentümern und Namen ist ein Symbol vergangener Epochen, das zugleich auch in die Zukunft weist.

Vor dem Sieg der Revolution im Januar 1959 hieß das 25stöckige Gebäude »Hotel Habana Hilton«. Wie die Besitzer kamen auch die meisten Gäste aus den USA. Es waren vor allem weiße Männer mittleren Alters und höherer Einkommensklasse, die für kurze Zeit den öden Alltag in ihrem puritanischen Land gegen tropische Reize auf der Karibikinsel tauschten. Im »Habana Hilton« war der Kunde König und bekam alles frei Haus, was in den USA geächtet oder verboten war: Alkohol, Drogen, Sex und Glücksspiele.

Trotz der Stagnation der kubanischen Wirtschaft in den fünfziger Jahren blühten in der kubanischen Metropole gewisse Gewerbezweige auf. Die Einnahmen der Spielkasinos erhöhten sich ständig, und die Zahl der Bordelle verdoppelte sich in weniger als zehn Jahren. 1958 zählte die Ein-Millionen-Stadt Havanna etwa 12 000 Prostituierte und rund 270 Etablissements. Noch 1959 hielten sich in Kuba offiziellen Angaben zufolge 100 000 Prostituierte auf.[1]

Nach der Flucht des Diktators Fulgencio Batista am Silvesterabend 1958 veränderten sich Name und Kundschaft von »Habana Hilton« radikal: Es wurde in »Habana Libre« umgetauft und zum Hauptquartier der siegreichen Revolutionäre gemacht. Der Stammplatz erlebnishungriger US-Touristen und einheimischer Nobelprostituierter wurde von martialischen Guerillakämpfern übernommen. Gäste aus den USA waren plötzlich überall im Land eine Seltenheit: Hatten 1958 noch mehr als 180 000 US-Bürger die exotische Zuckerrohrinsel besucht, so trauten sich einige Jahre später nur noch

1 Vgl. L. A. Pérez Jr., *Cuba. Between Reform and Revolution*, New York 1988, S. 305, und F. Morais, *Die rote Insel*, Wuppertal 1978, S. 17.

wenige Unerschrockene entgegen dem Verbot ihrer Regierung in Washington nach Kuba.

Nach dem triumphalen Einzug der Revolutionstruppen in Havanna zogen bewaffnete Männer und Frauen im Tarnanzug ins »Hotel Habana Libre« ein und stellten dort die Weichen für die Umgestaltung Kubas. Sie diskutierten in den luxuriösen Suiten über eine egalitäre Gesellschaft mit revolutionärer Moral und hielten im Roulettesaal feurige Reden über die direkte Volksherrschaft. Dort soll es auch zu dem Mißverständnis gekommen sein, das Freunde und Feinde der Revolution heute noch zum Lachen bringt: Fidel Castro habe bei einer Versammlung Ausschau nach einem neuen Industrieminister gehalten und in den großen Saal mit seiner schlechten Akustik gerufen: »Wer von euch hier ist Ökonom?« Außer Fidels Freund, dem Arzt und Guerillaführer Ernesto Che Guevara, habe sich niemand gemeldet. Dieser soll erst viel später, als er bereits Chef der Industrieabteilung am Nationalen Institut der Agrarreform und Präsident der kubanischen Nationalbank war, zugegeben haben, daß er damals anstatt *economista comunista* verstanden habe.

Es ist wohl kaum ein Zufall, daß der gefährlichste Attentatsversuch des US-Geheimdienstes CIA auf Fidel Castro sich nach Angaben der kubanischen Staatssicherheit im selben Hotel abspielte. Zentrale Figur der »Operation Lucrecia Borgia« war ein Angestellter des »Habana Libre«, der im Auftrag des CIA Gift in den von Castro üblicherweise bestellten Milkshake mischen sollte. Im März 1964 war es soweit, wird in Havanna berichtet. Die Zyanidkapsel sei bereitgestellt worden, als Castro, wie gewöhnlich, an der Bar des ehemaligen Hilton-Hotels erschien. Der *Líder Máximo* habe ein Mixgetränk bestellt. Der nervöse Angestellte jedoch habe die Selbstbeherrschung verloren und die Kapsel sei zerbrochen.

Etwa drei Jahrzehnte später befand sich sich das »Hotel Habana Libre« wieder in ausländischer Hand: Kubas schwer verschuldete »Revolutionsregierung« verkaufte 1992 die Mehrheit der Aktien an spanische Geschäftsleute. Kurz vor der Transaktion begannen Finanz und Wirtschaft im symbolträchtigen Hotel wieder eine wichtige Rolle zu spielen, und zwar in einer Form, die Che Guevara ein für allemal hatte beseitigen wollen: Seit den neunziger Jahren gehören dienstbereite Frauen auf der Suche nach Dollar, arbeitslose Männer mit dubiosen Absichten, nervöse Händler mit Waren unbekannter Herkunft genauso zu »Habana Libre« wie Polizisten in Zivil oder Uniform. Sie sind in der Regel schlecht bezahlt und gerne bereit, gegen Entgelt ein Auge zuzudrücken.

Läßt die Aufmerksamkeit der Ordnungskräfte nach, treten unermüdliche Einheimische vor der Eingangshalle in Aktion. Sie nehmen alle, die nach Touristen mit *Dolares* aussehen, ins Visier. Das menschliche Interesse am Gast aus dem Westen scheint enorm zu sein, auf die freundliche Fragen nach Heimat und Familie folgt gleich das Geschäftliche. Die Palette der Angebote ist breit. Sie erstreckt sich vom neuesten Produkt der kubanischen Pharmaindustrie zur Erektionsförderung bis zu klassischen Markenartikeln aus vorrevolutionärer Zeit wie Zigarren, Rum und sexuelle Dienstleistungen.

Einige junge Männer bieten in geschliffenem Englisch Außergewöhnliches an: Sie könnten ein kubanisches »Weltklasseprodukt« gegen erhöhten Cholesterinspiegel zu »phantastischen Preisen« en gros beschaffen, erklären sie mit gedämpfter Stimme. Die Absatzmärkte und Expansionsmöglichkeiten seien unbeschränkt, führen sie weiter aus, da Fettleibigkeit in der westlichen Welt zu den größten Problemen gehöre.

In Kuba hingegen trat nach dem Zerfall des ehemaligen »Ostblocks« ein dramatischer Wandel ein. Jeder Bedarf nach Mitteln gegen Übergewicht verschwand im Nu. Die Tagesration von 2950 Kalorien und 80 g Proteinen, die einst von der Revolutionsmacht als notwendig erachtet und jedem Einwohner garantiert wurden, wurde schon seit langem auf das Existenzminimum reduziert. Die meisten Läden waren nach

1990 leer und auch nach der Wiedereröffnung der *agromercados*, der freien Bauernmärkte, im Oktober 1994 blieben grundlegende Bedarfsartikel für die Bevölkerungsmehrheit unerschwinglich.

Das Alltagsgespräch in Havanna dreht sich in den neunziger Jahren immer mehr um die Themen »Miami« und *comida*. Das zweite Wort bedeutet nicht nur Nahrung, sondern verweist auch auf den täglichen Überlebenskampf. Miami ist das Ziel aller Sehnsüchte; mit diesem Namen verbinden sich Vorstellungen von Wohlstand, von dort kommen die Dollarsendungen der Verwandten im US-Exil, und dorthin wollen die meisten, die ihre Flucht oder Ausreise planen, hinziehen.

Juan[2] gewann eines von 5000 amerikanischen Einwanderungsvisa, die US-Präsident Bill Clinton 1995 unter den Kubanern auslosen ließ. Kurz nach seinem Glückstag sah sich Juan mit enormen Problemen konfrontiert. Die kubanischen Behörden funktionierten die Ausreisegenehmigungen zu Deviseneinnahmequellen um und verordneten per Dekret die Bezahlung von hohen Gebühren in US-Dollar.

Von Juans vierköpfiger Familie wurden Ende 1995 rund 2500 US-Dollar verlangt. Der stellenlose Fernsehtechniker mußte den Gegenwert von 250 monatlichen Durchschnittslöhnen in Kuba innerhalb eines halben Jahres alleine erwirtschaften. Der kaum 30jährige besaß indes reichlich Erfahrungen im Umgang mit dem Unmöglichen. Seit 1990 schlug er sich als *luchador*, Überlebender, durch. Er wohnte in einem selbst zusammengezimmerten Einfamilienhaus ohne Baubewilligung und half bei der Errichtung von ähnlichen Konstruktionen mit. Er konnte auch sanitäre Einrichtungen montieren oder Malerarbeiten erledigen. Der Universalbastler fabrizierte im »Hauptberuf« illegal Kühlschranke und Tiefkühlgeräte: Er reparierte kaputte Geräte oder stellte aus dem

2 Im vorliegenden Buch wurden die Namen aller Personen, die gefährdet sein könnten, vom Verfasser geändert.

entwendeten Material neue Apparate her, die er für 200 bis 300 Dollar verkaufte.

Kaum war die Hälfte der sechsmonatigen Zahlungsfrist abgelaufen, hatte Juan die von der kubanischen Paßbehörde geforderte Summe beinahe zusammengebracht. Trotz des spektakulären Erfolgs bereitete er sich mit einer Mischung aus Fatalismus und Naivität auf die Zukunft vor: »Die kubanische Polizei kann jederzeit ihre Meinung ändern und mich als ›Wirtschaftskriminellen‹ verhaften. In den USA wird es sicher viel leichter sein, mit harter Arbeit Geld zu verdienen und die Familienangehörigen unter diesem Regime hier zu unterstützen«, sagte Juan mit einer verächtlichen Kopfbewegung.

Die Meldungen über die langsame Erholung der Wirtschaft, die von der Verwaltung seit Ende 1995 gebetsmühlenhaft wiederholt werden, haben weder etwas an der harten Wirklichkeit noch an der schlechten Stimmung in Havanna ändern können. Trotz angeblicher Produktionssteigerung sind an jeder Straßenecke Klagen über die armselige Ernährung und die hohen Lebensmittelpreise zu hören. »Bohnen, Reis und Brot sind seit langem die einzigen Nahrungsmittel, die noch regelmäßig geliefert werden«, stellte die Meeresbiologin Alicia nach der ersten Ernte im Frühjahr 1997 fest. Ihre *Libreta*, der staatliche Bezugsschein für Lebensmittel, dokumentierte mit seinen spärlichen Eintragungen die zunehmende Härte des Alltags. Immer mehr Rubriken blieben leer; elementare Artikel wie Seife, Waschmittel, Toilettenpapier, Speiseöl konnte Alicia nach 1993 nicht mehr beziehen. Einem Erwachsenen stellten die kubanischen Behörden im Frühjahr 1997 pro Monat etwa 2,75 kg Reis, ein halbes Pfund Bohnen, sieben Eier, 1 kg Fisch und 300 g *Picadillo*, mit Soja gestrecktes Hackfleisch, zur Verfügung. Hinzu kam noch täglich ein Brötchen, das etwa 80 g wiegt. »Das Ganze reicht für etwa eine Woche«, rechnete Alicia nach. »Die Preise auf den Bauernmärkten sind unbezahlbar; mindestens 1000 Peso, mehr als fünf durchschnittliche Monatslöhne, sind allein für die Ernährung einer vierköpfigen Familie notwendig«, sagte sie mit stoischer Miene.

Nach 1995 gaben die meisten kubanischen Schulen kein Mittagessen mehr aus, und Alicia sparte sich die Nahrungsmittel für ihre Kinder, wie unzählige andere Eltern in Kuba, vom Munde ab. Das zusätzliche Brötchen und die teure Milch vom Schwarzmarkt schufen aber nur kurzzeitig Abhilfe: Alicias 14jährige Zwillingskinder kehrten jeden Nachmittag mit knurrenden Mägen heim. Die kaum 30jährige Frau schützte sich und ihre Kinder durch ausgiebiges Schlafen vor Krankheiten. »Ein Minimum an Aktivitäten erhöht die Widerstandsfähigkeit des Körpers enorm«, riet die bürgerkriegserprobte Großmutter aus Spanien.

»Obwohl keine Schüsse zu hören und keine Toten zu sehen sind, leben wir dennoch im Krieg«, faßte Alicias drahtiger Mann Jesús die derzeitige Lage zusammen. Der besonnene Dissident meinte damit eine allumfassende Konfrontation: Hitzköpfe in Havanna, rachsüchtige Exilgruppen in Miami und Fanatiker in Washington bekämpfen sich seit nun etlichen Jahrzehnten auf mehreren »Kriegsschauplätzen«. Der Krieg richtet sich auch gegen die »inneren Feinde« in Kuba und fordert strengste Geheimhaltung: Zahlen oder Untersuchungen über die Ernährungslage und den Gesundheitszustand der Bevölkerung waren in den neunziger Jahren mehr denn je nur den Eingeweihten zugänglich.

Staats- und Parteichef Fidel Castro verkündete im Januar 1990 offiziell den Anfang der *Período Especial en época de paz*, der »Sonderperiode in Friedenszeiten«. Der umständliche Begriff war ein Euphemismus für Kriegswirtschaft, deren Ende niemand vorauszusagen vermochte. Benzin und ein großer Teil der Lebensmittel wurden rationiert. »Ereignisse im Ausland, wie das Verschwinden der sozialistischen Gemeinschaft in Europa [...] der Sowjetunion, die Verschärfung der US-Blockade haben unser Land über Nacht in eine schwierige Lage gebracht, für die es kein Beispiel in der

Menschheitsgeschichte gibt. [...] Der zunehmende Mangel hat zu einer bedauerlichen Unterbrechung des sozialen Aufschwunges geführt«, beantwortete 1995 in einer Broschüre für den internen Gebrauch die »Nationale Informationsagentur« in Havanna die Frage: »Was ist die Sonderperiode?« Die dem Zentralkomitee der *Partido Comunista de Cuba* (PCC), der Kommunistischen Partei Kubas, direkt unterstellte Agentur zog eine positive Bilanz: »Das kubanische Volk hat seine Liebe zu den Idealen der Revolution und seine Fähigkeit, auch unter schwierigsten Bedingungen Widerstand zu leisten, [...] bewiesen.«[3]

Die Durchhalteparolen verhallen aber zunehmend ungehört; Erschöpfung und Apathie breiten sich auf der Roten Insel aus. Auch das Revolutionsmuseum in der Altstadt La Habana Vieja wurde von der Krise nicht verschont und hat sich in ein Geisterhaus verwandelt. Kaum jemand besuchte in den letzten Jahren das prunkvolle Gebäude, das einst als Präsidentenpalast gedient hatte und nach 1961 als »Museo de la Revolución« die dekadente Ausschweifung vergangener Epochen mit proletarischer Askese konfrontierte.

»Als es in Kuba noch eine Revolution gab, war ich mit meiner Tochter oft hier«, erklärte Gloria vor dem Eingang. Die Mittvierzigerin wurde als Ökonomin »wegrationalisiert« und schlug sich in der *Período Especial* als illegale Gelegenheitsarbeiterin durch. Sie ging jede Woche zweimal auf dem Weg zu einem Hilfswerk im Erzbischofpalast am Revolutionsmuseum vorbei. Die einstige Revolutionsanhängerin konnte nur mit Unterstützung der katholischen Kirche ihre Mutter ernähren und das Medizinstudium ihrer Tochter finanzieren. Gloria hatte schon vor der Sonderperiode keinen Hehl aus ihrer Verachtung für die Karrieristen und Bürokraten in der PCC gemacht. Für Fidel Castro brachte sie hingegen auch im Herbst 1996 noch, trotz aller Widrigkeiten, eine fast religiös

3 Vgl. *10 Preguntas sobre Cuba*, por L. M. Fornieles, Agencia de Informacion Nacional, Habana 1995, S. 21.

anmutende Verehrung auf: »Der *Comandante* verteidigt die Revolution allein gegen alle in der Partei und der Armee«, flüsterte sie dem ausländischen Besucher zu.

Die Wächterin im Revolutionsmuseum konnte uns nicht gehört haben. Sie prüfte jedoch mit außerordentlicher Strenge meine Papiere. Die resolute Frau weckte Erinnerungen an die Filmkomödie *Tod eines Bürokraten*, die den kubanischen Filmregisseur Tomás Gutiérrez Alea in den sechziger Jahren berühmt gemacht hat. Die Bewilligung zum Fotografieren, sogar der Einlaß in das ausgestorbene Museum drohte wegen eines fehlenden Buchstabens zu scheitern: Die spanische Version meines Vornamens auf der Akkreditationskarte enthielt einen Buchstaben mehr als die deutsche Version im Reisepaß.

Schließlich ermöglichten aber kleine menschliche Schwächen und der Sinn für Humor – die zur kubanischen Lebensart und zur Überlebensstrategie in der *Período Especial* gehören – einen Kompromiß. Nachdem ich einige Scherze zum Besten gegeben, die Schönheit des Landes und die Augen der Beamtin gelobt hatte, war sie milder gestimmt. Sie nahm mir das Versprechen ab, keine Fotos zu schießen, und ließ mich passieren.

Die ersten Säle zeigten Kuba als unterentwickeltes und halbkoloniales Drittweltland vor dem Sieg der Revolution. Soziale Ungerechtigkeit, Repression, Korruption, Massenelend schrieen die bebilderten Texte dem Besucher ins Gesicht. Über die erschütternden Schwarzweißbilder, auf denen man ausgemergelte Tagelöhner und Schwarze in Bruchbuden erblickte, waren rote Stoffbänder mit Zitaten des *Líder Máximo* Fidel Castro und des *Comandante* Che Guevara geheftet. Gloria überflog sie mit unbewegtem Gesicht und schritt zügig voran.

In einem kleinen Saal mit Zeitschriftenartikeln aus den fünfziger Jahren blieb sie dann lange stehen. Die ausgestellten Bildreportagen zeigen auffallend viele schwarze Arbeiterführer und berichten über Streiks und Massendemonstrationen –

von den mächtigen Gewerkschaften geleitet. »Das alles wäre heute nicht mehr möglich«, sagte Gloria endlich.

Etwas weiter vorne stehen zwei aus Plastik gegossene Guerilleros mit Gewehr. Das Ende der siebziger Jahre entstandene Werk erinnert in seiner absoluten Detailgenauigkeit an den »sozialistischen Realismus«. Zu sehen sind zwei junge und entschlossene Männer in Lebensgröße; Che, aus dessen Miene eine unübertreffliche Ernsthaftigkeit spricht, und vor ihm Revolutionsheld Camilo Cienfuegos, milde lächelnd und mit einem fast koketten Blick. Eine historische Aufnahme an der Wand nebenan neutralisierte die Wirkung der Skulpturen und zeigt Cienfuegos als müden Mann: Der Kampfgefährte Fidels, der im November 1959 starb, als sein Flugzeug spurlos über dem Meer verschwand, und dessen Leiche nie gefunden wurde, schien trotz Siegespose am Ende seiner Kräfte.

Im neobarocken Prunksaal spielte ein Videogerät aus der ehemaligen DDR einen Propagandafilm über die kubanische Armee ab, der sich immer automatisch zurückspulte und wieder vor vorn begann. Die einzige Zuschauerin, eine unbewaffnete Soldatin in grüner Uniform, schlief tief und fest auf einem der unbequemen Stühle. In diesem Raum wurden früher die Staatsgäste empfangen, erklärte eine Aufseherin, und hier habe Batista seine letzte rauschende Silvesterparty gegeben, bevor er, beladen mit einem goldenen Fernseher und 35 Millionen Dollar, Richtung Santo Domingo entfloh. Blutgetränkte Hemden von gefallenen Revolutionskämpfern in gläsernen Vitrinen halten im ganzen Museum die Erinnerung an Batistas brutale Diktatur wach.

Die weiße Türe mit der roten Überschrift »I. Congreso de PCC« (»Erster Kongreß der Kommunistischen Partei Kubas«) führt zu einem Raum, in dem eine Atmosphäre wie in einem Tempel herrscht. Als christusähnliche Figur thront auf dem Bild in der Mitte des Raumes Fidel Castro zwischen Che Guevara und Cienfuegos. Weiter oben sind Marx, Engels und

Lenin zu erkennen, neben ihnen drei kubanische Nationalhelden.

Höhepunkt und Endstation der Daueraustellung im Revolutionsmuseum bildete bis 1994 der »Saal der Sowjetunion«. Über dem Eingang war in riesigen roten Lettern zu lesen: »Unsere Dankbarkeit gegenüber dem sowjetischen Volk währt ewig, Fidel Castro«. Als ich 1993 eine ältere Wächterin in ein Gespräch über die Auflösung der UdSSR zu verwikkeln suchte, wiederholte die Frau nervös »Fidels Worte« und lobte die »zutreffende Analyse unseres Chefkommandanten«.

Fidel Castro erklärte sich erst vier Jahre nach Ende der Sowjetunion mit der Umbenennung des Raums in »Saal der Solidarität« einverstanden. Zu sehen ist dort nun, neben einem kubanischen Astronauten in einem sowjetischen Raumschiff, eine Fahne aus Galizien, auf der das Ende der »US-Blockade« gegen Kuba gefordert wird.

Hinter einem Glasschrank mit dem kubanischen Impfmittel gegen Meningitis machte Gloria eine sensationelle Entdekkung. Sie fand in einem Nebenraum Batistas Hauskapelle, die seit April 1995 besichtigt werden kann. »Das Ding war immer am selben Ort, aber nicht zugänglich«, sagte eine Wächterin. Niemand im Museum hatte für diesen plötzlichen Sinneswandel nach mehr als drei Jahrzehnten eine Erklärung parat.

Ein Teil des Ausstellungsmaterials über die Sowjetunion landete im ebenfalls neu eingerichteten »Saal der Errungenschaften des Sozialismus«. Dort werden das Landwirtschaftskonzept des 1895 gefallenen kubanischen Freiheitshelden José Martí und die Elektrifizierungspolitik von Wladimir Iljitsch Lenin in einer Bildcollage als Bestandteile von Fidel Castros Entwicklungsstrategie vorgestellt, die Kubas kontinuierlichen Weg zum Sozialismus sichern soll.

Neben bombastischen Fotos und Statistiken über die Fortschritte im kubanischen Gesundheits- und Erziehungswesen hängt das Gruppenbild der Führungselite. Die Aufnahme zeigt Fidel Castro Ende 1996 in Gesellschaft von zwei Dutzend größtenteils steif wirkenden Funktionären des Politbüros, unter denen sich lediglich drei Frauen befinden. Diese 22 Mitglieder des Zentralausschusses der PCC haben europäische Gesichtszüge. Weit weg vom selbstbewußt lächelnden Parteichef in der Bildmitte, waren nach etwas Suchen in der unteren Reihe zwei Schwarze zu erkennen. Draußen auf der Straße hingegen bietet sich ein anderes Bild: Schwarze und Mischlinge scheinen mindestens die Hälfte der kubanischen Bevölkerung zu stellen.

Auf einem Transparent vor dem Ausgang des Revolutionsmuseums wird spartanische Härte von allen Kubanern gefordert: »Wir müssen uns darauf einstellen, mit immer weniger und weniger und vielleicht mit fast nichts zu leben und zu arbeiten«, las Gloria mit hellem Entsetzen die Abschiedsworte Fidel Castros vor. Eine Wächterin versuchte, die Situation zu retten, und führte uns zu den Glanzzeiten der kubanischen Geschichte zurück. Wir besichtigten die »historische Nordterrasse« des Museums, auf der Fidel Castro am 28. September 1960 die Gründung der *Comités de Defensa de la Revolución* (CDR), Verteidigungskomitees für die Revolution, verkündet hatte. Meine Frage nach dem Sinn dieser Ausschüsse wurde mit Engelsgeduld beantwortet. Das Verbot der Prostitution und die Enteignung von Großkapitalisten hätten zu Bombenattentaten geführt und die Feinde der Revolution mobilisiert; als Antwort darauf seien die CDR entstanden. Über sieben Millionen Freiwillige, mehr als 90% der erwachsenen Bevölkerung Kubas, sollen CDR-Mitglieder sein.

»Natürlich gehören wir auch dazu«, sagten meine Gesprächspartnerinnen und schilderten begeistert die Aufgaben der CDR-Mitglieder: Sie sollen die Polizei durch nächtlichen Wachdienst entlasten, Volksfeinde und Kriminelle entlarven, bei der Ernte helfen und an Impfaktionen sowie Alphabetisierungskampagnen teilnehmen. »Hinzu kommt in der jetzigen *Período Especial* das Prüfen der gerechten Verteilung der knappen Güter«, schlossen die beiden Aufseherinnen stolz ihren Vortrag.

Die sturen und zugleich liebenswürdigen Frauen verkörpern die inneren Verhältnisse Kubas, die auf Warten, Stillstand und Repetition beruhen. Wie das Personal im »Museo de la Revolución« und die dort glorifizierten Landesväter, scheint auch ein großer Teil der kubanischen Bevölkerung einer anderen Epoche anzugehören. Die Insellage und die Absurdität der Geschichte haben Kuba zu einem surrealistischen Land werden lassen, in dem die Gegenstände der Vergangenheit und das Ambiente beim Betrachter nostalgische Gefühle wecken. Die Straßen in den kubanischen Städten werden von chinesischen Fahrrädern dominiert; die wegen Benzinmangels abgestellten Buicks, Chryslers und Chevrolets stammen noch aus der Roosevelt-Ära. Die veralteten ungarischen Ikarus-Busse in Havanna erinnern an Budapest vor 25 Jahren. Der sowjetische SAU-100-Panzer vor dem Revolutionsmuseum, mit dem Castro im April 1961 eigenhändig auf die Invasoren in der Schweinebucht geschossen hatte, wurde in den fünfziger Jahren gefertigt. Die 30-Centavo-Briefmarken, die in Kuba noch lange nach dem Zerfall der Sowjetunion in Umlauf waren, feiern Lenins »Große Oktoberrevolution« und zeigen Raumschiffe im Weltall mit der überdimensionierten Aufschrift »UdSSR«. Auf den 3-Peso-Scheinen, die 1997 noch gedruckt wurden, sieht man Ernesto Guevara in Uniform beim Zuckerrohrschneiden, und die Botschaft auf Kopfhöhe lautet: »Che – treibende Kraft der freiwilligen Arbeit«. Seit 1990 ist in Havanna eine einzige Tageszeitung erhältlich; Sie heißt *Granma*, »Großmutter«, und ist das Organ der Kommunistischen Partei.

Mit einer vergilbten *Granma* in der Hand wirkte Esperanza in der Lobby des neueröffneten Luxushotels in Havanna doppelt verloren. »Die Zeitung erinnert mich an meinen Vater und verschafft mir auch einen gewissen Respekt gegenüber Kubanern«, begann die junge Frau mit sichtbarer

Nervosität ihre Lebensgeschichte zu erzählen. Sie befand sich Anfang 1997, wie Hunderttausende auf der Karibikinsel, im Niemandsland zwischen Duldung und Strafverfolgung. Trotz ihres Doppellebens und Schattendaseins trug Esperanza als statistisches Phantom dazu bei, Kubas Wirklichkeit zumindest mathematisch zu beschönigen. Die 28jährige ehemalige Sekretärin wurde von den Behörden nicht zu den etwa eine Million Menschen gezählt, die im Zuge der unerläßlichen Massenentlassungen während der *Período Especial* vor 1996 auf die Straße gesetzt wurden. Die junge Frau wurde auch nicht den dreieinhalb Millionen Personen zugeordnet, die nach offiziellen Angaben Kubas Reservoir an Arbeitskräften bilden.

Die alleinerziehende Mutter Esperanza war der Kategorie *Ama de Casa*, Hausfrau, zugerechnet, was in den achtziger Jahren noch als anrüchig galt, als ein Relikt aus der Epoche der vorrevolutionären Macho-Herrschaft. Das zuständige Ministerium sprach im Sommer 1995 von rund einer Million Hausfrauen, verschwieg jedoch, daß die Mehrzahl vor 1990 eine Stelle innehatte. »Hausfrau« Esperanza gehörte als wegrationierte Sekretärin zugleich auch zur Kategorie *Reubicado*, »Umorganisierte«, die etwa ab 1994 *Disponible*, »Zur Verfügung Stehende«, genannt wurden. Die umständlichen Bezeichnungen zielten darauf ab, das häßliche Wort »Arbeitslose« zu vermeiden. Deren Zahl wuchs rasch an, und nach inoffiziellen Angaben der Behörden war die Entlassung von mindestens 20% der erwerbstätigen Bevölkerung unerläßlich für die »Rückgewinnung betrieblicher Produktivität«.

Esperanza war als *Disponible* zur Arbeit verpflichtet, als unverheiratete »Hausfrau« bedurfte sie eines Einkommens. Sie erhielt nach der Entlassung zwölf Monate lang rund 70% ihres Lohns. Die letzte Zahlung erfolgte im Juni 1993; danach hätte Esperanza Einsätze in der Landwirtschaft leisten müssen. »Ich hatte weder Lust noch Kraft, Karotten auszugraben und in Massenunterkünften zu schlafen. Schließlich fand ich die Lösung hier«, sagte sie in der Bar des glitzernden Fünf-Sterne-Hotels.

Esperanza trug ein weißes Seidenkleid und Schuhe aus Schlangenleder und wurde vom Türsteher Lily genannt. »Das ist mein Künstlername, er gefällt den Männern hier und paßt gut zu meinem Auftreten«, erklärte sie mit warmer Stimme. »Zweimal pro Woche mit einem Hotelgast aufs Zimmer zu gehen, bringt mehr ein als der Jahreslohn meines Vaters, der als Funktionär gut verdient«, rechnete Lily nach. Die Zeiten seien schon lange vorbei, als sich ihre Familie und die Nachbarn empört gaben. »Die Tante, die mich vor einem Jahr noch als *jinetera* [Hure] beschimpfte, behandelt mich heute wie eine Prinzessin. Ohne meine Dollar bekäme ihr Mann keine Medikamente«, erzählte Lily mit größter Genugtuung. Sie lehnte sich leicht zurück, ließ aber die Polizisten vor dem Hoteleingang keine Sekunde aus den Augen.

Obwohl Lily die maßgeblichen Hotelangestellten und Wächter am Gewinn beteiligte, obwohl der unveränderte Eintrag in ihrer Identitätskarte ein Anstellungsverhältnis vortäuschte, hatte sie Angst. Sie bewegte sich auf einem juristischen Minenfeld und lief ständig Gefahr, mit Hilfe eines Gummiparagraphen wegen »Gemeingefährlichkeit« für mehrere Jahre ins Gefängnis befördert zu werden.

Esperanza alias Lily überflog nervös die Schlagzeilen der *Granma*. Das KP-Organ rief während der *Período Especial* in regelmäßiger Folge zu Feldzügen gegen »Kriminelle und Asoziale« auf. In sich kämpferisch gebenden Artikeln wurde immer wieder die Festnahme von Schwarzhändlern und Prostituierten im Umfeld der großen Hotels in Havanna bekanntgegeben und die Frage gestellt, ob zwei Jahre Gefängnis als Höchststrafe denn wirklich genügten. In den aggressiven Beiträgen geriet die analytische Methode von Karl Marx völlig in Vergessenheit; Prostitution im »sozialistischen Kuba« wurde moralisch verdammt und als ein »individuelles Fehlverhalten« ohne sozial relevante Gründe gebrandmarkt.

El Señor, wie Fidel Castro von seinen Landsleuten auch genannt wird, behandelt das heikle Thema hingegen eher dialektisch. In Kuba würden Prostituierte nicht verfolgt, »damit uns niemand Menschenrechtsverletzungen vorwirft«; er werde aber niemals die Legalisierung der Prostitution akzeptieren, erklärte der *Comandante* bei seinem Besuch in New York im Oktober 1995. Meistens spricht er mit einer Mischung aus Verachtung und Verständnis von »unseren selbständig erwerbenden Frauen in einem gewissen Gewerbe, die im Unterschied zu ihren Kolleginnen in den entwickelten kapitalistischen Ländern über mindestens zwölf Jahre Schulbildung verfügen«.

Es werden indes immer wieder Drohungen laut, wie etwa auf dem VI. Kongreß des Kubanischen Frauenverbandes (FMC) im März 1995. In seiner Abschlußrede sprach Fidel Castro von der »Tendenz bei gewissen Leuten, von der Prostitution zu leben«, was beunruhigende moralische und hygienische Aspekte mit sich bringe. »Aktivitäten dieser Art gefährden das öffentliche Gesundheitswesen [...] den Erfolg unseres Kampfes gegen AIDS [...] und das Ansehen des Landes. Das zwingt uns, nachzudenken und zu kämpfen«, warnte der *Comandante*.

Seine Schwägerin Vilma Espín, seit 1961 Chefin des FMC, der fast 90% aller kubanischen Frauen über 14 zu seinen Mitgliedern zählt, hieb in dieselbe Kerbe: »Nur schwache Personen ohne Moral werden in Kuba zu Prostituierten«, entrüstete sich die »eiserne« Gattin des Verteidigungsministers Raúl Castro in der *Granma* und nannte »diese Mädchen eine große Schande für unser Land«.

Ein bedeutender Teil der älteren Generation in Kuba neigt dazu, Lily und ihre Kolleginnen durch die Optik der *Granma* zu sehen. Kubas Geschichte und die *Período Especial* verleihen dem natürlichen Generationenkonflikt eine beispiellose Sprengkraft. Die Kluft zwischen Eltern und Kindern, die nach der Revolution von 1959 zur Welt kamen, entwickelt sich zu einem kaum zu überbrückenden Abgrund zwischen den heranwachsenen Enkelkindern und ihren Großeltern. Davon bleiben nicht einmal die legendären Führer der Revolution verschont. Fidel Castros 1956 geborene Tochter Alina hatte ihren Vater öfters kritisiert und als Tyrannen bezeichnet, bevor sie Ende 1993 mit einem gefälschten Paß in die USA geflüchtet war. Der 1974 geborene Canek Sánchez Guevara, Sohn der ältesten Tochter Che Guevaras, Hilda Guevara Gadea, und das wohl berühmteste Enkelkind Kubas, träumt von einem Land mit Privatinitiative und freiem Wettbewerb. Als Rockmusiker singt Canek in gebrochenem Englisch, in der Sprache des Erzfeindes USA, über die Zensur in Kuba. »Diese Revolution ist am Ende: In Kuba gibt es weder Brot noch Freiheit, und die Rechtfertigung, daß all unsere Probleme mit der US-Aggression zusammenhängen, ist in etwa so glaubwürdig wie die Märchen über die Drachen«, erklärte er Ende 1991 gegenüber einem amerikanischen Journalisten.[4]

Stärker als durch kollektive Erfahrungen, Bezugspunkte und Träume werden die verschiedenen Generationen Kubas durch ihre konkrete Lebenslage und Zukunftsaussichten getrennt. Zwar litten die Älteren unter den wilden Experimenten und dem Dilettantismus der Revolutionsführung, sie profitierten aber auch reichlich von der historisch einmaligen Unterstützung, die Kuba zwischen 1961 und 1989 im Rahmen der »sozialistischen Bruderhilfe« erhielt. Die heutige Jugend Kubas hingegen lebt auf einer isolierten Insel und wird Zeuge einer der größten Krisen in der Geschichte des Landes.

Nach der euphorischen Aufbruchstimmung der Großeltern gehörte auch die Sicherheit der bevormundeten Eltern nach 1990 immer mehr der Geschichte an. Der bescheidene Wohlstand ging verloren, auch die staatlich garantierte Bildung und Arbeit waren in Gefahr. Paternalismus und sozialistischer Schlendrian hingegen blieben erhalten und ergeben

4 Vgl. A. Oppenheimer, *Castro's Final Hour*, New York 1991, S. 269.

zusammen mit den frühkapitalistischen Auswüchsen in der *Período Especial* ein explosives Gemisch. Die Zukunft Kubas hängt im ausgehenden 20. Jahrhundert weitgehend vom zugleich charismatischen und anachronistischen Landesgroßvater ab, dessen Lernfähigkeit und Reformbereitschaft allerdings umstritten sind.

2. Fidels Uniform

Nach dem Besuch des Revolutionsmuseums schien Gloria in ihrer ablehnenden Haltung bestärkt. Jedoch war die kritische Frau beim Gedanken an eine Zukunft Kubas ohne »Fidel« höchst beunruhigt. »Wenn der *Comandante* weg ist, gibt es niemanden mehr in der Regierung, der hier noch etwas gegen die ausländischen Kapitalisten tut«, sagte sie mit banger Stimme. Gleich nach »Fidels« Tod werde aber etwas noch viel Schlimmeres passieren, da fast alle Kubaner eine offene Rechnung zu begleichen hätten. »Die Vergeltungsmaßnahmen werden sich vor allem gegen uns Schwarze richten und zu einem nie dagewesenen Blutbad führen«, flüsterte Gloria in ihrer Wohnung kurz vor einer Sondersendung des kubanischen Fernsehens.

Im Unterschied zur 70jährigen Mutter, die demonstrativ das Zimmer verließ, als Fidel Castro auf dem Bildschirm erschien, folgten Gloria und ihre Tochter Zoé der Übertragung. Der *Comandante* stand auf einer Kirchenkanzel im New Yorker Schwarzenviertel Harlem. In seiner grünen Kampfuniform, die er daheim ständig trägt, wirkte er jugendlich und entschlossen. Seine pointenreiche Rede wurde ins Amerikanische übersetzt und von der Menge mit viel Beifall bedacht. Die frenetischen Huldigungen, die Fidel in der größten Stadt des Erzfeindes erfuhr, beeindruckten Gloria sichtlich.

Die 19jährige Zoé bemerkte hingegen nur resigniert, daß sie noch nie ins Ausland habe reisen können. Ihr Interesse an der Ansprache war rein pragmatischer Natur. »Wichtige Änderungen werden meistens vom *Comandante* angekündigt«, erklärte die Medizinstudentin nüchtern.

Dann begründete die Großmutter ihre Abneigung: »Als ich, wie praktisch alle, 1959 den Sieg der Revolution feierte, ahnte ich nicht, daß Kuba später so viel leiden und ich so mager sein würde«, sagte die alte Frau und streckte ihre dünnen Arme vor. Für ihre Witwenrente von 120 Peso könne sie sich nicht einmal zwei Hühner kaufen. Fidel Castro sei verantwortlich für den Hunger und die steigende Not. Zoé nickte zustimmend.

Ob bei Freund oder Feind: Dr. jur. Fidel Alejandro Castro Ruz löst seit Jahrzehnten wie kaum ein anderer Politiker Bewunderung und Haß aus. Kubas bärtiger Staatschef gehört nicht zu den zahlreichen farblosen Technokraten auf den Präsidentensesseln, die sich weltweit immer mehr darauf beschränken, Sachzwänge zu verwalten. Der lebende Mythos der Revolution profiliert sich noch im Großvateralter gegenüber seinen biederen Amtskollegen als ein Robin Hood der Dritten Welt. Der *Comandante* wird entweder als der letzte Held des 20. Jahrhunderts verehrt oder als der letzte skurrile Diktator Lateinamerikas verachtet.

Entsprechend gestaltet sich das Spektrum der gängigen Beurteilungen: »Kämpfer für weltweite soziale Gerechtigkeit« vs. »kommunistischer Tyrann«, »Hoffnungsträger der Armen in Lateinamerika« und »letzter historischer Widersacher des US-Imperialismus« vs. »theatralischer *Caudillo*« sind die häufigsten Etikettierungen. Dieselbe Emotionalität bestimmt die immense Literatur über Fidel Castro. Es gibt kaum eine der ungezählten Biographien, die ihn nicht auf die eine oder andere Weise verherrlicht bzw. verteufelt.[1]

Bei differenzierter argumentierenden Gegnern fließt in die Ablehnung zuweilen auch Anerkennung ein. Der Exilkubaner Juan Clarck etwa, der einst gegen Batista gekämpft hatte und seit den sechziger Jahren zu den schärfsten Kritikern Castros in den USA gehört, charakterisiert ihn als einen »unwiderstehlichen politischen Verführer. Er ist durchaus in der

1 Die große Ausnahme bildet das Werk von T. Szulc, *Fidel: A Critical Portrait*, New York 1986.

Lage, bei einer persönlichen Begegnung seine Gegner zu verunsichern oder sogar für sich zu gewinnen«, schilderte Clarck sein Schlüsselerlebnis beim gescheiterten Invasionsversuch der kubanischen Exilarmee am 17. April 1961.

Clarck wurde bei der Landung in der Schweinebucht verletzt und geriet mit 1188 anderen Brigade-Angehörigen in Gefangenschaft. Nach der Einlieferung in ein Militärkrankenhaus in der Nähe von Havanna erhielt Clarck hohen Besuch. »Castro kam zu meinem Bett und fragte mich wie ein besorgter Vater: ›Mein Sohn, was hast du der Revolution angetan?‹«, beschrieb Clarck die theatralische Szene.

Kurz nach der Stippvisite im Spital trat der *Comandante* im Sportpalast der Hauptstadt vor laufenden Fernsehkameras zu einem fünfstündigen Rededuell gegen die Gefangenen an. Die Begegnung endete mit einem spektakulären Sieg Castros. »Viele Gefangene waren von ihm hingerissen und applaudierten«, erinnerte sich Clarck im Herbst 1996 in einem Hotel in Miami und fügte kaum vernehmlich hinzu: »Wahrscheinlich war die Schweinebucht-Aktion ein Fehler. Wir waren ja völlig abhängig von Washington.«

Seine Schwermut wurde von der schmerzlichen Erkenntnis verstärkt, daß ein ähnliches Unterfangen nach nun mehr als drei Jahrzehnten kaum Aussichten auf Erfolg hätte. »Fidel« gilt unzähligen Kubanern selbst noch während der *Período Especial*, und erst recht wegen des Drucks der USA, als die Verkörperung von Patriotismus, Unabhängigkeitswillen und nationalem Stolz.

Die Persönlichkeit des *Comandante en jefe* zeichnet sich durch die widersprüchlichsten Facetten aus: Menschliche Wärme und Gefühllosigkeit, Volksnähe und arroganter Paternalismus, Überzeugungskraft und Unglaubwürdigkeit, Pragmatismus und Fanatismus, Risikobereitschaft und Handlungsunfähigkeit, Professionalismus und Dilettantismus, Anpassungsfähigkeit und Dogmatismus sind nur einige davon. Wie Castros Wesensart, sind auch dessen Leben und politische

Laufbahn von Widersprüchen und spektakulären Wendungen gekennzeichnet.

Fidel Alejandro Castro Ruz kam am 13. August 1926 als uneheliches Kind eines Großgrundbesitzers auf einer *Finca*, dem Landgut »Las Manacas«, nahe dem Dorf Birán unweit der Stadt Mayarí in der ostkubanischen Provinz Oriente auf die Welt. Sein Vater Angel Castro y Argiz besaß mehr als 10 000 Hektar Land mit gutseigenem Laden, mit gutseigener Schule und Hahnenkampfarena: Etwa 300 Familien arbeiteten für den zugleich aufbrausenden und reservierten Galizier. Er war 1905 als mittelloser Bauer aus Spanien nach Kuba ausgewandert und wurde dort durch Zuckerrohranbau reich.

Angel Castro hatte von seiner ersten Frau María Louisa Argota zwei Kinder, seine Köchin Lina Ruz González gebar ihm später sieben weitere, darunter Fidel. Wollte Don Angel seinen Söhnen eine standesgemäße Erziehung bieten, mußte er sich dem Druck der Kirche beugen und mit seiner Magd vor den Traualter treten. Die besten Schulen Kubas, die damals Jesuiten gehörten, akzeptierten keine unehelichen Kinder. Fidel verbrachte seine Jugendzeit in militärähnlichen und total hierarchisierten Institutionen. Der Vorzugsschüler des berühmten Jesuitenkollegiums Belén in Havanna, unter dessen erzreaktionären Priestern sich zahlreiche Anhänger Francos befanden, wurde einige Jahre später zum linken Rebellenführer. Der Freiheitskämpfer mit radikaldemokratischem Vokabular bekannte sich in weniger als zweieinhalb Jahren nach dem Sieg über den Diktator Batista zum Marxismus-Leninismus. Der Marxist-Leninist, der nach dem Zerfall der Sowjetunion seine Landsleute jahrelang vor die Wahl zwischen »Sozialismus oder Tod« gestellt hatte, begann 1995 ausländische Kapitalgeber bei gleichzeitiger Verdammung des Kapitalismus auf Kuba zu preisen.

Zu den Konstanten der turbulenten kubanischen Politik nach 1959 gehört die absolute Führungsrolle und die irreführende Behauptung des *Líder Máximo*, als Staatspräsident Kubas viel weniger Macht zu besitzen, als seine Amtskollegen in den USA oder in Brasilien etwa. »*Comandante en jefe*, Erster Sekretär des Zentralkomitees der Kubanischen Kommunistischen Partei und Präsident des Staats- und Ministerrates«, lauten die Titel Fidel Castros, die die kubanischen Medien seit Jahrzehnten in ebendieser Reihenfolge nahezu täglich wiederholen.

Eine andere Konstante der Politik auf der Roten Insel ist der permanente Kampf, den Fidel Castro gegen die Strukturfehler des Systems führt, das er selber nach der Revolution in Kuba schuf. Er prangert immer wieder einzelne Fehlleistungen der von ihm eingeführten Planwirtschaft an und weist den von ihm kreierten bürokratischen Apparat in seine Schranken. Das Schlachtfeld, auf dem sich der *Comandante* behaupten muß, ist kaum zu überblicken: »Wir müssen die Fehler beseitigen, die wir bei der Behebung der eigenen Fehler begehen«, wurde er Anfang 1987 in der Zeitschrift *Cuba Socialista* zitiert.[2]

Der einsame Kämpfer im Labyrinth der Geschichte ist sogar während der totalen Krise in den neunziger Jahren für einen beträchtlichen Teil der älteren und mittleren Generation in Kuba Hoffnungsträger geblieben. Nach Auflösung der Sowjetunion begann der *Comandante* als ein tropischer Don Quichotte aufzutreten, der als einziger gegen die diabolische »Neue Weltordnung« in den Kampf zieht, um die Menschenwürde und den Humanismus zu verteidigen.

Die »Entlarvung« der »heuchlerischen« Außenpolitik der USA und die glänzende Polemik konnten aber von den gravierenden Probleme Kubas nicht ablenken. Im Verlauf der *Período Especial* wurde es für Fidel Castro immer schwieriger, die Absurdität der eigenen Politik zu bemänteln: Er kritisierte den sozialistischen Schlendrian und verhinderte zugleich dessen Beseitigung; er verdammte den kapitalistischen

2 Vgl. J. Timerman, *Cuba. A Journey*, New York 1990, S. 116.

Wildwuchs, den er als Krisenmanager gleichzeitig tatkräftig förderte; er verteidigte die »Revolution« gegen Technokraten und Apparatschiks, die er für die Erhaltung der eigenen Macht brauchte.

Der *Comandante en jefe* führt den kubanischen Staat ähnlich wie vor fast vier Jahrzehnten den Guerillakrieg gegen Batista. Die ständigen Auftritte in Uniform demonstrieren die Unbeugsamkeit und das Politikverständnis von Fidel Castro. Staats- und Regierungsgeschäfte sind für ihn in erster Linie Kampfhandlungen an mehreren Fronten: gegen die Bedrohung aus dem Norden, gegen den »Weltimperialismus« und für eine bessere »sozialistische« Welt.

Der *Líder Máximo* hat nicht nur zahlreiche Ämter, sondern auch unzählige Geheimnisse. Nachdem seine Kampf- und Lebensgefährtin Celia Sánchez Manduley am 11. Januar 1980 an Lungenkrebs verstorben war, schirmte er sein Privatleben vollständig von der Außenwelt ab. Nur noch ein enger Kreis von verschwiegenen Eingeweihten weiß, wann und wo der *Comandante* arbeitet oder schläft. »Wo er wohnt? Nirgends und überall!« beantworten kubanische Funktionäre mit einem ironischen Lächeln die naive Frage westlicher Journalisten.

Castros Gegner werfen dem »Diktator« vor, allein in Kuba über 60 Häuser zu besitzen. Seine Anhänger erinnern hingegen an die Attentatsversuche, die der US-Geheimdienst CIA gegen »Fidel« anzettelte; allein in den ersten vier Jahren nach der Revolution habe die CIA mehr als 70mal versucht, ihn zu ermorden.[3]

Diese Gefahr bestehe auch heute noch und könne nur

3 Darüber berichtete das kubanische Fernsehen in einer dreiteiligen Sendung im November 1993. In den USA registrierte die Church-Kommission des Senats acht Attentatsversuche der CIA gegen Castro. Der ehemalige kubanische Innenminister Ramiro Valdés Menéndez hingegen spricht in einem Interview Mitte der achtziger Jahre von etwa 30 Anschlägen des amerikanischen Geheimdienstes gegen Castro, wobei diese sich vornehmlich auf den Zeitraum 1964-1965 konzentriert hätten (Szulc, a. a. O., S. 600).

durch rigorose Sicherheitsmaßnahmen und ständigen Wohnortswechsel vermindert werden.

Die Absperrung der Zufahrtwege im Stadtteil Siboney in Havanna deutet darauf hin, daß sich dort die wichtigste Residenz des Staatsoberhaupts befindet. In der Hauptstadt kursieren Gerüchte, wonach im Ernstfall die gesamte militärische Führung des Landes, etwa 50 Generäle mit ihren Familienangehörigen, in den über sechzig unterirdischen Räumen bei Fidel Castro in Siboney unterkommen könnte. Der *Comandante* soll auch oft in seinem Büro im strengbewachten Revolutionspalast schlafen. Drei militärische Einheiten, insgesamt mehrere tausend Personen, sind nach Schätzungen westeuropäischer Korrespondenten für die Sicherheit des kubanischen Revolutionsführers zuständig.

Wie sein Privatleben gehört auch sein Tagesablauf zu den Staatsgeheimnissen. Er ist nach wie vor viel unterwegs und reist immer ohne vorherige Ankündigung. Drei schwarze Mercedes-Benze mit verdunkelten Scheiben und mit speziell geschulten Leibwächtern sollen ihm jederzeit zur Verfügung stehen. In einer der drei identischen Limousinen, die immer im Korso fahren, sitze Fidel Castro. Er steuerte angeblich manchmal selber den Wagen und habe stets ein Maschinengewehr des Typs A-47 griffbereit. Die Karawane soll sich zumeist mit einer Geschwindigkeit von 150 Stundenkilometern bewegen. In Havanna sichern Polizisten auf jedem Kilometer die Durchfahrt und halten den Verkehr auf.[4]

Im krassen Widerspruch zu diesem Aufwand hatte ein prominenter Befreiungstheologe aus Nicaragua früher die Bescheidenheit und Unbeschwertheit »Fidels« geschildert. Ernesto Cardenal sah 1971 vor dem Eingang seines Hotels in Havanna, »einen kleinen schwarzen Wagen mit offener Tür«, und schon von weitem erkannte er »im Innern die Gestalt mit dem schwarzen Bart und dem grünen Anzug« – in Begleitung

4 Vgl. J.F. Fogel/B. Rosenthal, *Fin de siglo en la Habana*, Madrid 1995, S. 175f.

von zwei Soldaten. Diese seien sehr jung gewesen und hätten keine Maschinengewehre bei sich geführt, betonte Cardenal in seinem Reisebericht.[5]

Etwa ein Vierteljahrhundert später zeigte sich Fidel Castro gegenüber ausländischen Besuchern in Havanna trotz drastisch veränderter Umstände immer noch ziemlich unbekümmert. Die Kundgebung, auf der der *Comandante* einmal mehr sein Talent zur Massensuggestion und sein Geschick, auch die schwierigsten politischen Drahtseilakte bravourös zu meistern, voll entfaltete, fand am 5. August 1995 statt. Der Zeitpunkt war bestens gewählt, denn genau ein Jahr zuvor hatten sich die ersten größeren regierungsfeindlichen Ausschreitungen in Havanna seit dem Sieg der Revolution zugetragen. An der Uferpromenade Malecón, wo Jugendliche in Sprechchören »Freiheit, Freiheit!« gefordert und sich mit den Polizisten eine Straßenschlacht geliefert hatten, organisierten die Behörden nun eine spektakuläre Machtdemonstration. Sie stand unter dem Motto »Kuba lebt« und richtete sich sowohl gegen die »Konterrevolutionäre« auf der sozialistischen Insel als auch gegen die »Imperialisten« in den USA. Vor dem Touristenhotel, dessen Fenster im Verlauf der Krawalle eingeschmissen worden waren, stand jetzt ein Panzerwagen.

Aber kaum hatte der »Jugendmarsch gegen die Blockade« eingesetzt, griffen höhere Mächte ins Geschehen ein. Nach einem furchterregenden Spektakel mit Blitz und Donner fegte ein tropischer Sturm über Havanna hinweg. Sintflutartige Regenfälle trieben auch die entschlossensten Revolutionsanhänger in die Flucht und verwandelten die Straßen in reißende Ströme.

Als wenig später bereits die Sonne wieder schien, breitete sich heitere Fiesta-Stimmung aus. Sie wurde mit militärischer Präzision augenblicklich in die gewünschte Richtung gelenkt: Funktionäre, Sicherheitsbeamte und Armeeangehörige halfen

5 Vgl. E. Cardenal, *Kubanisches Tagebuch*, Gütersloh 1983, S. 111 ff.

der fröhlich-beteröppelten Menge, sich erneut in Reih und Glied zu formieren. Innerhalb kürzester Zeit bildete sich ein etwa vier Kilometer langer Marschzug. Die mit Transparenten und Flaggen bewehrte Menschenkolonne bewegte sich unter den wachsamen Augen der Ordnungshüter dem Malecón entlang. Die einstudierten Ausrufe der Milizionäre gegen »Reaktionäre und Rechtsextremisten« vermischten sich mit heißen Salsa-Rhythmen und gingen in der Karnevalatmosphäre unter.

Fidel Castro wartete auf der Rednertribüne, die am Anfang der Uferpromenade aufgebaut worden war. »Ihr hört mich kaum, nicht wahr?« fragte der *Comandante* in Kampfmontur die ankommende Menge. Er stand zwischen jüngeren Leibwächtern in Zivil und älteren Generälen in Galauniform. »Da kann man leider nichts machen, dieser Ort ist für eine Veranstaltung mit so vielen Teilnehmern einfach ungeeignet«, fing Castro zögernd an. Dieser Tag habe mit Überraschungen begonnen, und nun erlebe Kuba »ein Wunder, ein wahres Wunder des Patriotismus und des revolutionären Geistes«.

Der erste Applaus wirkte auf den *Líder Máximo* wie ein belebendes Elixier. »Noch nie in der langen Geschichte der Revolution schien mir der Ausgang einer Kundgebung so ungewiß, wie heute morgen«, steuerte er auf den ersten Höhepunkt der Rede zu. Beim Wolkenbruch habe er gedacht: »Wenn zehn Personen kommen, ist es ein Sieg. Nun, nach meiner vorsichtigen Schätzung, und ich sage das ohne Übertreibung, haben mindestens eine halbe Million Menschen an diesem Marsch teilgenommen«, erklärte er mit erhobener Stimme.

Der Applaus hielt diesmal länger an. Die begeisterten Zwischenrufe aus den ersten Reihen wiesen auf einen alten Brauch hin: In Fidel Castros unmittelbarer Nähe sitzt in der Regel ein sorgfältig ausgewähltes Publikum, deren Mitglieder von der Partei oder von Massenorganisationen eingeladen werden.

»Viky meint, es seien sogar mehr Menschen da«, fuhr der *Líder Máximo* fort, wobei er für einen Augenblick lang die

Aufmerksamkeit der Menge galant auf die junge Funktionärin neben ihm lenkte. »Viky« Victoria Velázquez, die erste Sekretärin des kommunistischen Jugendverbandes »UJotaCé« und einzige Frau auf der Rednertribüne, lächelte ihm ehrfurchtsvoll zu.

»Diese Veranstaltung ist trotz der enormen Schwierigkeiten zu einem großen Erfolg geworden und wird noch lange in Erinnerung bleiben«, nahm der *Comandante* den roten Faden wieder auf. »Wir müssen jedes Jahr wie heute den großen Sieg vom 5. August 1994 feiern«, rief Castro die Ausschreitungen in Erinnerung, »an jenem Tag beseitigte das Volk die Konterrevolution, ohne einen einzigen Schuß abzugeben«. Das war der Schlüsselsatz der Rede, den Fidel Castro nach der bewährten Methode spontan entwickelte. Damit waren auch die zentrale Idee und das primäre Ziel der Veranstaltung formuliert.

Der *Comandante* schien nun wie verjüngt und holte zum nächsten Schlag aus. Die Feinde im Ausland und deren Verbündete in Kuba hätten sich gewaltig verrechnet: »Diese Revolution scheitert nicht. [...] Kubas Volk mußte sehr hart kämpfen und erlangte erst mit der Revolution die ersehnte Unabhängigkeit und soziale Gerechtigkeit«, belehrte er den »ignoranten Feind«. Gleichzeitig kitzelte der *Líder Máximo* den kubanischen Nationalstolz hervor: »Dieses Volk hat ein sehr hohes Bildungsniveau, und hier gibt es weniger Analphabeten als in den USA etwa. [...] Dieses Volk ist trotz der enormen Schwierigkeiten im Land heute tugendhafter und heroischer denn je«, schmeichelte er der begeisterten Menge.

Danach bedankte sich Fidel Castro bei den Gästen aus 65 Ländern für ihre Solidarität mit der kubanischen Revolution. »Diese Vertreter des nordamerikanischen Volkes«, hofierte er die 262 Kundgebungsteilnehmer aus den USA, »sagen uns viel über die Qualitäten und Verdienste ihrer Nation. Das Volk in den USA widersetzt sich der ungerechten und kriminellen Blockade der US-Regierung gegen Kuba«, rief er tollkühn ins Mikrophon.

Der verbalen Vernichtung des Feindes folgte ein Appell an das Mitgefühl und den gesunden Menschenverstand. Die Blockade gegen Kuba sei unfaßbar; sie richte sich gegen ein Land, das seit dem Sieg der Revolution keine Folter, keinen politischen Mord und keine Todeskommandos kenne. »Die Realität ist in vielen Staaten dieser Region ganz anders. Jeden Tag werden Kinder ermordet, zur Prostitution gezwungen, jeden Tag findet Selbstjustiz statt oder werden Drogen genommen, die in Kuba nicht existieren. Trotzdem sind wir das einzige Land der Welt, das mit einer Blockade belegt wird«, klagte der *Comandante*.

Dann warnte er vor den »extremistischen Elementen«, die zukünftig Regierung und Parlament in Washington kontrollieren könnten. »Das würde für uns eine neue Periode der Gefahr, der Risiken, der Blockaden bedeuten, und es ist nicht übertrieben zu sagen, daß wir 100 Jahre lang kämpfen werden, wenn 100 Jahre lang gekämpft werden muß«, rief er theatralisch in die Menge.

Nach der Beifallsbezeugung wechselte er von der dramatischen zur komischen Tonlage über: »Nach diesem Regen werdet ihr vielleicht wachsen, wie unser Zuckerrohr jetzt wächst, und so in euer Land zurückkehren«, wandte er sich an die klitschnaß gewordenen ausländischen Gäste. »Solange es noch solche Männer und Frauen gibt wie euch, solange es noch ein so heroisches Volk gibt, wie das unsere, wird Kuba leben!« Die zur Routine gewordenen Schlußsätze »Sozialismus oder Tod! Vaterland oder Tod! Wir werden siegen!« leierte er mit erstaunlicher Geschwindigkeit herunter.

Nach der Ovation kündigte der sichtlich gut gelaunte *Comandante* den Auftritt der »Genossen Künstler« mit dem Charme eines wohlwollenden Schulmeisters an. In den Applaus, der seinen Aufbruch begleitete, mischte sich die Begeisterung für den *Líder Máximo* sogar beim ausgewählten Publikum in den ersten Reihen mit der Freude über das bevorstehende Salsa-Fest und den billigen Rum.

Welch ein Unterschied zu den Sternstunden der Revolution, die in den neunziger Jahren einem anderen Land und einer anderen Epoche anzugehören schienen! In der *Período Especial* hätte Fidel Castro eine langsame Siegesfahrt im offenen Jeep über die ganze Insel, wie in der ersten Januarwoche des Jahres 1959, schon aus Sicherheitsgründen nicht unternehmen können. Die spontan gebildeten Begleitkolonnen und die jubelnde Menge am Straßenrand, die sich damals dem Siegeszug des Rebellenführers angeschlossen hatten, waren nach 1990 kaum mehr vorstellbar.

Die Kubaner, die ihren Hoffnungsträger in jenen Tagen auf Schritt und Tritt anhielten, küßten und als den neuen Jesus feierten, hätten diese Gelegenheit drei Jahrzehnte später dazu verwendet, sich zu beklagen. »Es fehlt uns an allem. No hay nada!« hätten sie sich über den Mangel an materiellen und geistigen Gütern beschwert. Sie hätten ihn nach den Träumen aus der glorreichen Zeit gefragt und neben Brot und Freiheit vielleicht noch einen kleinen Gegenstand mit großer Bedeutung vermißt: Die Medaille mit der Jungfrau von Cobre, der Schutzheiligen Kubas, die der Rebellenchef 1959 demonstrativ unter seinem halboffenen Hemd getragen hatte, verschwand wenig später als ein Symbol von »konterrevolutionärer« Einstellung.

Anfang 1959 erstreckte sich der Wille zur Erneuerung auf alle Schichten der kubanischen Gesellschaft. In den ersten Januartagen erstrahlte für die meisten Kubanerinnen und Kubaner »die Morgenröte einer neuen Zeit«.

Das politische System war unter Batista in eine tiefe Krise geraten; die Institutionen der Kubanischen Republik, die meisten Parteien, Gewerkschaften, Medien, das Parlament und die katholische Kirche, waren korrumpiert und diskreditiert. Nach 1957 ging es auch mit der kubanischen Wirtschaft rapide bergab; über 665 000 Arbeitslose und Unterbeschäftigte, etwa 220 000 Kleinbauern, 600 000 landlose Agrarproletarier, 500 000 Industriearbeiter – insgesamt etwa 70 % der arbeitsfähigen Bevölkerung – drängten auf radikale Veränderungen.[6] Die siegreichen Revolutionäre und deren junger charismatischer Führer erschienen ihnen wie die Verkörperung einer besseren Zukunft; für die überwiegende Mehrzahl der Bevölkerung begann das Jahr 1959 tatsächlich, in Übereinstimmung mit Castros Namensschöpfung, als das »Jahr der Befreiung«.

Der triumphale Empfang, den ihm die Einwohner Havannas am 8. Januar 1959 bereiteten, war im Gegensatz zum organisierten »Jugendmarsch« vom August 1995 zugleich spontanes Volksfest und Apotheose. Hafen- und Fabriksirenen heulten, Kirchenglocken läuteten, und mehrere Hunderttausend Menschen feierten auf der Straße den jungen Rebellenführer.

Bei seiner Siegesrede hatte es der *Comandante en jefe* noch nicht nötig, die Teilnehmerzahl ständig stolz zu wiederholen. Alle Fernsehapparate Kubas waren am 8. Januar 1959 eingeschaltet, als der damals 32jährige »Television-Messias« vor dem Hauptquartier des aufgelösten Batista-Heeres den Sieg der Aufständischen verkündete.[7] Ein Großteil der brillanten Rede war dem auch heute noch zentralen Thema »revolutionäre Einheit« gewidmet. Der *Líder Máximo* machte sich damals geschickt die euphorische Stimmung zunutze; er brachte seine Zuhörer gegen die Guerilla-Organisationen auf, die seine Autorität nicht anerkennen wollten, und holte sich die Legitimation für weitgehende Machtbefugnisse.

Bei dieser Gelegenheit führte Fidel Castro ein neues Element in die kubanische Politik ein und stellte von der Rednertribüne aus suggestive Fragen an »das Volk«. Er nannte etwas später diese Art von Kommunikation mit den Massen, die in Sprechchören seine »Fragen« beantworteten und seine Entscheidungen guthießen, »direkte Demokratie«, die sauberer und ehrlicher sei als die korrupten Wahlen der Vergangenheit.

6 Vgl. L. A. Pérez Jr., a. a. O., S. 317f.
7 Vgl. J. Clarck, *Cuba. Mito y Realidad*, Miami 1992, S. 54.

»Soll ich das Ersuchen der Provisorischen Regierung annehmen, die Armee neu organisieren und das Oberkommando der Sreitkräfte übernehmen?« konsultierte der Volkstribun die Zuhörer seiner ersten Rede in Havanna, und Zehntausenden von Kehlen entstiegen einstimmige »Ja«-Rufe.

Danach geschah etwas, dessen Bedeutung im Fernsehzeitalter nicht überschätzt werden kann. Kaum hatte Fidel Castro seine Rede beendet, erschienen im Scheinwerferlicht zwei weiße Tauben. Sie setzten sich auf die Schulter des *Comandante* und verharrten dort lange.[8] In diesem unerklärlichen Phänomen sahen unzählige Anhänger der weitverbreiteten afrokubanischen Religion Santería einen Fingerzeig der mächtigen Friedensgöttin Obatalá, deren Boten weiße Tauben sind. Obatalá schien ein klares Zeichen gesetzt zu haben: Der *Líder Máximo* war ein *Elegido*, ein Abgesandter der Götter. Die überwältigende Szene auf der Rednertribüne löste eine nicht enden wollende Welle von »Fidel«-»Fidel«-Rufen aus. Dem Omen des Himmels folgten bald irdische Tatsachen. Der junge *Comandante en jefe* avancierte innerhalb kurzer Zeit zu einem der mächtigsten Politiker der kubanischen Geschichte.

8 Vgl. Szulc, a. a. O., S. 469f.

3. Von Moskau nach Peking?

Fidel Castro wurde bei seiner Siegesrede am 8. Januar 1959 von den Massen als Oberhaupt der neuen Armee »bestätigt« und hatte damit den wichtigsten Machtfaktor unter seiner Kontrolle. Die ersten Erklärungen des *Comandante* ließen nicht klar erkennen, inwieweit er mit der bürgerlich-liberalen Regierung Cardona zur Zusammenarbeit bereit war. Die Ungewißheit dauerte aber nicht lange: Die eigenen Ambitionen und die enorme Popularität trieben Fidel Castro ständig dazu, spektakuläre Ankündigungen und Schritte zu unternehmen.

Die vorsichtige Politik der Regierung Cardona erhöhte die Attraktivität des radikalen Rebellenführers bei der besitzlosen Bevölkerungsmehrheit weiter und machte ihn zur Projektionsfläche von gewagten Träumen. Der *Líder Máximo* wurde zum Symbol der weitverbreiteten Empörung über die sozialen und politischen Mißstände der Batista-Zeit, er nährte die Sehnsucht nach einem neuen, besseren Kuba.

Mitte Februar 1959 setzte Fidel Castro bei Staatschef Manuel Urrutia Lléo seine eigene Ernennung zum Premierminister durch. Die Regierung Castro kündigte bei jeder sich bietenden Gelegenheit an, die Revolution weiterführen zu wollen und stand unter dem hohen Erwartungsdruck des einfachen Volkes. Der Rebellenführer im Ministerpräsidentensessel wurde zum Getriebenen seiner eigenen Rhetorik und der äußeren Dynamik. Protestaktionen und Massenstreiks trieben die Entwicklung voran: Das revolutionäre Subjekt Fidel Castro wurde immer mehr zum Objekt des Aufbegehrens und beschleunigte die Zerstörung der alten Ordnung Kubas.

Die Umbruchstimmung und die dramatischen Ereignisse nach 1959 begünstigten die Entstehung einer neuen Gesellschaft und erweiterten die Machtbefugnisse des *Comandante* ständig. Fidel Castros Charisma war zugleich Ursache und

Folge des um sich greifenden Persönlichkeitskults, der den Dialog zwischen Revolutionsführer und Basis immer mehr zur blinden Akklamation verkommen ließ.

Nur im engen Vertrautenkeis sprach der *Líder Máximo* über seine Pläne.[1] Schwierige Gespräche mit einem verrufenen Partner nötigten zu höchster Diskretion. Kurz nach dem Triumphzug durch Havanna machte sich Fidel Castro daran, einen eigenen politischen Apparat aufzubauen und nahm Mitte Januar 1959 Geheimverhandlungen mit der Führung der Kommunistischen Partei (PSP) auf. »Die PSP hatte Männer, die revolutionär, loyal, ehrlich und gebildet waren. Ich brauchte sie«, rechtfertigte er später diesen Schritt.[2]

Ausschlaggebend war die Unkontrollierbarkeit der von Fidel Castro mitbegründeten »Bewegung 26. Juli« (M-26-7), die nach dem Datum des gescheiterten Angriffs von 1953 auf die Moncada-Kaserne, das Symbol der Batista-Diktatur in Santiago de Cuba, benannt wurde. M-26-7 war eine heterogene Gruppe mit verschiedenen politischen Philosophien, deren kleinster gemeinsamer Nenner die Berufung auf den »Martíanismus«, auf die Ideen des kubanischen Unabhängigkeitskämpfers José Martí, war. Nach dem Sieg der Revolution schwächten ideologische Flügelkämpfe die M-26-7; sie war als Instrument zur Umwandlung Kubas ungeeignet.

Fidel Castros Forderungen bei den Einigungsverhandlungen mit der PSP-Führung waren beispiellos in der Geschichte der Arbeiterbewegung: Er verlangte von den Kommunisten die vollständige administrative und ideologische Unterordnung unter seine Autorität. Dies war für die dogmatische PSP-Führung um so schwieriger, da sich der *Líder Máximo* 1959 in der Öffentlichkeit vom Kommunismus distanzierte, wie etwa während seiner USA-Reise im April. Nach der Heimkehr setzte sich Fidel Castro für einen dritten Weg in Kuba ein: »Der Kapitalismus tötet durch Hunger, der Kom-

1 Vgl. Szulc, a. a. O., S. 518f.
2 Vgl. Pérez, a. a. O., S. 323.

munismus unterdrückt die Freiheiten, die den Menschen so teuer sind«, erklärte der spätere kubanische KP-Chef im Mai 1959.

Diese und zahlreiche ähnliche Erklärungen sorgen heute noch für Kontroversen. Meinte Castro wirklich, was er damals sagte, oder war er ein verkappter Kommunist, der nur auf seine Stunde wartete? Oder benützte er den Kommunismus nur als Vehikel, ohne je Marxist gewesen zu sein? Oder änderten äußere Einflüsse später die Meinung des kubanischen Revolutionsführers? Trieb die rapide Verschlechterung der Beziehungen zum gefürchteten Imperium im Norden die Revolutionsregierung in die Arme der Sowjetunion? Vieles deutet darauf hin, daß sich der *Líder Máximo* vor allem aus strategischen Überlegungen für die Anlehnung an Moskau entschied und zugleich einen eigenen »fidelistischen« Weg einschlagen wollte.

Die Regierung Castro begann im Februar 1959, mit dem Erbe der Batista-Zeit radikal aufzuräumen. Die ersten Maßnahmen richteten sich gegen Verwaltungs- und Justizbeamte sowie Gewerkschaftsführer, die wegen Kollaboration mit dem Diktator als *Batistianos* massenweise entlassen wurden. Die harte »revolutionäre Justiz« und die Hinrichtung von etwa 550 zum Tode verurteilten Kriegsverbrechern lösten in den USA Empörung aus. Viele Prozesse in Kuba waren 1959 mit dem angelsächsischen Rechtsverständnis zwar unvereinbar und wiesen juristische Mängel auf. Jedoch gab es nach Batistas Sturz kein »Blutbad« unter der Regie von Fidel Castro. Eher das Gegenteil war der Fall: Das Ausmaß der Gewalt in Kuba war im Vergleich etwa zu Frankreich nach 1945 oder zu Pinochets Chile nach 1973 erstaunlich gering.[3]

Die rund 1500 Verordnungen und Gesetze im ersten Jahr der Castro-Regierung leiteten eine gewaltige Umverteilung ein. Die Arbeiter erhielten höhere Löhne, und immer mehr

3 Vgl. Szulc, a. a. O., S. 531 ff.

Arbeitslose wurden eingestellt. Gleichzeitig wurde das Niveau der Sozialversicherungen angehoben, die Mieten, Stromtarife, Telefongebühren und Medikamentenpreise wurden gesenkt. Diese Maßnahmen verbesserten schnell die Lage der Unterschichten und lösten beim Besitzbürgertum Beunruhigung aus. Der Exodus der Privilegierten und Begüterten setzte bereits im Frühjahr 1959 ein.

Die erste Agrarreform der Regierung verursachte zusätzliche Konflikte. Das neue Gesetz vom Mai 1959 begrenzte das private Bodeneigentum auf 402 ha und führte zu Enteignungen von mächtigen in- und ausländischen Latifundienbesitzern.

Die Ablösung von bürgerlichen Regierungsmitgliedern durch *Fidelistas* im Sommer 1959 erhöhte die Spannungen. In der zweiten Jahreshälfte stieg die Anzahl von kommunistischen PSP-Mitgliedern in verschiedenen Ministerien und in der Armee. Als PSP-Kader die Führung von einflußreichen Gewerkschaften übernahmen, wuchs die Furcht vor den »Roten« weiter. Anfang 1960 verhärteten sich die Fronten: Die Regierung erklärte die antikommunistischen Gruppen zu »Feinden der Revolution«, und die Opposition gegen »Castros Diktatur« griff immer häufiger zu den Waffen.

Die Regierung beschränkte »im Interesse der nationalen Sicherheit« die bürgerlichen Freiheiten; kritische Zeitungen sowie Rundfunk- und Fernsehanstalten wurden geschlossen oder vom Staat übernommen. Washington reagierte auf die beginnende Zusammenarbeit zwischen Havanna und Moskau mit Sanktionen, was sich allerdings kontraproduktiv auswirkte, zumal sie die Belagerungszustand-Psychose und die Repression in Kuba verstärkten. Die Gefängnisse füllten sich, und es wurde immer schwieriger, sich der Logik des Krieges zu entziehen. »In einem revolutionären Prozeß gibt es keine Neutralität, entweder ist man für oder gegen die Revolution«, schloß Fidel Castro den Teufelskreis.

Große Teile des Mittelstandes fühlten sich verraten und bedroht: Sie verließen als verfemte *Gusanos*, »Würmer«, Kuba. Sowohl Washington als auch Havanna profitierten von dieser Massenabwanderung: Die Revolutionsregierung konnte sich potentieller Feinde entledigen, in den USA erwiesen sich die mehrheitlich bessergestellten oder gut ausgebildeten *Gusanos* als bedeutender Wirtschaftsfaktor und nicht zu unterschätzende propagandistische Allzweckwaffe.

Im Zuge der Sanktionen und der zunehmenden Aktivitäten der bewaffneten Castro-Gegner wurde in Kuba der Ausnahmezustand ausgerufen, welcher eine fatale Eigendynamik entwickelte. Der von der CIA vorbereitete Invasionsversuch in der Schweinebucht im April 1961 wurde von der kubanischen Bevölkerungsmehrheit als fremde Einmischung abgelehnt. Der spektakuläre Sieg gegen die »imperialistischen« Interventionstruppen erhöhte die Popularität Castros weiter und erleichterte die Zerschlagung aller oppositionellen Gruppen in Kuba.

Einige Tage nach dem vereitelten Invasionsversuch nannte Fidel Castro in seiner Rede zum 1. Mai die Grundsätze seiner künftigen Politik: »Das Konzept von Pseudodemokratie wird durch direkte Volksherrschaft ersetzt [...] Die Revolution kann keine Zeit mehr für Diskussionen über Unsinn wie Neuwahlen vergeuden [...] Die Verfassung von 1940 ist veraltet; sie wurde von der Revolution, die eine sozialistische Revolution ist, überholt.« Dem Bekenntnis zum »Sozialismus« maß der *Comandante* größte Bedeutung bei und betonte mehrmals, daß seine Regierung sozialistisch sei. »Ich bin ein Marxist-Leninist und werde es bis zu meinem Tod bleiben«, kündigte er den qualitativen Sprung in einer Rede im November 1961 an.

Diese Erklärungen waren teils programmatisch, teils pragmatisch, mit der politischen Realität in Kuba hatten sie 1961 sehr wenig zu tun und verblüfften Moskau vielleicht sogar stärker als Washington. Waren doch an der »sozialistischen« Revolution in Kuba die Kommunisten nur marginal beteiligt.

Die marxistisch-leninistische PSP hatte weder die Revolution geführt noch die Macht kontrolliert; sie verfügte 1961 nicht einmal über Ministerposten in einer Regierung, die sich plötzlich »sozialistisch« nannte.

All das war den Kuba-Experten im Kreml wohl kaum entgangen, und die Schlußfolgerung, daß sich Fidel Castro mit seinen Bekenntnissen die Hilfe der Sowjetunion sichern wollte, lag auf der Hand. Moskaus Unterstützung schien dem *Líder Máximo* die einzige Garantie dafür zu sein, daß er mit seiner radikalisierten Revolutionsregierung im Vorhof der USA politisch und physisch überleben konnte.

Die Verweigerung der Hilfe an ein Drittweltland, das sich zum Marxismus-Leninismus bekennt, hätte einen großen Prestigeverlust für die Sowjetunion bedeutet. Für ein Engagement in Kuba sprach ferner die geopolitische Lage der Zuckerinsel; ein moskautreues Regime in Havanna hätte als Brückenkopf zu Lateinamerika dienen können. Die Persönlichkeit von Fidel Castro entsprach zwar nicht den von Moskau bevorzugten Marionetten-Apparatschiks in Osteuropa. Es war jedoch anzunehmen, daß die Umarmung durch den roten Giganten den karibischen Robin Hood brechen oder zumindest stark disziplinieren würde.

Die etwa drei Jahrzehnte währende Brüderschaft zwischen dem charismatischen *Comandante* in Havanna und den griesgrämigen Genossen in Moskau unterschied sich – trotz gewisser Ähnlichkeiten – völlig von den Beziehungen zwischen der Sowjetunion und den osteuropäischen »Volksdemokratien«. Im Gegensatz zu den anderen »Bruderländern« profitierte Kuba ökonomisch von der UdSSR. Die auf Kuba stationierten sowjetischen Soldaten waren bei der Bevölkerung zwar nicht besonders beliebt, aber auch nicht, wie in den meisten Ländern in Osteuropa, als Besatzungstruppen verhaßt. Die etwa 25 000 Sowjetbürger, die als Armeeangehörige oder Entwicklungshelfer mit ihren Familien dauerhaft in Kuba lebten, wurden von den Einheimischen zwar despektierlich nach ungehobelten Baumstämmen *Bolos* genannt, zugleich aber als Verbündete und Schicksalsgenossen bei einem allfälligen US-Invasionsversuch betrachtet.

Fidel Castro erwies sich als schwieriger und eigenwilliger Partner, der den Kreml vor allem in den sechziger Jahren maßlos verärgerte. Die kubanische Unterstützung für verschiedene Guerillagruppen in Lateinamerika entsprach nicht der sowjetischen Doktrin. Nach dem Sieg Israels im Sechstagekrieg brachen 1967 die Sowjetunion und alle anderen »Bruderländer« die diplomatischen Beziehungen zu Tel Aviv ab – mit Ausnahme von Kuba. Als Fidel Castro sich sechs Jahre später zu diesem Schritt entschloß, tat er dies ebenfalls ohne vorherige Absprache mit Moskau.

Ärgerlich für die sowjetische Führung waren auch die Verhältnisse in der kubanischen KP, die nach langen Geheimverhandlungen zwischen Fidel Castro und den orthodoxen Kommunisten 1961 als *Partido unido de la revolución socialista de Cuba* (PURSC), »Vereinigte Partei des Revolutionären Sozialismus«, gegründet und zwei Jahre später in *Partido Comunista de Cuba* (PCC) umgenannt wurde. Der Konflikt zwischen PCC-Chef Fidel Castro und einer moskauorientierten Gruppe innerhalb der Partei eskalierte. Die Genossen im Kreml wurden herausgefordert: In den ersten Tagen des Jahres 1968, dem »Jahr des glorreichen Guerillero«, wurden im Prozeß gegen die sogenannte »Mikrofraktion« in Havanna 36 moskautreue Altkommunisten zu langen Haftstrafen verurteilt. Gleichzeitig setzte Fidel Castro in der PCC eine gründliche Säuberungsaktion durch. Einige Monate später befand sich kein einziger Altkommunist mehr im achtköpfigen Politbüro, im obersten Gremium der KP. Der *Comandante* schien nun in der Lage zu sein, die Realisierung des fidelistischen »Dritten Weges« mit sozialer Gerechtigkeit und politischer Freiheit, von dem er nach dem Sieg der Revolution oft gesprochen hatte, in Angriff zu nehmen.

Kurz nach der Ausschaltung der »Mikrofraktion« eröffnete Fidel Castro die *Ofensiva Revolucionaria*, die ein Konglomerat aus populären und verfehlten Maßnahmen mit gravierenden Konsequenzen darstellt. Die Abschaffung jeglicher Gebühren für Kindergärten, Schulen, Krankenhäuser, Polikliniken und den Nahverkehr wurde von den meisten Kubanern begrüßt. Die starke Reduzierung oder gänzliche Aufhebung der Mietzinse wurde ebenfalls begeistert aufgenommen: Niemand konnte Ende der sechziger Jahre den späteren Verfall der Wohnhäuser in Havanna voraussehen. Kubanische Spitzenfunktionäre verbreiteten damals den Glauben an Wunder und stellten in Aussicht, daß in einer nahen Zukunft das Geld als Zahlungsmittel abgeschafft werde.

Zu den zentralen Zielsetzungen der »Revolutionären Offensive« gehörte die restlose Verstaatlichung der Wirtschaft: Nachdem die Industrie und drei Viertel des Agrarsektors bereits enteignet waren, wurde der gesamte Dienstleistungssektor schlagartig ins Volkseigentum überführt. Innerhalb weniger Tage verschwanden im März 1968 die noch verbliebenen 57 000 privaten Kleinbetriebe; Obst- und Gemüseläden, Schneidereien, Restaurants, Reparaturwerkstätten, Bars, Handwerksbetriebe wurden entweder geschlossen oder von »revolutionären Massenorganisationen« übernommen. Damit stand der in Kuba verbliebene Rest des unteren Mittelstandes vor dem Ruin, und ein neuer Exodus begann; etwa 50 000 Kleinunternehmer verließen die »Rote Insel«.

Kernpunkt der »Revolutionären Offensive« war die Mobilisierung der Massen unter der Führung von PCC-Chef und *Comandante en jefe* Fidel Castro im Kampf um die *Gran Zafra*, um die angestrebte Zehn-Millionen-Tonnen-Zuckerernte. Vom Erreichen dieses historischen Planziels machte der Staatschef »die Ehre, das Prestige und die Sicherheit des Landes« abhängig. Die Erntekampagne wurde am 17. Juli 1969 feierlich eröffnet und endete am 26. Juli 1970 – am 17. Jahrestag des von Fidel Castro angeführten Aufstandsversuches in Santiago de Cuba gegen die Batista-Diktatur. Wie 1953 vor der

Moncada-Kaserne, scheiterte der *Comandante* auch 1970; trotz täglicher Aufrufe, trotz absoluter Bevorzugung der Zukkerindustrie, trotz Umleitung aller Mittel auf Kosten der anderen Wirtschaftszweige und trotz drastischer Verlängerung der Erntezeit wurde das Soll von zehn Millionen Tonnen Zukker nach Regierungsangaben um rund 15 % unterschritten.

Die Niederlage in der historischen »Produktionsschlacht« gegen die Unterentwicklung löste eine Systemkrise aus. Fidel Castros Lösungsstrategie führte in den siebziger Jahren zur Entstehung des kubanischen »Salsa-Sozialismus«. Der zentrale Faktor in diesem eigenartigen System, das je nach Vorliebe »Fidelismus« oder »Castrismus« genannt wird, ist der charismatische *Líder Máximo* selbst. In seinen Reden, die in den fünfziger und sechziger Jahren mitreißend wie kubanische Salsa-Rhythmen waren, ist all sein theoretisches Stückwerk enthalten: Fidel Castros Modell hat im Unterschied etwa zum Maoismus keine Grundlagenwerke in Millionenauflage erreicht. Der schreibfaule *Comandante* mit seinem phänomenalen Rede- und Improvisationstalent etablierte auf Kuba eine patriarchalische Ordnung, in der alle Erwartungen und Hoffnungen auf ihn, den Oberbefehlshaber im militärischen und zivilen Bereich, gerichtet sind.

Das Fiasko bei der »Schlacht um Zehn Millionen Tonnen« wirkte sich demoralisierend auf die kubanische Gesellschaft aus. Ein neues Arbeitsgesetz im März 1971 zielte auf die Verbesserung der Arbeitsmoral durch Zwangsmaßnahmen in sowjetischer Manier. Der 1996 noch anhaltende Feldzug gegen den *ausentismo*, das Fernbleiben vom Arbeitsplatz, und die Einführung des Leistungsprinzips bedeuteten den Abschied vom kubanischen *hombre nuevo*, vom selbstlosen »Neuen Menschen«, der hart am Aufbau einer neuen Gesellschaft mitarbeitet. Die von Che Guevara erträumte lichte Zukunft mit solidarischem Bewußtsein und kollektivistischem Ethos wurde immer mehr vom sowjetischen Schlendrian und Stücklohn verdrängt.

In den siebziger Jahren wuchs zwar der Einfluß der Sowjetunion auf alle Bereiche des kubanischen Lebens, aber gleichzeitig drückte der eigensinnige *Líder Máximo* dem Land immer mehr seinen Stempel auf. Kurz bevor Kuba der Wirtschaftsgemeinschaft der sozialistischen Länder, der COMECON, beitrat, übernahm der I. Parteitag der PCC in Havanna 1975 offiziell die sowjetische Betriebs- und Wirtschaftsorganisation. Fidel Castro durchbrach indes immer wieder die etablierte Ordnung: Er gründete neue Superbehörden und setzte sich selber an die Spitze der Planungspyramide.

In der 1976 verabschiedeten und auch heute noch gültigen Verfassung wird die Kubanische Republik nach sowjetischem Vorbild als »sozialistischer Staat der Arbeiter und Bauern« definiert. Der PCC, »der marxistisch-leninistischen Vorhut der Arbeiterklasse«, wird die absolute Führungsrolle in Staat und Gesellschaft eingeräumt. Partei und Regierung sind freilich Fidel Castro untergeordnet, der kraft seines Charismas und seiner gesetzlich verankerten Machtstellung in den maßgeblichen Institutionen alle relevanten Entscheidungen auf der Roten Insel trifft. Trotz Institutionalisierung und Sowjetisierung in den siebziger und achtziger Jahren blieb also die faktisch unbeschränkte Macht von Fidel Castro erhalten.

Welches Fazit konnte der *Comandante* an seinem 60. Geburtstag im August 1986 ziehen, und was blieb zehn Jahre später davon übrig? »Fidel« war 1986 für unzählige Menschen in der dritten Welt immer noch der Führer einer authentischen Revolution und ein Hoffnungsträger. Hatte er doch die soziale Ungerechtigkeit in Kuba beseitigt, die nationale Souveränität wiederhergestellt, darüber hinaus etwa 20 000 kubanische Ingenieure, Ärzte, Lehrer und Bauarbeiter als Entwicklungshelfer in mehr als drei Dutzend lateinamerikanische und afrikanische Länder geschickt und dort den Kampf gegen Elend, Unterdrückung, Oligarchie, Militärdiktatur, Apartheid, amerikanische Konzerne und Militärberater aktiv unterstützt.

Auch in Kuba erfreute sich Fidel Castro zu Beginn der Gorbatschow-Ära immer noch großer Beliebtheit – ungeachtet zahlreicher Rückschläge und Enttäuschungen. Er konnte stolz verkünden, daß allen Kindern auf der Karibikinsel Lehrer und Ärzte zur Verfügung stehen. Er konnte die Säuglingssterblichkeit, die Lebenserwartung, die medizinische Versorgung, die Schulsituation der kubanischen Bevölkerung mit den höchstentwickelten Ländern der Region, sogar mit gewissen US-Bundesstaaten, durchaus vergleichen.

Doch die allgegenwärtigen Verfallssymptome waren auch am 60. Geburtstag des *Líder Máximo* nur schwer zu übersehen. Der symbolträchtige Camilo-Cienfuegos-Schulkomplex etwa in der Sierra-Maestra-Region, im Armenhaus Kubas, konnte 1986 längst nicht mehr so selbstgefällig vorgezeigt werden wie noch vor 20 Jahren. Das Gebäude war renovierungsbedürftig, die Farbe blätterte ab und die meisten Fenstergläser waren zerbrochen. Glas, Farb- und Baumaterial waren, wie unzählige andere Güter in Kuba, entweder überhaupt nicht vorhanden oder verrotteten in den Häfen. Dort verrostete auch ein bedeutender Teil der importierten Maschinen, weil die Regierung nicht in der Lage war, die Transportprobleme zu lösen. Unfähigkeit, Schlamperei und Chaos lähmten auch den kubanischen Produktionssektor. Der Tropi-Cola-Skandal in der Provinz Havanna kann als symptomatisch gelten: Mehr als die Hälfte der 1985 produzierten Bier- und Soft-Drinkflaschen konnten nicht zur Abfüllung verwendet werden.

Castros Rede am III. Parteikongreß 1986 hinterließ zwiespältige Gefühle. Der 60jährige zeigte zwar, daß er immer noch rhetorische Kunststücke vollführen und fünfeinhalb Stunden ohne Punkt und Komma sprechen konnte. Mit seinen Attacken gegen Materialverschleiß, niedrige Produktivität und hohe Fehlzeiten in den kubanischen Betrieben nannte er zwar wichtige Probleme beim Namen. Nichtsdestotrotz setzte er sich aber vehement für eine rigorose Planwirtschaft ein und verwarf die Kritik an den überzentralisierten Strukturen in Kuba als »konterrevolutionär«.

Die von ihm angekündigte *Rectificación*, die Korrektur der Fehler, kam einem Rückfall in die Tonnenideologie der Breschnew-Zeit gleich und verhinderte die Reformierung des Systems, wie sie von Michail Gorbatschow in Moskau bereits in Angriff genommen wurde. Fidel Castros Hohn über die »irrationalen Konsumwünsche«, während die allgemeine Versorgungslage Mitte der achtziger Jahre immer kritischer wurde, ließ die Frage aufkommen, ob der *Comandante* den Bezug zur kubanischen Realität verloren habe.

Die Bekämpfung der »bourgeoisen Tendenzen« und »asozialen Verhaltensweisen« im kleinen landwirtschaftlichen Privatsektor, der unvergleichlich mehr leistete als die gigantischen Staatsbetriebe, zeugte von dogmatischer Verblendung. Das Verbot der freien Bauernmärkte, die wesentlich zur Lebensmittelversorgung der Bevölkerung beigetragen hatten, straffte das zentralistische System und vergrößerte das Grundübel nur.

Alle Maßnahmen der *Rectificación* zielten darauf ab, die Leitung und Kontrolle durch die PCC zu festigen. Der neue Kurs in Kuba war das Gegenteil von *Glasnost* und *Perestroika*, die Fidel Castro explizit ablehnte.

Der *Comandante* wollte die »ökonomischen Mechanismen der politischen Arbeit unterordnen und die führende Rolle der Partei herausstellen«.[4] Die Rückkehr zum alten System konnte indes die ihm immanenten Probleme nicht lösen und verschärfte die Lage: Wie 1986 sank auch 1987 und 1988 die Produktivität in Kuba.

Die List der Geschichte überrumpelte den *Comandante* und seine Insel. Die ursprünglich taktisch bedingte Lobpreisung des Sowjetkommunismus erwies sich als Falle: Mit der zunehmenden wirtschaftlichen Abhängigkeit von der UdSSR

4 Zit. in F. Niess, *20mal Kuba*, München 1991, S. 399.

verstärkte sich in Havanna die Tendenz, auf eigene Gedanken und auf ein eigenes Modell zu verzichten. Die emotionale und intellektuelle Bindung an den Marxismus-Leninismus und der unfehlbare Machtinstinkt Castros führten zu einer grotesken Mischung aus Dogmatismus und Machiavellismus. Der *Líder Máximo* wehrte sich vor und nach dem Zerfall der sozialistischen Staatenwelt vehement gegen eine Öffnung und Reformierung der Karibikinsel. Noch 1995 bezeichnete er die Reformkommunisten in der ehemaligen UdSSR und in den einstigen »Volksdemokratien« als Verräter oder Selbstmörder.[5]

Das abrupte Ende der Sonderbeziehungen zu Moskau konfrontierte Havanna mit vernichtenden Tatsachen. Die karibische Volksrepublik war Ende der achtziger Jahre allen pompösen Reden zum Trotz eine »Zuckerinsel«, und zwar in stärkerem Ausmaß als vor der Revolution. Kuba hatte 1958 rund 78 % seiner Exporte mit Zucker erzielt; 30 Jahre später waren es sogar 2 % mehr, was durch den dramatischen Preisverfall auf dem Weltmarkt die Lage weiter zuspitzte. Zur erhöhten Abhängigkeit von der anachronistischen Monokultur gesellte sich die fatale Abhängigkeit von der auseinanderfallenden UdSSR, mit der Kuba durch eine »Überlebens-Pipeline« verbunden war.[6]

Der Umbruch in Osteuropa und der Zerfall der Sowjetunion gefährdeten die Existenz der verwaisten sozialistischen Karibikinsel im Vorhof des Erzfeindes USA. Die »Sonderperiode in Friedenszeiten« wurde unter dem Schlachtruf »Sozialismus oder Tod« angekündigt. Die kubanischen Sendestationen versuchten, den Widerstandsgeist mit bombastischen Durchhalteparolen zu stählen, die von Marschmusik oder Salsa-Rhythmen untermalt wurden.

Anfang der neunziger Jahre meldete sich der *Comandante*

5 Vgl. das Interview in *Time*, 20. 2. 1995.
6 Der Ausdruck stammt vom US-amerikanischen Kuba-Experten Carmelo Mesa-Lago. Vgl. auch Niess, a. a. O., S. 370.

beinahe täglich zu Wort und sprach in dramatischem Ton über weltpolitische Veränderungen, die zu den erdrückenden Problemen in Kuba geführt hätten. Auf dem Kongreß der Bauerngewerkschaft im November 1991 las er eine endlose Reihe von Zahlen vor: »Mehr als 85 % des kubanischen Handels fand mit den COMECON-Staaten statt. Moskau liefert 1991 nur acht Millionen Tonnen Erdöl, fünf Millionen weniger als letztes Jahr.« Kuba habe keine einzige der erwarteten Reis- und Baumwollieferungen erhalten, und nur 16% der Düngemittel seien angekommen. »Wir sind ohne Düngemittel geblieben«, rief der *Comandante* zornig ins Mikrophon, obwohl viel mehr Reis, Zuckerrohr, Gemüse und Fleisch produziert werden müsse.

Zu der »mörderischen Yankee-Blockade«, die Kuba zwischen 1960 und 1990 einen Verlust von mehr als 15 Milliarden Dollar beschert habe, sei nun ein weiterer Schlag gekommen: die »unbeabsichtigte Blockade« nach dem Verschwinden der sozialistischen Brüderländer, erklärte Castro den Schlüsselbegriff »doppelte Blockade«.

Nachdem er klargestellt hatte, daß nur die PCC alle Probleme des Landes »endgültig lösen« könne, appellierte er an den Mut und die Intelligenz seiner Landsleute: »Und nun frage ich Sie«, wandte sich »Fidel« an seine Zuhörer im gigantischen Gewerkschaftshaus, »werden wir oder werden wir nicht fähig sein, mit den Problemen fertigzuwerden und den Feinden der kubanischen Revolution die Stirn zu bieten?« Der Applaus war zwar anhaltend und die Rufe »Cuba Sí«, »Venceremos« (»Wir werden siegen«) klangen frenetisch, jedoch wirkten sie nicht so echt, wie in den guten alten Zeiten.

Fidel Castro zeigte sich in der veränderten Umwelt der neunziger Jahre zugleich stur und flexibel. Er hielt zwar an den alten Kampfparolen fest, zeigte aber in den besonders heiklen Momenten der *Período Especial* überraschend Kompromißbereitschaft und ließ bedeutende Kurskorrekturen zu. Die Legalisierung des Dollarbesitzes für Kubaner im August

1993 oder die Aufhebung der Kontrollen an den Küsten im Sommer 1994, damit die *balseros* genannten Flüchtlinge ungehindert auf ihren Flößen und Booten in Richtung Florida ziehen konnten, waren ebenso spektakuläre Schritte, wie die Wiedereröffnung der freien Bauernmärkte im Oktober desselben Jahres, die 1986 verboten worden waren.

»Wir mußten uns fast fünf Jahre lang einer furchtbaren Bewährungsprobe stellen, die kein anderes Land auf dieser Welt hätte bestehen können: Wir mußten überleben und zugleich den Sozialismus retten«, lobte der *Comandante* seine eigene Politik und die Widerstandsfähigkeit der kubanischen Bevölkerung im Januar 1995.[7] Der Jubel war allerdings verfrüht: Eine tiefgreifende ökonomische Erholung ist auch heute noch nicht in Sicht, und die ideologische Krise nach dem Ende des Sowjetmarxismus blieb bisher unbewältigt. Dem neuen Patriotismus kam zwar eine höhere Attraktivität zu als dem ehemaligen proletarischen Internationalismus, jedoch gelang die Mobilisierung der Massen immer seltener. Der alternde Revolutionsführer selbst hatte etwas Mühe mit der Neuorientierung. Die Liebe zum verschwundenen »Vaterland der Werktätigen« schien unvergänglich: Der *Comandante* schwärmte immer wieder von »Lenins Heimat« und trauerte der alten Sowjetunion nach.[8]

Ungeachtet aller Alters- und Ermüdungserscheinungen blieb Fidel Castro jedoch erstaunlich aktiv und lernfähig. Gegenüber der Bevölkerung verteidigte er in leidenschaftlichen Reden die sozialistische Revolution, gegenüber ausländischen Großkapitalisten pries er die günstigen Investitionsbedingungen auf der Karibikinsel. Die Auftritte Castros spielten sich in den neunziger Jahren vor ständig wechselnden Kulis-

7 Vgl. *Fidel Castro. Entrevista concedida a Mario Vázquez Raña*, La Habana, 19. 1. 1995, S. 1ff.

8 Vgl. den Brief an den »Genossen Jurij V. Bondarev« beim Russischen Schrifstellerverband, in dem sich Fidel Castro für die Verleihung des Solochow-Preises bedankt, in: *Granma*, 14. 6. 1995.

sen ab. Er gab bei Massenveranstaltungen unter freiem Himmel kämpferische Durchhalteparolen aus und beschwor den Nationalstolz seiner Landsleute. Zugleich warb er in klimatisierten Verwaltungsbüros in aller Welt um Kapitalbeteiligung an kubanischen Unternehmen.

Der *Comandante* schien in Kuba allgegenwärtig: Er konnte plötzlich in der Diskothek eines Luxushotels in Kampfuniform erscheinen und dort vor laufenden Fernsehkameras mit spanischen Geschäftsleuten auf die Einweihung anstoßen. Im nächsten Moment befand er sich bereits auf irgendeiner Plantage, hetzte die schweißgebadeten Zuckerrohrschneider gegen »Konterrevolutionäre« auf und lobpreiste den heroischen Kampf Che Guevaras gegen den mörderischen Imperialismus.

Besonders eindrücklich gestalteten sich seine Auslandsbesuche. Nach einem gemeinsamen Frühstück mit Präsidentengattin Daniëlle Mitterrand im Elysée-Palast trat der kubanische Revolutionsführer Mitte März 1995 vor dem französischen Unternehmerverband auf. »Marx hat uns gelehrt, daß wir den Dogmatismus vermeiden müssen«, verblüffte der bärtige Kubaner im eleganten Anzug mit dezenter Krawatte die Geschäftsleute. Einen Tag später begab sich der *Líder Máximo* in die Provinz und besuchte in Chailley seinen alten Freund, den französischen »Hühnchenkönig« Gérard Bourgoin. Der Geflügelfleischhändler war einer der ersten Franzosen, der den »potentiellen Markt mit 11 Millionen Einwohnern« in der Karibik entdeckte. Bourgoin flog nach 1992 mit seinem Privatjet jeden zweiten Monat nach Havanna und vermittelte dem *Comandante* nützliche Kontakte zu Großkonzernen wie Renault oder Adidas.[9]

»Fidel auf der Frontseite der wichtigsten US-Zeitungen«, berichtete *Granma* am 24. Oktober 1995 über die Erfolge des kubanischen Präsidenten in New York. Castro stach auf den Feierlichkeiten zum 50. Gründungstag der Vereinten Natio-

9 Vgl. *Le Monde*, 15.3.1995.

nen im UNO-Hauptquartier am East River tatsächlich hervor, obwohl er meistens, wie die anderen Staatschefs der Welt, einen dunklen nadelgestreiften Zweireiher trug. Seine erste Reise seit 16 Jahren ins Feindesland war ein Spektakel und wurde von den westlichen Medien reichlich ausgeschlachtet.

In Kuba hingegen wurden einige Höhepunkte des Auslandsbesuch – mit dem richtigen Gespür für ein anderes politisches Klima – totgeschwiegen. Vom Empfang, den der milliardenschwere New Yorker Bankier David Rockefeller dem kubanischen Revolutionsführer gab, war nichts zu erfahren. Auch die sensationelle Redaktionskonferenz des *Wall Street Journal*, zu der die Zeitung des Großkapitals das früher verspottete Fossil des Kommunismus einlud, war den kubanischen Medien keine Meldung wert. Eine kleine Panne war bei der Direktübertragung der Rede vor Geschäftsleuten puertoricanischer Herkunft im New Yorker Stadteil Bronx jedoch nicht zu vermeiden. »Fidel« warf Washington vor, auf der Blockade gegen Kuba zu beharren, mit »autoritären« Regimen wie China oder Vietnam aber nachsichtig zu verfahren.

Falls der *Comandante* einen Monat später in Peking von seinen Gastgebern auf diesen Satz hin angesprochen wurde, so verwies er sicherlich auf ein Mißverständnis, hatte er doch in seiner Grundsatzrede bei der Revolutionsfeier in Kuba am 26. Juli 1995 die Volksrepublik China als Vorbild empfohlen und erklärt: »Die Desaster der Länder der ehemaligen UdSSR gegenüber den beeindruckenden Erfolgen Chinas und Vietnams zeigen mit aller Klarheit, was man tun kann, wenn man die Revolution und den Sozialismus retten will.«

Auf seiner ersten Reise nach China erlebte Castro gleich mehrere Überraschungen. Er konnte sich mit eigenen Augen überzeugen, daß radikale Wirtschaftsreformen mit ausländischer Kapitalbeteiligung die KP nicht zur Aufgabe ihres Machtmonopols zwingen müssen. Das spektakuläre Wachstum in der südchinesischen Sonderzone Shenzhen demonstrierte dem Gast die enorme Leistungsfähigkeit der kapitalistischen Joint-ventures. Zugleich konnte er feststellen, daß sogar in der Stadt Shenzhen, in der kapitalistische Giganten und multinationale Konzerne ihre Niederlassungen haben, der starke Mann Ende 1995 immer noch KP-Chef Li Youwei war. »In Shenzhen ist ein Wunder geschaffen worden, das in der Welt einmalig ist«, schwärmte Fidel Castro im imposanten Yangguang-Hotel im Stadtzentrum. »Es ist bewundernswert, was sie tun«, lobte er die chinesische Führung. Es sei das Land der Zukunft, »das Land des 21. Jahrhunderts, von dem Kuba lernen kann«, zitierte ihn *Granma* am 8. Dezember 1995.

Die Begeisterung des *Comandante* für China warf jedoch einige Fragen auf. Leiteten die Lobeshymnen in Shenzhen einen Kurswechsel und eine neue Wirtschaftspolitik auf der Karibikinsel ein? War der kubanische Staats- und Parteichef gewillt, über die geringfügige Lockerung der zentralen Planwirtschaft hinauszugehen und weitgehende marktwirtschaftliche Reformen zuzulassen? Oder entwickelte sich Fidel Castro zum »großen Orthodoxen des Marxismus-Leninismus«, wie Tad Szulc, der Verfasser der bahnbrechenden Castro-Biographie, 1989 befürchtet hatte? Hatte der *Comandante* in der Breschnew-Ära seine analytischen Fähigkeiten verloren und war er in der veränderten Umwelt der neunziger Jahre zum Scheitern verurteilt? War er nur noch ein gewiefter Taktiker ohne Visionen, der sich von den alten Dogmen nicht mehr lösen konnte?

War die Strategie der KP Chinas für das gigantische Reich der Mitte mit seinem riesigen Binnenmarkt überhaupt auf die kleine Zuckerinsel übertragbar? Waren auf Kuba kapitalistische Inseln und Sonderzonen vorstellbar? Sah der *Comandante* in Shenzen die unzähligen Bettler und Prostituierten, die bei seinem Staatsbesuch nicht direkt vor dem pompösen Yangguang-Hotel stehen durften? Wollte Fidel Castro der kubanischen Bevölkerung soziale Kosten im chinesischen Ausmaß zumuten? Wurde der einst weltweit gefeierte Vorkämpfer für soziale Gerechtigkeit zu einem alternden Diktator, der nur noch an seine eigene Herrschaft dachte?

Eine grundsätzliche Frage ging über die Person Fidel Castros hinaus: Schließen sich die sozialen Errungenschaften, wie sie auf der Roten Insel vor 1990 existierten, und der transatlantische Wildwestkapitalismus in Lateinamerika und in den USA, nicht gegenseitig aus? Ist der weltweite Vormarsch der Ellbogengesellschaft, die auch vor hochentwickelten europäischen Ländern nicht Halt gemacht hat, auf der fehlentwickelten Zuckerrohrinsel in der Karibik zu vermeiden?

War ein Ausweg aus der Sackgasse, in die Kuba nach dem Zusammenbruch der sozialistischen Staatenwelt geriet, mit oder ohne Fidel Castro an der Macht überhaupt möglich? War nicht die ohnmächtige Ratlosigkeit des Schriftstellers Miguel Barnet das vorherrschende kubanische Lebensgefühl nach 1990? Fühlten sich die meisten Kubaner nicht wie Barnet, der sich 1996 als Schiffbrüchigen bezeichnete, der auf das offene Meer getrieben werde und davon träume, in einer besseren neuen Welt zu landen?

Welche Schuld trug der Kapitän für den Schiffbruch? Werden nachfolgende Generationen sagen, Fidel Castro habe die hochgesteckten Erwartungen nicht erfüllt und die besten Kubaner in die Irre geführt? Hat der *Comandante* die Chancen endgültig verpaßt, der neue José Martí zu werden?

Ein endgültiges Urteil wird erst im Rückblick gefällt werden können. Vieles hängt davon ab, wie sich Castro von der Macht verabschiedet und Kuba auf die Zeit nach ihm vorbereitet. Wird er einen geordneten Übergang zur Demokratie ermöglichen oder den Weg für neue *Caudillos* ebnen? Wird die Geschichte Fidel Castro freisprechen, wie er in seiner legendären Rede vor Gericht nach dem gescheiterten Aufstandsversuch gegen die Batista-Diktatur 1953 verkündet hatte? Oder wird die Nachwelt mit Juan Clarck, dem unerbittlichen und zugleich nüchternen Castro-Gegner sagen, daß »der unersättliche Hunger nach totaler Macht« den *Comandante* korrumpiert habe?

4. Das feindliche Imperium

Das häßliche Bürohaus auf dem abgesperrten Areal an der Küste von Havanna gleicht einer Festung. *US-Interests Section/Oficina de Interéses de Estados Unidos* steht auf dem Schild hinter einem hohen Zaun. Die einstige Botschaft Washingtons verwandelte sich nach dem Abbruch der diplomatischen Beziehungen im Januar 1961 in ein Geisterhaus und wurde erst 1977 unter der Aufsicht der neutralen Schweiz als Interessenvertretung der USA wiedereröffnet. Die ganze Umgebung scheint der Supermacht feindlich gesinnt. Auf einem Plakat in nächster Nähe wird »Uncle Sam« als diabolischer Riese in Frack verspottet. »Ihr Herren Imperialisten, wir haben absolut keine Angst«, ruft ein kleiner kubanischer Soldat der furchterregenden Gestalt mit dem Sternenbanner zu. »Dieser Boden ist hundertprozentig kubanisch«, gibt eine provokative Leuchtschrift in Sichtweite den einstigen Beherrschern der Karibikinsel zu verstehen. Nicht einmal aus der Richtung des Mutterlandes ist die *US-Interests Section* vor Angriffen sicher: Stürmische Winde vom Norden und das aufgepeitschte Meer verursachen immer wieder Schäden am Gebäude, das nur einige Meter von der Küste entfernt steht. Nach einem Hurrikan im Frühling 1993 stand alles unter Wasser.

Die emsigen Bauarbeiten und die Aufstockung des Personals im *Interés* nach 1995 verleiteten manche Kubaner zu der Annahme, daß Präsident Clinton in absehbarer Zeit die US-Botschaft auf der Karibikinsel wieder in Betrieb nehmen wolle. Im Sommer 1995 gab es in gewissen Bereichen die ersten Anzeichen für eine beginnende Kooperation: Kubanische Wächter mit Funkgeräten standen um das US-Areal herum, nahmen Anordnungen auf Englisch entgegen und kommandierten ihre Landsleute vor der Visaabteilung herum.

Nachdem ich alle Wachposten passiert und auch die letzte Kontrolle mit dem Detektor hinter mich gebracht hatte, stand ich vor einer Kabine mit kugelsicherem Glas. »What do you want?« fragte auf der anderen Seite ein Soldat im Tarnanzug kühl. Die Kampfmontur mit der Aufschrift »US-Army« und der verkrampft lächelnde US-Präsident auf einem Bild an der Wand wirkten auf kubanischem Boden beinahe schockierend.

Der dynamische Leiter der Propagandaabteilung mit dem eleganten Namen *US-Information Services* (USIS) betonte mehrfach seine außerordentliche Freude: Besucher aus Europa seien selten. Er bat aber gleich zu Beginn des Gesprächs in seinem gigantischen Büro um Diskretion. Der etwa 120 kg schwere Vertreter der Supermacht gab sich publikumsscheu. Er wollte weder namentlich noch als offizielle Quelle zitiert werden. Dann warnte Mr. X vor dem negativen Beispiel eines amerikanischen Schriftstellers, der in seinem 1992 publizierten Buch Kuba und die Kubaner wohlwollend, die Kuba-Politik der USA hingegen kritisch behandelt.[1] »Tom hat unser Vertrauen mißbraucht«, beklagte sich der USIS-Leiter über seinen Landsmann, um sich gleich im nächsten Satz über die Regierung in Havanna zu beschweren. Diese zeige überhaupt kein Interesse an einer Normalisierung der Beziehungen. Nach einer jahrelangen Prozedur sei endlich im Sommer 1995 die erste US-Dozentin als Englischlehrerin in Kuba zugelassen worden. Sie dürfe aber nur an der Universität in Havanna wirken, und dem Rektor sei es nicht gestattet gewesen, am Ehrendiner der *US-Interests Section* nach Ankunft der Professorin teilzunehmen.

Mr. X fühlte sich von seinem Gesprächspartner aus der »freien Welt« verstanden und kam schnell zur Sache: »Die nachgiebige Kuba-Politik der meisten europäischen Länder und die wirtschaftliche Zusammenarbeit mit Havanna sind

1 Vgl. T. Miller, *Trading with the Enemy. A Yankee Travels through Castro's Cuba*, New York 1992.

verfehlt. Ausländische Investoren verlängern die kommunistische Diktatur hier.«

Die Frage nach möglichen Veränderungen, die nach einer Aufhebung des US-Embargos in Kuba zu erwarten wären, machte Mr. X nervös. »Castros System ist von Grund aus teuflisch. Hitler die Hand zu bieten, war damals auch fatal«, stieß der ehemalige College-Lehrer hervor und stöhnte ob der Dummheit der Europäer. »Was immer auch die US-Regierung tut oder nicht tut, ändert überhaupt nichts an der Tatsache, daß Castros Politik von Beginn an zutiefst antiamerikanisch war«, sagte Mr. X gereizt. Im selben Atemzug zauberte er mit einer leichten Handbewegung aus einer offenen Schublade den unwiderlegbaren »Beweis« hervor, einen Brief, der die Handschrift des *Comandante* trug. »Celia, nachdem ich die Raketen sah, die auf Marios Haus abgefeuert wurden, schwor ich, daß die Amerikaner dafür teuer bezahlen werden«, hatte Fidel Castro aus dem Kriegsgebiet in der Sierra Maestra an seine Lebensgefährtin Celia Sánchez Manduley am 5. Juni 1958 geschrieben. Den Schlußsatz las Mr. X triumphierend vor: »Der Krieg, den ich gegen die Amerikaner führen werde [...] wird meine eigentliche Bestimmung sein.« Zum Abschied händigte er dem sprachlosen Europäer eine Kopie des Briefes aus und reichte eine tiefenpsychologische Deutung nach: Fidels Vater, Angel Castro, habe die USA leidenschaftlich gehaßt und seine Kinder indoktriniert.

Oppositionelle Intellektuelle in Havanna hingegen, die gelegentlich im USIS-Büro Lesematerial ausleihen, zweifeln an der Fähigkeit von Mr. X, das kubanische Seelenleben zu verstehen. Die Werte und Lebenserfahrungen von biederen Beamten aus amerikanischen Provinzstädten böten dafür keine geeignete Basis. Batistas Soldaten hätten das Haus von Castros Freund Mario Sariol, von dem im Brief die Rede ist, mit Raketen aus amerikanischer Produktion zerstört. Jeder Kubaner hätte in seiner Wut etwas Ähnliches geschrieben wie Fidel Castro.

Dem Befremden von Mr. X und seiner empfindlichen Vorgesetzten in Washington steht in Havanna eine endlose Reihe von Klagen gegenüber, die teilweise so alt sind wie die imperialen Gelüste der USA. Der Unabhängigkeitskampf gegen Spanien soll »rechtzeitig die Gefahr verhindern, daß sich die USA über die Antillen ausbreiten und mit ihrem ganzen Gewicht auf unsere Länder in [Latein-]Amerika stürzen«, schrieb der heute noch von allen Kubanern gottgleich verehrte Freiheitskämpfer und Nationaldichter José Martí 1895 in seinem letzten Brief. US-Präsident Thomas Jefferson hatte 90 Jahre zuvor folgendes notiert: »Ich muß es ehrlich gestehen, daß ich Kuba immer als die wichtigste Ergänzung zu unserem Staatensystem betrachtet habe. Zusammen mit Florida würde uns diese Insel die Kontrolle über den Golf von Mexiko und die Länder des [mittelamerikanischen] Isthmus [...] ermöglichen.«[2] Wie das geschehen soll, erklärte etwas später US-Präsident John Quincy Adams: »Es bedarf keiner direkten Intervention, die Zeit arbeitet für uns, und das ›Gesetz der politischen Schwerkraft‹ läßt diese Insel wie reife Früchte in unsere Hände fallen«, schrieb der strategisch denkende Staatsmann im letzten Jahrhundert über Kuba und Puerto Rico.

Kaum drei Jahre nach José Martís letztem Brief war Kuba bereits »Protektorat« der Vereinigten Staaten. Im ersten Drittel des 20. Jahrhunderts kamen, blieben oder gingen die US-Truppen nach eigenem Gutdünken; das »Platt-Amendment« – ein vom US-Kongreß ausgearbeiteter und aufgezwungener Artikel der kubanischen Verfassung – räumte der Regierung in Washington das Recht auf militärische Intervention ein. Zu den kubanischen Freunden der USA gehörte Diktator Gerardo Machado y Morales, der zwischen 1925 und 1933 über die karibische Insel mit bespielloser Grausamkeit herrschte. US-Präsident Franklin Roosevelt entzog zwar Machado die Unterstützung und hob 1934 sogar das Platt-Amendment

2 Zit. in R. Orozco, *Cuba Roja*, Madrid 1993, S. 824.

auf. Jedoch konnte auch danach niemand ohne den Beistand der USA kubanischer Präsident werden, und Washingtons Mann in Havanna wurde immer mehr der einst von US-Experten gedrillte Sergeant Fulgencio Batista Zaldívar.

Zwar ließ die US-Regierung kurz vor dem Sieg der Revolution Batista fallen, nicht aber die alten Aspirationen als Ordnungsmacht. Das Verhältnis zu den linksnationalistischen Rebellen in der Sierra Maestra war daher nicht ungetrübt. Die USA trage die Verantwortung für die Feindschaft, wird in Havanna immer wieder erklärt, das State Department habe bereits im Oktober 1958 in einer indirekt an »Fidel« gerichteten Note Druck ausgeübt und die Möglichkeit angedeutet, sich militärisch auf die Seite von Batista zu schlagen. »Wir wollen mit den USA freundschaftliche Beziehungen [...] Bei einer allfälligen Aggression [...] werden wir uns aber mit Würde verteidigen«, ließ der *Comandante* postwendend Washington wissen.[3]

Die rapide Verschlechterung der Beziehungen zwischen beiden Ländern nach dem Sieg der Revolution war nicht nur das Ergebnis geopolitischer Faktoren, sondern auch die Folge von beiderseitigen Ressentiments und Fehleinschätzungen. Objektive Entwicklungstendenzen, irrationale Ängste und absurde Mißverständnisse verstärkten sich in ihrer Wirkung und haben zu einem Teufelskreis geführt, der bis heute nicht durchbrochen werden konnte.

Die antiimperialistische Rhetorik und unbedachte Aktionen in Kuba schürten die antikommunistische Hysterie in den USA. Fidel Castro verwarf den traditionellen »geographischen Fatalismus« der lateinamerikanischen Politiker, die keinen Schritt wagen, ohne vorher den Giganten im Norden zu konsultieren. Das demonstrative Streben der Revolutionäre nach totaler Unabhängigkeit kam einem radikalen Bruch mit der Vergangenheit gleich, denn die ständige Einmischung

3 Vgl. N. L. Cotayo, *Sitiada la esperanza*, La Habana 1992.

in Zentralamerika seit Ende des 19. Jahrhunderts war ein integraler Bestandteil der US-Politik. Washington war weder vor noch nach 1959 gewillt, in dieser Region eine Revolution zu akzeptieren, die sie nicht kontrollieren oder zumindest steuern kann.

Fidel Castros Gegenspieler im Weißen Haus und im Chefsessel der CIA waren 1959 dieselben Männer, die fünf Jahre zuvor die USA von einer »Bedrohung« durch eine unbequeme Regierung in der Region befreit hatten. Da die Ausschaltung von Guatemalas demokratisch gewähltem Präsidenten Jacobo Arbenz Guzmán 1954 mit Leichtigkeit bewerkstelligt wurde, erschien die Liquidierung von Fidel Castro geradezu wie ein Kinderspiel.

Das imperiale Gebaren der amerikanischen Regierung und ihrer Politiker verletzten hingegen den Stolz der Kubaner. Die neokoloniale Abhängigkeit und Fehlentwicklung der Zuckerinsel steigerten überdies die Radikalität Havannas. Fidel Castro war von der Furcht besessen, die USA würden die Unabhängigkeit Kubas wieder einmal vereiteln, wie nach dem Spanisch-Amerikanischen Krieg von 1898. In den Vereinigten Staaten indessen fehlte es an profunden Kenntnissen über die Situation der lateinamerikanischen Länder: Die kubanische Revolution und Fidel Castros romantische Kampfgefährten galten in weiten Kreisen des US-Establishments als gefährliche Kommunisten.[4] Der Konflikt war unter den Bedingungen des kalten Krieges vorprogrammiert und hätte auch durch äußerstes Einfühlungsvermögen und Nachsicht kaum vermieden werden können.

Beide Seiten verfolgten eine Doppelstrategie: Hinter der scheinbaren Dialogbereitschaft steckten von Anfang an klar definierte Geheimziele, die miteinander jeweils unvereinbar waren. Die offizielle Politik der USA lief darauf hinaus, Freundschaft zu demonstrieren. Washington beeilte sich, die

4 Vgl. Szulc, a. a. O., S. 571.

Revolutionsregierung in Havanna anzuerkennen, und tat dies bereits eine Woche nach Batistas Flucht. Der frühere US-Botschafter in Kuba, der schwer kompromittierte Batista-Freund Earl E. T. Smith, wurde mit sofortiger Wirkung abgelöst und durch den liberalen Diplomaten Philip W. Bonsal ersetzt.

Hinter Bonsals Rücken wurden indes schon geheime Verhandlungen geführt. Fünf Tage nachdem er sein Beglaubigungsschreiben als neuer US-Botschafter beim kubanischen Staatschef Manuel Urrutia Lléo präsentiert und mit Fidel Castro Gespräche in freundschaftlicher Atmosphäre geführt hatte, trat der Nationale Sicherheitsrat der USA zusammen. An dieser Geheimsitzung am 10. März 1959 in Washington wurden die Modalitäten ausgehandelt, wie »eine andere Regierung in Kuba an die Macht gebracht werden kann«.[5]

Damals war auf der Karibikinsel noch kein einziges amerikanisches Unternehmen enteignet worden; eine gemäßigte Regierung mit bürgerlichen Ministern stand im besten Einvernehmen mit dem ebenfalls liberalen Staatspräsidenten Urrutia. Weder Fidel Castro noch sein Bruder Raúl noch *Comandante* Che Guevara hatten wichtige Ämter inne, und ihre Pläne waren nicht einmal der CIA bekannt.

Die erste Agrareform der kubanischen Regierung im Mai 1959 löste eine Kettenreaktion aus, die nach weniger als 20 Monaten zum totalen Bruch mit Washington führte. Der größte Teil der enteigneten Latifundienbesitzer setzte sich aus US-Unternehmen zusammen, was in den Vereinigten Staaten »Besorgnis« auslöste. Besonders betroffen war die »United Fruit Company«, die sowohl bei der CIA als auch im Kongreß Gewährsmänner hatte und die Lateinamerika-Politik der USA stark beeinflußte.

Havanna war weder in der Lage noch gewillt, die von Washington verlangten »prompten Entschädigungen« zu zahlen. »Die Agrarreform bedeutete den Bruch mit den Privilegierten

5 Ebd., S. 528.

in Kuba und zugleich den Bruch mit der ›privilegierten Nation‹ USA«, erklärte Fidel Castro 1985 dem brasilianischen Befreiungstheologen Frei Betto.

Die Vereinigten Staaten erhöhten im Sommer 1959 den Druck auf die »Roten« in Havanna und unterstützten vermehrt deren Feinde. Zu befürchten war neben einer direkten US-Invasion auch eine Militärintervention des dominikanischen Diktators Rafael Leónidas Trujillo Molina, dessen Freund Batista in der Dominikanischen Republik Asyl und Unterstützung gefunden hatte.

Lange bevor überhaupt das Reizwort »sozialistische Revolution« in Havanna gefallen war, hatte US-Präsident Dwight D. Eisenhower eine schwerwiegende Entscheidung gefällt: Er genehmigte am 17. März 1960 das »Programm für Geheimaktionen gegen das Castro-Regime«. Der vom CIA ausgearbeitete und von Vizepräsident Richard Nixon vorangetriebene »Plan 17. März« sah neben der Ermordung Castros, in Kooperation zwischen CIA und Mafia, die Ausbildung und Aufrüstung einer kubanischen Exilarmee vor, die nach einer Invasion auf Kuba die Voraussetzungen für die Etablierung einer US-freundlichen Regierung schaffen sollte.[6] Die CIA entwarf in den folgenden Jahren atemberaubende Szenarien zur Ausschaltung des »Despoten in Havanna«; auf die erfolglosen Aktionen mit vergifteten Zigarren folgte der gescheiterte Versuch, das Leben des Freizeittauchers Fidel Castro mittels eines mit Tuberkulosebazillen infizierten Tauchanzug zu verkürzen.

Als der *Comandante* am 13. April 1961 bei einer Trauerkundgebung für die Opfer von mehreren regierungsfeindlichen Anschlägen den Sozialismus in Kuba proklamiert hatte, war die CIA-Operation »Pluto«, die Invasion von 1500 schwerbewaffneten Exilkubanern und Söldnern in der Schweinebucht, bereits angelaufen. Auch »Pluto« sollte ein

6 Vgl. hierzu Szulc, a. a. O., S. 528ff., Pérez, a. a. O., S. 331f., Niess, a. a. O., S. 342ff.

Fiasko werden. Die kubanische Bevölkerung unterstützte die Kämpfer gegen die »despotische Herrschaft Fidel Castros« nicht. Sie blieben in den Sümpfen der Zapata-Halbinsel isoliert und waren innerhalb von drei Tagen geschlagen.

Nach der demütigenden Niederlage der »kubanischen Patrioten« und ihrer Freunde in den höchsten Ämtern in Washington verstärkten sich die Tendenzen in den USA, die eine rationale und kohärente Kuba-Politik auch heute noch schier unmöglich machen. Kuba wurde zu einer innenpolitischen Angelegenheit erklärt, und die meisten US-Präsidenten nach 1960 bemühten sich, die mehrheitlich ultrakonservativen Wähler in der großen und einflußreichen kubanischen Exilgemeinde bei der Stange zu halten.

Die Karibikinsel war bereits vor den Präsidentschaftswahlen im November 1960 ein zentrales Wahlkampfthema. Der republikanische Kandidat Richard Nixon wehrte sich gegen den Vorwurf der Demokraten, Kuba den Kommunisten zu überlassen, und propagierte ein Handelsembargo. Wahlsieger John F. Kennedy fühlte sich genötigt, das Säbelgerassel fortzusetzen; er verfügte im Februar 1962 – gestützt auf das Gesetz »Trading with the Enemy Act« aus dem Jahr 1917 – eine totale Sperre gegen die »Roten« in Havanna, die vom Handels- und Reiseverbot bis zum »Embargo über den Ideenimport« aus Kuba reichte.

Nach dem Desaster in der Schweinebucht wurde der US-Präsident vom Kongreß in Washington ermächtigt, in Kuba militärisch zu intervenieren, wenn er von dort die »Sicherheit der USA« gefährdet sähe. Diese absurde Formulierung verschleierte die Tatsache, daß die Regierung in Havanna allen Grund hatte, um die Sicherheit der Karibikinsel zu bangen. Kennedy tröstete ein Jahr nach der fehlgeschlagenen Invasion die Exilkubaner mit nebulösen Erklärungen über die baldige »Befreiung« Kubas. Ende April 1962 demonstrierten die US-Marines bei einem massiven Manöver in der karibischen See ihre Schlagkraft. Die Emigrantengruppen in Miami intensivierten ihre Kommandoüberfälle, und die Militärexperten, die von der US-Presse um eine Einschätzung der Lage gebeten wurden, gaben an, daß bei einer potentiellen Invasion der Vereinigten Staaten nur etwa fünf Tage für die Eroberung der Insel benötigt würden.

In dieser Situation suchte Verteidigungsminister Raúl Castro im Juni 1962 in Moskau um bessere Sicherheitsgarantien für Kuba nach. Der sowjetische Staats- und Parteichef Nikita Chruschtschow veranlaßte daraufhin die Entsendung zusätzlicher Truppen und die Stationierung von Raketen mittlerer Reichweite, die Atomsprengköpfe tragen konnten. Dies führte im Oktober 1962 zu einer Konfrontation zwischen Moskau und Washington, der sogenannten »Kubakrise«, die nach den Worten von Robert F. Kennedy, des Bruders und engsten Beraters des Präsidenten, »die Welt an den Rand der nuklearen Zerstörung brachte«.

Die US-Regierung betrachtete die sowjetischen Mittelstreckenraketen auf Kuba als Offensivwaffen und als eine unmittelbare Bedrohung. In einer öffentlichen Rede am 22. Oktober 1962 forderte Präsident Kennedy den sofortigen Abzug der Raketen und gab die Verhängung einer »Quarantäne« über Kuba bekannt. Alle dorthin fahrenden Schiffe würden angehalten und kontrolliert, verkündete er. Die USA seien gegen einen Atomkrieg, würden aber im Zweifelsfall nicht davor zurückschrecken.

Bereits einige Tage vor Kennedys Rede waren die US-Streitkräfte weltweit in Gefechtsbereitschaft gesetzt und etwa 100 000 Soldaten für die Invasion Kubas bereitgestellt worden. Die Alliierten wurden nicht konsultiert – zunächst nicht einmal unterrichtet. Nur wenige Politiker in Europa hätten die Idee unterstützt, wegen einiger sowjetischer Raketen in unmittelbarer Nachbarschaft einen Weltkrieg zu riskieren.[7]

Die meisten Kubaner hörten Kennedys Ansprache, und

7 Vgl. H. Thomas, *Castros Cuba*, Berlin 1984, S. 395, und der Sowjetgeneral Anatolij Iwanowitsch Gribkow, in: *Der Spiegel* 16/17 (1992).

auch die Zeitung *Revolución* druckte sie ab. Im Gegensatz zur Massenhysterie in den USA blieb es auf der Karibikinsel ruhig. Ein Beobachter beschrieb die Stimmung folgendermaßen: »Es war, als ob das ganze Land wie ein Mann sagte: ›Endlich!‹ Das lange Warten auf die Invasion, der Nervenkrieg, [...] das alles war vorbei. Die Disziplin, das Fehlen jeder Panik und die Einsatzbereitschaft waren eindrucksvoll.«[8]

Fünf Tage nach Kennedys Rede nannte Chruschtschow zwei Bedingungen für den Raketenabzug: Die Vereinigten Staaten sollten sich verpflichten, in Kuba nicht militärisch zu intervenieren und ihrerseits die US-Raketen aus der Türkei abzuziehen. Wenn keine Invasionsgefahr mehr drohe, seien die russischen »Verteidigungswaffen« in Kuba überflüssig, betonte Chrutschtow in einem Brief an Kennedy.

Die Militärs im Pentagon drängten den Präsidenten zu einem Überraschungsangriff. Der dritte Weltkrieg schien am 27. Oktober unmittelbar bevorzustehen, als Robert F. Kennedy dem sowjetischen Botschafter in Washington das Ultimatum seiner Regierung übermittelte: Wenn innerhalb von 24 Stunden keine Zusage für den Rückzug der Raketen vorliege, würden die USA zum Präventivschlag ansetzen.

Am 28. Oktober war der Spuk vorbei: »Die Sowjetregierung hat angeordnet, die als offensiv beschriebenen Waffen von Kuba abzuziehen«, verlas ein Sprecher von Radio Moskau den Brief Chruschtschows an Präsident Kennedy. »Wir brachten die Waffen auf Ersuchen der kubanischen Regierung dorthin [...] Sie sollten in den Händen sowjetischer Militärs bleiben [...] Unser Ziel war ausschließlich, Kuba zu verteidigen«, gab Chruschtschow bekannt.[9]

Mehr als dreißig Jahre später scheinen die meisten Politiker und Publizisten in den USA noch immer nicht fähig zu sein, die Kubaner und ihre Regierung angemessen einzuschätzen. Die Klischees über dieses Land üben eine große Breitenwir-

8 Vgl. Thomas, a. a. O., S. 397.
9 Ebd., S. 385.

kung aus: Viele US-Bürger wissen über die benachbarte Karibikinsel zwar nicht mehr als über Bolivien oder Paraguay, aber der Name des kubanischen Staatschefs ist jedem geläufig, auch wenn die Assoziationen von King Kong bis Saddam Hussein reichen.

Nicht einmal Manhattans Intellektuelle sind vor der Dämonisierung der Roten in Havanna gefeit, wie ein Bericht der renommierten Zeitschrift *The New Yorker* zeigt.[10] Der Autor John Newhouse nahm als Beobachter an einer Konferenz in der kubanischen Hauptstadt teil, an der fast drei Jahrzehnte nach der Kubakrise die ehemaligen Gegner – hohe Militärs und Politiker der Karibikinsel, aus den USA und der ehemaligen UdSSR – an einem Tisch saßen und Informationen austauschten. Newhouses Artikel vermittelt interessante Einsichten über die damalige Situation. Dazu gehören 1992 veröffentlichte Briefe von Kennedy und Chruschtschow sowie neue Angaben über die sowjetische Truppenstärke auf der Karibikinsel, die 1962 mit 42 000 Soldaten viermal über den einstigen CIA-Schätzungen lag.

Bei der Rekapitulation der Kubakrise verliert Newhouse jedoch kein Wort darüber, daß ab Mitte Oktober 1962 die US-Stabschefs Präsident Kennedy täglich drängten, nach einem Luftangriff die Insel zu erobern – und so höchstwahrscheinlich ein atomares Inferno auszulösen. »Fidels Appetit auf einen Atomkrieg« hingegen wird in *The New Yorker* breit abgehandelt. Für den intellektuellen Nervenkitzel sorgen »schockierende Enthüllungen« über den Leichtsinn der Russen und Kubaner: »Die sowjetischen Truppenkommandanten in Kuba waren autorisiert, Kurzstreckenraketen mit atomaren Sprengköpfen gegen die Invasoren einzusetzen [...] ein einziger Sowjet-Offizier hätte den Atomkrieg beginnen können«, wiederholt der entsetzte Newhouse unbestätigte Vermutungen. Er geht – wie praktisch alle führenden US-Politi-

10 J. Newhouse, *A Reporter at Large. Socialism or Death*, in: *The New Yorker*, 27.4.1992.

ker im 20. Jahrhundert – davon aus, daß seinem Land zumindest in Kuba ein natürliches Interventionsrecht zustehe und erteilt gutgemeinte Ratschläge an Fidel Castro: »Es ist sehr einfach, bessere Beziehungen mit Washington und mit der Welt zu haben: Es genügen freie Wahlen, wie in anderen lateinamerikanischen Ländern [...]«

Drei grundsätzlichen Fragen weicht Newhouse mit derselben Selbstverständlichkeit aus, mit der die Medien und die meisten Politiker in den USA dies seit 1962 tun: Hatte Havanna angesichts der historischen Erfahrungen mit seinem nördlichen Nachbarn und den ständigen Invasionsdrohungen Washingtons nach 1960 nicht das Recht, Moskau um militärischen Schutz zu bitten? War der Kreml nicht berechtigt, diesen zu gewähren? Hatten die Vereinigten Staaten, die 1962 den UdSSR militärisch weit überlegen waren, das Recht, wegen etwa drei Dutzend sowjetischen Mittelstreckenraketen in Kuba mit einem Präventivschlag zu drohen und den Weltuntergang heraufzubeschwören – zwei Jahre nachdem in der Türkei in unmittelbarer Nähe zur sowjetischen Grenze wesentlich mehr US-Raketen mit Atomgeschossen aufgestellt wurden?

Effekthascherisch läßt Newhouse die umstrittene Behauptung von Sergej Chruschtschow, Nikitas Sohn, in der Schwebe, wonach der *Comandante* im Verlauf der Krise Moskau zu einem atomaren Präventivschlag gegen die USA gedrängt habe, um schließlich Fidel Castro dennoch zu »entlarven«: Vielleicht stimme die Version von Sergej Chruschtschow nicht, aber der *Comandante* habe an der Konferenz in Havanna 1992 selbst eingeräumt, daß er Moskau empfohlen habe, im Falle einer US-Invasion als »legitime Selbstverteidigung« Atomwaffen gegen die USA einzusetzen.

Newhouse schildert genüßlich die Wut Fidel Castros, der von Chruschtschow nicht konsultiert worden war, bevor die Entscheidung über den Rückzug der sowjetischen Raketen getroffen wurde. Der zornige *Comandante* wird dabei als eine furchterregende und unberechenbare Persönlichkeit charakterisiert.

Dasselbe Bild, allerdings auf einem viel niedrigeren Niveau, wird seit 1960 von den meisten Fernsehkanälen der USA vermittelt. Die Forderungen Castros etwa während der Kubakrise – die auch die Forderungen der kubanischen Bevölkerungsmehrheit waren – kannten sowohl damals wie heute nur die wenigsten amerikanischen Bürger.

Gefordert wurde neben dem Verzicht auf eine Invasion die Einstellung der bewaffneten Überfälle von Exilkubanern aus Florida und der Rückzug der amerikanischen Truppen aus Guantánamo in Kuba. Der US-Militärstützpunkt in der südostkubanischen Provinz stellt auch heute noch einen ähnlichen Affront gegen das Selbstbewußtsein der Kubaner dar wie die erste Intervention der US-Marines vor 90 Jahren oder die Invasionsdrohungen nach 1961. Das über 115 Quadratkilometer große US-Territorium auf Kuba wird in Washington liebevoll »Gitmo« genannt. Nach 1960 wurde die *Base Naval Yanqui* (BNY) für die Revolutionsregierung in Havanna zum bedrohlichen Feindesland mit mehreren Tausend Soldaten und mit über 40 Ankerplätzen für eine komplette Kriegsflotte. Intervenierten die USA militärisch in der Region – wie zuletzt in Grenada oder Panama –, so taten sie das von »Gitmo« aus.

Entlang des 24 Meilen langen Stacheldrahtzauns, der den Stützpunkt nach außen abschirmt, befindet sich ein breiter Todesstreifen voller Tret- und Panzerminen, Bunker, Wachtürmen und schwerbewaffneten Grenzpatrouillen. Im Frontstädtchen Caimanera wird der andauernde kalte Krieg als Touristenattraktion vermarktet. Von einem kleinen Hotel oberhalb der Bucht von Guantánamo kann man direkt auf die Marinebasis der verhaßten *Yankees* mit ihren Jagdflugzeugen und Bombern blicken. In einem ehemaligen US-Bordell wurde das Revolutionsmuseum eingerichtet. Ausgestellt ist dort ein Instruktionsheft für die 500 Prostituierten, die den

US-Marines in Caimanera vor 1959 zu Verfügung standen. In einem anderen Austellungsraum sind Fotos von jungen »Märtyrern« zu sehen, Soldaten des »heldenhaften Grenzbataillons« sowie Fischer, die nach kubanischen Angaben »bei Provokationen der Yanquis« starben.

Die Informationspolitik der US-Behörden zu »Gitmo« entspricht auch heute noch den Gepflogenheiten wie während des kalten Krieges. Europäische Journalisten werden mit größtem Mißtrauen behandelt und peinlichen Kontrollen unterzogen. Eine Armeestelle in Norfolk/Virginia bewilligt oder verweigert den Besuch von »Gitmo« willkürlich und ließ sich dabei vom früheren Gegner in Moskau inspirieren: Gesuche verschwinden spurlos oder bleiben jahrelang unbeantwortet.

Ob Wilson, Eisenhower, Kennedy, Reagan, Bush oder Clinton: Für die amerikanischen Präsidenten dieses Jahrhunderts galt und gilt die Militärbasis auf Kuba als eine »innere Angelegenheit der USA«. Washington zahlte seit 1903 eine lächerliche »Pacht« von zuerst 2000 Golddollar, in den neunziger Jahren wurden dann Schecks über 4085 Dollar eingereicht. Absurd ist die Begründung für die Anwesenheit der US-Marines auf Kuba: Der Pachtvertrag von 1903 könne nur im gegenseitigen Einverständnis beider Parteien aufgelöst werden.

»Man muß schießen lernen, gut schießen lernen«, lautet das Credo vor dem kubanischen Polizeikontrollposten bei der Einfahrt nach Caimanera. Ein anderes Plakat etwas weiter ist auch dem Feind zugedacht, der aber von der spanischen Syntax überfordert sein dürfte: »Aquí ni se rinde nadie!« (»Hier unterwirft sich niemand!«)

In propagandistischen Belangen ist die Supermacht in den neunziger Jahren dem kleinen Inselstaat hoffnungslos unterlegen. Die Redenschreiber in Washington haben Fidel Castros Allegorien, Wortkaskaden und Redegefechten nichts Ebenbürtiges entgegenzusetzen. Der poetischen Beschwörung des Heldentods, der bildhaften Schilderung eines ehrenvollen Untergangs, in dessen Folge die wenigen überlebenden Aggressoren nur noch »den blutgetränkten Staub von Kubas Erdboden ernten«, wurde in der Amtszeit Reagans und Bushs mit simplen Sätzen in Rambo-Manier begegnet.

»Ich komme soeben aus dem Land der letzten Dämonen: Es sind uns nur noch Fidel Castro und Kim Il Sung geblieben«, sagte US-Generalstabschef Colin Powell in »Gitmo« nach der Kapitulation der irakischen Armee. Der farbige General aus einfachen Verhältnissen feierte 1992 mit den hartgesottenen US-Marines in Kuba Weihnachten und erklärte vor dem Heiligen Abend: »Es ist schön, Freunde zu haben, die mit uns rechnen können, und es ist noch schöner, Feinde zu haben, die sich vor uns zu Tode fürchten. Wir müssen das weiterhin so halten.«[11]

Die markigen Worte dürften den »Boys« mit bescheidenem Bildungsniveau gut gefallen haben, auch wenn sie weiterhin auf dem Stützpunkt hinter den Feldern mit etwa 50 000 US-Minen verharren mußten. Es blieb auch nach Powells Besuch bei verbalen Gefechten; die Marines sind bisher nicht zum Einsatz gekommen. Ein Ende des Propagandakrieges ist zwar nicht in Sicht, aber eine militärische Intervention der USA in Kuba ist nach wie vor unwahrscheinlich. Als erster US-Präsident nahm Kennedy nach der Kubakrise die Existenz der Roten Insel mit Fidel Castro und dessen sowjetischen Freunden stillschweigend zur Kenntis. Die Karibik und der Panamakanal haben im Atomzeitalter mit Interkontinentalraketen an strategischer Bedeutung eingebüßt. Direkte Konfrontationen zwischen Kubanern und Amerikanern gab es nur in Ausnahmefällen auf Nebenschauplätzen in Lateinamerika und Afrika.

Alle Nachfolger Kennedys im Weißen Haus sahen davon ab, militärisch in Kuba einzugreifen. Präsident Clinton hätte

11 Vgl. Orozco, a. a. O., S. 836.

im Sommer 1994 indessen einen ausgezeichneten Vorwand gehabt, als die Regierung in Havanna Auswanderungswillige ungehindert ziehen ließ und einen Massenexodus in Richtung Florida auslöste. Die große Mehrheit der amerikanischen Wählerschaft ist allerdings schon lange nicht mehr bereit, die hohen finanziellen und menschlichen Kosten einer Intervention in Kuba zu akzeptieren. Zwar befürworteten bei einer Meinungsumfrage im März 1996 rund 58 % der Exilkubaner in Miami und Umgebung eine militärische Invasion gegen Fidel Castro, aber über 70 % der Amerikaner in Miami und in den übrigen USA stimmten dagegen.[12]

Dennoch scheint es sich kein US-Politiker mit präsidialen Ambitionen leisten zu können, das große Wählerpotential mit starken Anti-Castro-Ressentiments und die finanzkräftigen Exilkubaner zu ignorieren. Der Krieg ohne scharfe Munition wurde nach dem Wegfall der »sozialistischen Bruderhilfe« intensiver. Erster medienwirksamer Höhepunkt hätte *Television Martí*, der Propagandasender der US-Regierung sein sollen. »Von nun an können die Kubaner die Welt so sehen, wie sie ist, und nicht so, wie Castro sie gesehen haben will«, verkündete US-Präsident Bush voreilig die Inbetriebnahme von *Tele Martí* Ende März 1990. Die Bewohner der Karibikinsel sahen jedoch nichts. »Die Mitarbeiter und Kämpfer des Ministeriums für Telekommunikation haben eine hohe Kampfbereitschaft gezeigt und das Eindringen der feindlichen Sendungen vereitelt«, meldete einige Tage nach Bushs Rede die Gewerkschaftszeitung *Trabajadores* den Sieg.

Der Feind lancierte aber an anderen Fronten neue Offensiven, und das Embargo gegen Kuba wurde mehrmals verschärft. »Die US-Behörden sprechen euphemistisch von einem Embargo, es ist aber schon lange viel mehr als eine Blockade: Es ist ein universeller Krieg, [...] der Kuba jährlich 6,5 Milliarden Dollar Verluste verursacht«, klagte 1995 die

12 Vgl. *The Miami Herald*, 2. 3. 1996.

Nationale Informationsagentur in Havanna über das »Toricelli-Gesetz«. Die vom US-Senat 1992 angenommene Vorlage des Senators Robert Toricelli untersagte auch Auslandsvertretungen der US-Firmen, mit Kuba Handel zu treiben, und ermächtigte den Präsidenten, gegen jedes Land Sanktionen zu verhängen, das der Regierung in Havanna in irgendeiner Form Hilfe leistet.

Im Wahlkampf 1992 wiederholte sich das alte Spektakel: Die Kandidaten warben mit wilden Anti-Castro-Parolen um die Gunst der kubanischen Exilgemeinde in Florida. »Diese Regierung hat die große Chance verpaßt, das Fallbeil über Fidel sausen zu lassen«, mußte sich der erfahrene Haudegen und langjährige CIA-Chef Bush von Bill Clinton, einem Greenhorn aus der Provinz Arkansas, sagen lassen. Nach dem Wahlsieg des demokratischen Kandidaten wendete sich das Blatt wieder: Bei den Kongreßwahlen 1994 erreichte der ultrakonservativ-antikommunistische Flügel der Republikaner einen Erdrutschsieg und forderte eine härtere Gangart gegen Castro.

Der Senat verabschiedete im Oktober 1995 die Gesetzesvorlage »Demokratische Solidarität und Kubanische Freiheit«, die vom Republikaner Jesse Helms als »der letzte Nagel im Sarg Castros« eingebracht wurde. Vorgesehen ist, daß der US-Präsident sich im UNO-Sicherheitsrat für ein »internationales Embargo« gegen Kuba einsetzt. Neben der Verschärfung des Importverbots für kubanischen Zucker, das wichtigste Exportprodukt der Insel, wurde der Druck auf Moskau erhöht: Die US-Hilfe wird im gleichen Maße gekürzt, wie Rußland den Karibikstaat unterstützt. Das Repräsentantenhaus beschloß eine noch radikalere Embargoverschärfung und hieß den Entwurf des republikanischen Abgeordneten Dan Burton gut, demzufolge ausländischen Geschäftsleuten und Firmen, die zu Kuba Wirtschaftsbeziehungen unterhalten oder dort investieren, in den USA Strafen drohen.

An das Helms-Burton-Gesetz richten sich die unterschiedlichsten Erwartungen. Die spröden angelsächsischen Befürworter argumentieren formallogisch: Castro werde weiter isoliert, die wachsenden wirtschaftlichen Probleme würden den Diktator zu Zugeständnissen und Reformen zwingen. Die Wortführer der kubanischen Exilgemeinde in Miami äußern auf Pressekonferenzen ähnliche Hoffnungen. Sind aber erst einmal die Aufnahmegeräte ausgeschaltet und fühlt man sich unter seinesgleichen, werden alle möglichen und unmöglichen Szenarien entworfen: Die Not werde die Armee zum Putsch verleiten oder zum Volksaufstand führen und dem Tyrannen in Havanna den Garaus machen.

Die kubanische Regierung nahm den Kampf gegen Helms und Burton im Frühjahr 1995 auf. Die zwei Politiker gehörten einige Monate später zu den bekanntesten und berüchtigsten Amerikanern in Kuba und werden von den Massenmedien täglich als »wahnwitzige Faschisten« in Erinnerung gerufen. Die Massenkundgebungen in Havanna am 1. Mai 1996 und 1997 mit je einer Million Teilnehmern standen ganz im Zeichen der Zurückweisung des »kriminellen und antikubanischen« Helms-Burton-Gesetzes.

Kubanische Dissidenten, die das US-Embargo von Anfang an als verfehlt ablehnten, zweifeln sowohl an der Intelligenz der *Hardliner* in den USA als auch an Fidel Castros Interesse an einer Normalisierung der Beziehungen. Die »mörderische Blockade« diene seit Jahren zur Rechtfertigung aller systemimmanenten Probleme in Kuba. Der Druck der Ultrarechten in den Vereinigten Staaten stabilisiere nur Castros Herrschaft. Der Kampf gegen die »Blockade der US-Imperialisten« verschaffe dem *Comandante* Legitimität, und er nutze ihn zur Mobilisierung der Massen. Die möglichen Auswirkungen des Helms-Burton-Gesetzes seien für die Regierung in Havanna nicht existenzbedrohend: Sie könne auch völlig isoliert die jährlich etwa 600 Millionen Dollar erwirtschaften, die für das Dahinvegetieren auf dem niedrigen Niveau der *Período Especial* erforderlich seien.

Obwohl die Feindschaft zwischen Havanna und Washington ewig zu währen scheint, sind in gewissen Bereichen jedoch Veränderungen und eine vielversprechende Kooperation zu beobachten. Die Straßen um die US-Interessenvertretung in Havanna wurden nach 1994 unpassierbar: Die Zusage der Clinton-Administration, jährlich mindestens 20 000 Einreisevisa auszustellen, hat zu ständigen Massentumulten geführt. Meistens ist der Weg von einer Menge versperrt, die geduldig darauf wartet, einen Antrag stellen zu können. Viele übernachten im Park neben der Visaabteilung, damit sie am nächsten Tag in der Warteschlange einen vorderen Platz ergattern und vor Schalterschluß an die Reihe kommen.

Auf beiden Seiten des Eisengitters um die *US-Interests Section* stehen Kubaner in blauer Uniform, deren Anstellung im Rahmen einer diskreten Zusammenarbeit zwischen den amerikanischen und kubanischen Behörden erfolgt. Das Staatsunternehmen CUBALSE wählt die Bewerber aus und stellt der US-Interessenvertretung einen Wächter für rund 150 Dollar monatlich zur Verfügung. Diese bescheidene Summe entsprach im Frühjahr 1996 etwa 20 kubanischen Durchschnittslöhnen und sicherte CUBALSE eine je zweistellige Gewinnspanne.

Vor der kubanischen Flüchtlingstragödie im August 1994 betrieb das Weiße Haus eine zweigleisige Einwanderungspolitik, die auch mit wenig Personal in der *US-Interests Section* sehr effektiv war. Einerseits warf die »Führungsmacht der freien Welt« dem »kommunistischen Diktator« vor, seine Untertanen wie Geiseln festzuhalten und nicht aus Kuba ziehen zu lassen. Andererseits stellten die US-Behörden in Havanna lediglich etwa 2500 Einreisevisa pro Jahr aus und lehnten die meisten Antragsteller ab. Gleichzeitig ermunterte *Radio Martí*, der Propagandasender der US-Regierung, zur Flucht übers Meer und gab bekannt, daß Kubaner nach Ankunft in den Vereinigten Staaten automatisch als politische Flüchtlinge behandelt würden. Das regte neben der katastrophalen Wirtschaftslage zusätzlich zur waghalsigen Überfahrt ins Schlaraffenland Florida an.

Das selbstgebastelte *balsa*, Floß, verhalf den todesmutigen Seefahrern zu ihrem Spitznamen *balsero*. Das Wort hat in Kuba eine zugleich verspielte und tragische Konnotation. Die surrealen Konstrukte aus zusammengebundenen Ölfässern, Autoreifen, Kunststoffbehältern und Industrieabfällen legten Zeugnis vom Erfindergeist im »täglichen Nichts« der Sonderperiode ab. »Wir mußten unser Hirn anstrengen und monatelang überall Material suchen«, beschreibt ein junger *balsero* die Vorbereitungsphase.

Die furchtlosen Deserteure der *Período Especial* sind in Kuba trotz der Abneigung der Behörden Alltagsgespräch geblieben. »Ich denke an meine süßsaure Scheidung, umrahmt von der Routine der menschlichen Anhäufung, des sippschaftlichen Zusammenlebens, der täglichen Knappheit, der Aufopferung für immer davoneilende Ziele – von einer Routine, die uns zerfleischt, wie es die uns im Kielwasser sicher nachschwimmenden Hammerhaie gerne täten; an die Fahrt in die uns bevorstehende Nacht«, schildert der in Havanna lebende Schriftsteller José Prats Sariol die Motive der *balseros*. Zwei Drittel schafften die Reise nicht. Über das Schicksal der Flüchtlinge heißt es bei dem Doyen der kubanischen Exilliteratur, Guillermo Cabrera Infante: »Manche wurden von den Geschützbatterien an Land oder von den entlang der Küste patrouillierenden Torpedobooten zusammengeschossen, andere erlitten Schiffbruch und ertranken, viele wurden von den Haien gefressen, und noch viel mehr wurden vom Golfstrom mitgerissen, bis sie auf hoher See untergingen oder von der unbarmherzigen Natur vernichtet wurden, die weder zwischen politischen Parteien noch zwischen Guten und Bösen einen Unterschied macht.«[13]

Die Überlebenden – es waren jährlich etwa 2500 – wurden

13 Vgl. G. Cabrera Infante, *Ansicht der Tropen im Morgengrauen*. Aus dem Spanischen von Wilfried Böhringer, Frankfurt/M. 1992, S. 163.

in den USA, im krassen Unterschied zu allen anderen Asylbewerbern aus Lateinamerika, mit offenen Armen empfangen. Zu ihnen gehörte auch der Luchs, »Freund, Bruder, Geliebter, Sohn« der kubanischen Autorin Zoé Valdés. »Ich will nicht ungerecht sein, ich verstehe die Verzweiflung, doch ich billige nicht die im voraus verlorenen Schlachten«, schrieb Valdés in einem literarischen Brief aus Havanna an den Luchs in Miami. »Das mit dir war, einmal mehr, ein Wunder, und die Wunden? Dieses Meer gehört allen; verdient es, daß wir es mit Blut tränken? Entsteht daraus ein hoffnungsvoller Weg? [...] Ich weiß, einem Emigranten ist sogar das Grab verwehrt; welche Erde soll seinen Leichnam decken? Doch seine Erde ist, wo er sein wird. Die Erde ist er mit seiner Wahrheit. Du wirst siegen, trotz deines Kainsmals. Was gäbe ich dafür, die Verhältnisse zu ändern! Es wäre ideal, ein ideales Land, doch wir haben es nicht. Uns gehört ein armes und zugleich großes Land, das uns zermürbt und an dem wir hängen, das uns liebt und das uns haßt. Ein Land, das von der Idee besessen ist, das Elend in Reichtum zu verwandeln«, schrieb Valdés, bevor sie selber das Exil wählte.[14]

Die Misere erreichte im August 1994 ihren vorläufigen Höhepunkt und führte in Havanna zu regierungsfeindlichen Ausschreitungen. Der Volkszorn wurde durch *Radio Martí* zusätzlich gesteigert: Falschinformationen über ein bereitstehendes Schiff führten vor dem Hafen der Hauptstadt zu einer Straßenschlacht zwischen Polizei und Ausreisewilligen. Der erboste *Comandante* kündigte etwas später im Fernsehen die sensationelle Nachricht an, daß *balseros* unbehelligt von der kubanischen Küstenwache sich auf den Weg in die USA machen könnten. In den nächsten Wochen brachen etwa 40 000 Menschen in Richtung Miami auf.

14 Vgl. Z. Valdés, *Das tägliche Nichts. Roman.* Aus dem kubanischen Spanisch von Klaus Laabs, Zürich 1996, S. 114. Die 1959 geborene Autorin lebt mit ihrem Mann, dem kubanischen Filmemacher Ricardo Vega, und mit ihrer Tochter seit Januar 1995 in Frankreich.

Der Gouverneur von Florida stand vor einem schwierigen Wahlkampf, und auch Präsident Clinton wurde nervös. Beide Politiker fürchteten um ihre Popularität und beugten sich einmal mehr der *moral majority*, die angesichts des neuen Massenexodus der spanischsprechenden Habenichtse in Panik geriet. Die bewährte Kuba-Politik änderte sich: *Radio Martí* riet der Bevölkerung des sozialistischen Feindeslandes plötzlich von der Flucht ab. Ihre hohe Anzahl wurde den *balseros* zum Verhängnis; sie wurden in den Vereinigten Staaten nicht mehr als mutige Flüchtlinge aus dem Reich des Bösen gefeiert, sondern als unerwünschte Elemente in Gefängnisse und Internierungslager gesteckt, vornehmlich auf ihrem Flottenstützpunkt Guantánamo. Aus Freiheitshelden und Verfolgten wurden »illegale Fremde«, die nach dem 19. August 1994 genauso wie alle anderen Lateinamerikaner ohne gültige US-Dokumente als unerwünschtes Lumpenpack behandelt wurden. Kuba verlor über Nacht einen Teil seines Sonderstatus in den USA und wurde zu einem gewöhnlichen Drittweltland.

Präsident Clinton hatte die Wahl zwischen einer kostspieligen und risikoreichen Intervention oder Verhandlungen. Fidel Castro ließ mit sich reden und erwies sich als unersetzlicher Ordnungsfaktor. Er brachte den Flüchtlingsstrom gegen minimale Zugeständnisse unter Kontrolle und garantierte eine geordnete Migration. Im Mai 1995 konnte sogar eine zukunftsweisende Übereinkunft erzielt werden, die viele Exilkubaner in Miami in Rage versetzte: Nach Auflösung der Zeltstadt auf der Militärbasis »Gitmo« ging die US-Küstenwache dazu über, die *balseros* als »unerwünschte Personen« umgehend nach Havanna zurückzubefördern und den kubanischen Behörden zu übergeben. Beim Empfang im Hafen ist auch Mr. X oder ein anderer Vertreter der *US-Interest Section* dabei und klärt die Repatriierten über ihre Möglichkeiten für eine legale Einreise in die USA auf.

Mr. X sieht manchmal auch Landsleute in Havanna, die ihn zur Weißglut treiben. Dazu gehören neben den etwa 250 US-

Teilnehmern am »Jugendmarsch gegen die Blockade« im August 1995 auch kleine, aber hochaktive Solidaritätsgruppen, die immer wieder mit Hilfsgütern in der kubanischen Hauptstadt eintreffen. Linksorientierte und humanitäre Vereinigungen in den USA organisieren seit Beginn der Krise auf der Roten Insel Hilfsaktionen, die von verschiedenen Kreisen mit unterschiedlichen Motiven unterstützt werden.

Die Knochenarbeit leisten in einigen amerikanischen Großstädten Kuba-Freunde, die auf der Karibikinsel noch Raum für Utopien sehen oder der Regierung in Washington imperialistische Praktiken vorwerfen. Zu den Spendern gehören überraschend viele Exilkubaner, die ihre Familienangehörige oder Landsleute gegen die Aushungerungspolitik der USA unterstützen. Es gibt auch einige amerikanische Unternehmen, die Dotationen mit Ködern verbinden und ihren Namen in Kuba in Hinsicht auf eine zukünftige Marktöffnung bekannt machen wollen. Die Tüchtigkeit der Sammler und die Potenz der Spender haben zu beträchtlichen Leistungen geführt: Der Wert der humanitären Hilfe für Kuba aus dem Land des Erzfeindes USA betrug zwischen 1992 und 1995 rund 120 Millionen Dollar.[15]

Prominente Helfer werden vom *Líder Máximo* persönlich empfangen. Im Februar 1996 begrüßte er vor laufenden Fernsehkameras den ehemaligen Boxstar Muhammed Ali bei seiner Ankunft im Hafen von Havanna. Ali brachte etwa 5000 Kilo Medikamente aus den USA.

Der rüstige *Comandante* und der ehemalige Weltmeister standen im Scheinwerferlicht. Vor den Füßen der großen Männer lag die Ladung, deren merkwürdige Herkunft in die Zukunft wies. Der größte Teil der Medikamente stammte von den US-Pharmakonzernen Eli Lilly & Co. und Merck, die mit ihren Spenden einer neuen Marketingstrategie unter dem Motto »Medizinische Errungenschaften der Revolution im

15 Vgl. *Newsweek*, 5. 2. 1996, S. 30.

Dienste der Kapitalmaximierung« folgten. Die Karibikinsel, deren Bevölkerung über Jahrzehnte hinweg fast gratis und nahezu uneingeschränkt Medikamente konsumierte, ist für diese Pharmamultis natürlich ein besonders interessanter Markt.

5. Errungenschaften

»Dieser Herr hat das erfunden«, sagte Natalia, Turnlehrerin in einem Polytechnikum in Havanna, und zeigte mit einer nervösen Handbewegung nach oben auf den unsichtbaren *Comandante*. »Mein Tagesverdienst beträgt elf Peso«, rechnete die junge Frau nach, »genau so viel wird mir jedes Jahr als Beitrag für die ›Militärischen Truppen der Territorialen Verteidigungsmiliz‹ vom Lohn abgezogen.« Natalia mißtraute der Stimmungsmache, wonach Kuba selbst in den neunziger Jahren noch eine US-Invasion drohe, und sie zweifelte daher auch an der Existenzberechtigung der Miliz. Die martialischen Reden vom »Volkskrieg« gegen die Eindringlinge sind in ihren Augen Relikte aus alten Zeiten, die Ewiggestrige in Kuba zu Macht und Einfluß verhelfen.

Zu den lächerlichen Wichtigtuern zählte Natalia den Parteisekretär im Polytechnikum. Fast niemand mehr sei in der *Período Especial* bereit, dieses Amt zu übernehmen. »Alle nennen ihn *El Loco*, Der Verrückte«, sagte Natalia mit einer Mischung aus Verachtung und Mitleid. Der pensionierte Armeeoffizier avancierte zum Fachlehrer und unterrichtet seitdem *Preparación Militar*, »Militärische Vorbereitung«, die für alle Zöglinge ab 15 Jahren zum obligatorischen Schulstoff gehört. »Jede Woche läßt sie der *Loco* erst marschieren, danach müssen sie schießen und idiotische Kriegsübungen machen«, schilderte die Turnlehrerin die Lektionen ihres Kollegen.

Eiserne Disziplin ist ein zentraler Bestandteil des kubanischen Bildungswesens, das sich gegenwärtig in Havanna als krisenanfällig, auf dem Lande gleichwohl noch als relativ intakt erweist. Der Unterricht beginnt in der Sekundarschule »5. de Septiembre« in der Kleinstadt Cienfuegos mit militärischem Zeremoniell und politischen Reden. Die 500 in Einheitsuniform gesteckten Mädchen und Jungen auf dem

Schulhof scheinen eine kompakte Masse zu bilden. Erst bei näherer Betrachtung fallen die Unterschiede auf: Modische Schuhe aus Dollar-Läden und notdürftig geflickte kubanische Plastiksandalen künden vom Ende des einstigen Egalitarismus.

Der Geschichtsunterricht in der Klasse 8A erinnerte an ein sorgfältig eingeübtes Theaterstück. Die energische Lehrerin gab den Schülern Textstellen im Buch an, die sie lesen und zusammenfassen mußten. Nach etwa zehn Minuten Stille meldeten sich die ersten zu Wort. »Puerto Rico war in den dreißiger Jahren eine US-Kolonie mit monokultureller Wirtschaft«, wiederholte wörtlich ein selbstsicher wirkender Junge den Satz im Lehrbuch, den er zuvor in sein Heft übertragen hatte. »Die Antwort des puertoricanischen Volkes auf die Ausbeutung durch die US-Konzerne war die Gründung der Kommunistischen Partei«, las eine Schülerin vor. Etwa drei Viertel der 24 Schüler in der Klasse blieben passiv und nickten zustimmend. Das Lektionsziel war schnell erreicht: »Puerto Rico ist immer noch völlig vom US-Imperialismus abhängig; das Volk muß weiterkämpfen«, ertönte es im Chor.

Im Gespräch mit dem ausländischen Besucher nach der Stunde blieb die Mehrzahl der Schüler zurückhaltend. Die Frage nach den ihren Plänen und Zukunftsaussichten löste Beunruhigung aus. Die meisten waren ratlos. Einige wollten nach der neunten Klasse an die Hochschule für Tourismus, rechneten sich aber nur minimale Chancen für einen der begehrten Studienplätze aus. Nur die Klassensprecherin und die Tochter der Geschichtslehrerin hatten genaue Vorstellungen. »Wir wollen Militärärztinnen werden«, erzählten die zwei Backfische. »Die Armee gefällt uns gut. Sie hat die besten Schulen und Arbeitsbedingungen«, begründeten die eifrigen Mädchen ihre Wahl.

Der gleichaltrige Alain in Havanna hingegen empfand eine starke Abneigung gegenüber militärischen Umgangsformen und kollektiven Kraftproben. Obwohl der schmächtige Junge vom vorgeschriebenen Arbeitsdienst in der Landwirtschaft wegen seines chronischen Asthmas befreit wurde, meldete er sich im Oktober 1995 freiwillig. Alain entschloß sich aus pragmatischen Überlegungen zu diesem Schritt: Seine hervorragenden Noten allein genügen nicht für die Aufnahme in die Eliteschule »Escuela Lenin« für überdurchschnittlich begabte und leistungsfähige Schüler. Erforderlich sind auch positive Berichte über die Einsätze in der Produktion.

»Das Niveau in den Mittelschulen in Havanna sinkt beständig«, erläutern Alains Eltern die enorme Opferbereitschaft ihres Sohnes. An vielen Orten werde kaum noch was gelernt; die Lehrer seien unmotiviert, die Schüler uninteressiert. In der »Escuela Lenin« hingegen, wo jahrzehntelang die geistige Elite des Landes ausgebildet wurde, seien nach einem Besuch von Fidel Castro die idealen Umstände von früher wiederhergestellt worden.

In der »Escuela Lenin« sind immer noch alle zentralen Merkmale der kubanischen Bildungsrevolution vorzufinden. Zu ihren Mängeln zählt jedoch die Überbewertung der politischen Erziehung, die bis zur Indoktrination geht. Die Lage der dafür zuständigen Fachlehrer grenzt an Absurdität. Das ideologische Vakuum nimmt seit der Auflösung der UdSSR kontinuierlich zu, und das merkwürdige Konglomerat aus marxistisch-leninistischen und patriotischen Versatzstücken unter dem Namen *Martíanismo* bietet keinen adäquaten Ersatz. Die Erziehung für eine sozialistische Gesellschaft und die damit verbundene Schaffung des *hombre nuevo* gehen an der kubanischen Realität völlig vorbei. Das soziale Klima ist in der *Período Especial* rauh und fördert Verhaltensweisen, die für das Überleben in einer rücksichtslosen kapitalistischen Umwelt nötig sind.

Diese Makel können aber die Erfolge der nachrevolutionären Bildungsentwicklung in Kuba nicht gänzlich schmälern. Im Vergleich zu dem Bildungsniveau der übrigen lateinamerikanischen Länder ist die Rote Insel immer noch eine pädagogische »Weltmacht« mit der bestausgebildeten Bevölkerung der dritten Welt: Im Jahr 1996 befanden sich unter den 11 Millionen Einwohnern 500 000 Hochschulabsolventen, 150 000 Studenten und fast 2,3 Millionen Schüler.[1] Das kubanische Schulsystem kann durchaus, sämtlichen Widrigkeiten zum Trotz, jeden Vergleich mit allen lateinamerikanischen Staaten – sogar mit gewissen OECD-Staaten – standhalten.

Die Bildungssituation im vorrevolutionären Kuba war zwar nicht so katastrophal, wie von Castros Regierung nach 1959 behauptet, wies jedoch enorme Defizite auf. Zu den absurden Deformationen des Systems gehörten eine Rate von fast eineinhalb Millionen Analphabeten – fast ein Viertel der damaligen Bevölkerung über 10 Jahre – und gleichzeitig eine hohe Quote von arbeitslosen Lehrern. Krankenhäuser oder Schulen waren in der Provinz selten anzutreffen. In der zentralkubanischen Provinzhauptstadt Camagüey etwa lag die Analphabetenrate ein Drittel über dem nationalen Durchschnitt.[2]

Vor diesem Hintergrund war die Eliminierung des Analphabetentums und die Etablierung eines umfassenden Schulsystems unter besonderer Berücksichtigung der ärmsten Regionen in den sechziger Jahren eine historisch nahezu einmalige Leistung. Im Gefolge der Alphabetisierungskampagne von 1961, während der etwa 270 000 *alfabetizadores* eine Million Schreib- und Leseunkundige unterrichteten, entstand ein hervorragend organisiertes Schulwesen, das, mit einem Erwachsenenbildungssystem gekoppelt, allen Kubanerinnen und Kubanern jeglichen Alters kostenlose Bildung ermöglichte.[3]

Der Zerfall der Sowjetunion hat sich auf sämtliche Bereiche

1 Vgl. *Cuba*, Ministry of Economy and Planning, Economic Report 1996, S. 5 f.
2 Pérez., a. a. O., S. 358.
3 Vgl. U. Erhardt, *Das kubanische Bildungswesen: Eine kritische Würdigung*, in: R. Sevilla/C. Rode (Hg.), *Kuba: Die isolierte Revolution*, Horlemann 1993, S. 266ff.

des Lebens in Kuba ausgewirkt und die nach 1970 geborene Generation vor unlösbare Widersprüche gestellt. Die Regierung ist in der *Período Especial* kaum noch in der Lage, die elementaren Bedürfnisse der Bevölkerung zu befriedigen, und es wird immer schwieriger, die sozialen Errungenschaften der Revolution weiter zu finanzieren. Die verfassungsmäßig verankerten und zur Selbstverständlichkeit gewordenen Rechte auf Arbeit, kostenlose Schulbildung und medizinische Versorgung konnten nach 1990 nicht mehr eingelöst werden. Die Bedürfnisse der Jugend, deren Abschlußdiplome keine Arbeitsstelle oder ein einträgliches Einkommen mehr garantieren, bleiben auf der Strecke.

Die schwächsten Gruppen in den traditionell benachteiligten Regionen und Armenvierteln – Alte, Alleinerziehende, Schwarze und Jugendliche – geraten immer mehr ins Abseits. Die Behörden sind in zunehmendem Ausmaß mit Problemen wie Elend, Unterernährung, Prostitution und kriminelle Gewalt konfrontiert, die sie vor Jahrzehnten endgültig besiegt zu haben glaubten.

Unter der historischen Terrasse des Revolutionsmuseums in Havanna tauchten in der Sonderperiode Herolde neuer Zeiten auf, die Erosionserscheinungen und Gefahren verdeutlichten. Wenige Schritte vor dem ausgestellten Panzer Fidel Castros warteten an einem Sonntag im Oktober 1995 zwei Burschen in Schuluniform. Der Jüngere fragte nach Kaugummi, der kleinsten Währungseinheit der Fremden. Sein frühreifer Kumpel stellte sich als Héctor vor und kam ohne Umschweife zur Sache: Der 16jährige zeigte demonstrativ auf seine verschlissenen Schuhe und wiederholte das Zauberwort *Dolares* mehrmals.

Wir kamen ins Gespräch. Die zwei Teenager waren unzufrieden; sie klagten über Not, Langeweile und Aussichtslosigkeit. Sie bräuchten dringend Kugelschreiber, Turnschuhe, Rucksäcke und bedruckte T-Shirts, wiederholten sie mehrmals, ohne Dollar erhalte man aber in Kuba nichts mehr.

Dann erzählten sie über ihre Probleme in der Internatsschule nahe Havanna, wo sie zu Schreinern ausgebildet und gleichzeitig auf das Abitur vorbereitet wurden. Für das miserable Frühstück sollten sie neuerdings zahlen, und die Lehrbücher müßten sich je fünf Schüler teilen. Die meisten ihrer Mitschüler würden schon seit Jahren keine Schreibstifte mehr haben, berichteten die Jugendlichen weiter. Die acht Millionen Hefte, die Vietnam Kuba geschenkt hätte, seien ebenso verschwunden wie die Bleistifte aus Mexiko.

»Zum Lernen kommen wir schon lange nicht mehr, da wir ständig zur Gratisarbeit auf die Felder abkommandiert werden. Allerdings bringt dir in diesem Land auch ein Professorendiplom kaum mehr als zehn Dollar im Monat ein«,[4] schloß Héctor das Thema ab. Danach ging er fachmännisch auf die Reize der Kubanerinnen ein und versuchte mein Interesse an Mulattinnen zu wecken. »Wir kennen da einige, die dich für kleine Geschenke gerne verwöhnen würden«, ließen die zwei Gymnasiasten die Katze aus dem Sack und zeigten mir Fotos von ihren Klassenkameradinnen.

Meine kubanische Aufenthaltsbewilligung und mein Fahrrad aus der Volksrepublik China überzeugten schließlich Héctor, daß ich nicht zu den gewöhnlichen Touristen gehörte. Er wollte mir helfen, sein Land kennenzulernen und lud mich zu seinen Eltern in einem Außenbezirk ein. Unsere Fahrräder drohten auf den holprigen Straßen in der Altstadt entzweizugehen. Ein unsichtbarer und lautloser Krieg hatte diese Gegend schwer gezeichnet. Überall waren Schutt, Ruinen und einsturzgefährdete Häuser zu sehen – wie nach langanhaltenden Bombardierungen. Die systematische Vernachlässigung des früheren Sündenbabels Havanna durch die puritanische Revolutionsmacht und die aggressive Meeresluft haben sich verheerend ausgewirkt.

4 Der Wert eines US-$ bewegte sich in den neunziger Jahren auf dem Schwarzmarkt zwischen 15 und 110 Peso. Der offizielle Wechselkurs ist seit Jahrzehnten 1:1.

In den besonders heruntergekommenen Straßen wohnten vornehmlich Schwarze – wie vor mehr als einem halben Jahrhundert. Als Albert Einstein 1930 in Havanna weilte, notierte er in sein Tagebuch: »Feine Clubhäuser neben zerfallenden Abbruchbuden, märchenhafter Luxus neben entsetzlichem Elend, wovon vor allem die Farbigen betroffen sind.« Heutzutage wäre dem Atomphysiker immerhin noch etwas anderes aufgefallen: Die schrille Schickeria und die bemitleidenswerten Elendsgestalten, die zunehmend die meisten Großstädte Lateinamerikas bevölkern, sind aus Havanna verschwunden.

Die Metropole der Karibikinsel kommt bei einem Vergleich mit den meisten Hauptstädten der Region auch gegenwärtig nicht schlecht weg. Den unendlichen Warteschlangen, den leeren Geschäften und der grauen Monotonie in Havanna stehen etwa in Santo Domingo, dem Regierungssitz der Nachbarinsel Kubas, zwei getrennte Welten gegenüber. Die Passanten in den Einkaufsstraßen werden von bettelnden Kindern belästigt, die täglich aus den ständig wachsenden Elendsgürteln ins elegante Zentrum strömen. Die hinter glitzernden Schaufensterscheiben ausgestellten Luxusartikel täuschen darüber hinweg, daß die Hälfte der 7,5 Millionen Dominikaner ein Leben in Armut fristet und fast zwei Drittel der zweieinhalb Millionen Einwohner Santo Domingos – doppelt so viel wie noch vor zehn Jahren – elendiglich dahinvegetieren müssen.

Im sogenannten Wirtschaftswunderland Kolumbien sieht es ähnlich aus wie im dominikanischen Touristenparadies, nur gesellt sich hier zu all der Armut und Not noch das Problem der Gewalt: In Kolumbien mit seinen 36 Millionen Einwohnern werden jährlich schätzungsweise 30 000 Menschen umgebracht. In den Städten Bogotá, Medellín und Cali etwa ist die Angst vor Todeskommandos und vor ihren sozialen oder politischen »Säuberungsaktionen« allgegenwärtig.

Zwar gehört Havanna immer noch zu den sichersten Metropolen der Welt – die Stadt »der unwahrscheinlichen Freude ohne Arme«, wie Ernesto Cardenal 1971 geschwärmt hatte,[5] ist sie aber ganz gewiß nicht. Das »sehr starke Gefühl der Brüderlichkeit«, das Cardenal in den achtziger Jahren als nicaraguanischer Kulturminister akzentuierte, ist in der *Período Especial* kaum noch anzutreffen; die Angst vor der sozialen Eruption und vor krimineller Gewalt wächst stetig.

»Sei sehr vorsichtig nach Sonnenuntergang. Schon deines Fahrrads wegen kannst du umgelegt werden«, wurde in den neunziger Jahren etwas übertrieben der Fremde nach seiner Ankunft in Havanna ermahnt. Die meisten Stadtteile versinken bei den nächtlichen Stromsperren in undurchdringliche Finsternis. Die leeren Straßen wirken gespenstisch und zwischen den verängstigten Bewohnern in den abgesperrten Häusern zirkulieren wilde Schauergeschichten über Raub und Mord.[6]

Ich folgte Héctor entlang der Uferpromenade Malecón. Auf der früher lebensgefährlichen Strecke wurde 1994 der erste sichere Radweg Havannas erstellt. Wir fuhren an armseligen Massenunterkünften in zerfallenden Wohnpalästen aus der Kolonialzeit vorbei. Bei einem neu renovierten Luxushotel aus den fünfziger Jahren bogen wir von der sicheren Küstenstraße ab. Danach mußten wir unserem siebten Sinn vertrauen: Die Straße Infanta war zwar asphaltiert, bestand jedoch aus lauter heimtückischen Löchern.

Nach etwa 20 Minuten erreichten wir das Quartier Atarés, das mir Héctor mit einer seltsamen Mischung aus Stolz und Groll zeigte. Er genoß sichtlich die Aufmerksamkeit, die meine helle Haut in der armseligen Gegend weckte, und führte

5 Vgl. Cardenal, a. a. O., S. 13 ff.

6 Wie verläßliche Wirtschaftszahlen, fehlen auch Kriminalstatistiken in Kuba. Zwar erhöhte sich nach Schätzung von Korrespondenten die Zahl von bewaffnetem Raubüberfall und Mord in Havanna zwischen 1990 und 1993 um mehr als 40%, jedoch ist es um die öffentliche Sicherheit in Kuba auch in der Sonderperiode unvergleichbar besser bestellt, als in den meisten Ländern in der Region.

mich zu einem erstaunlich gut erhaltenen Gebäude. Der vor mehr als achtzig Jahren erbaute Sitz des Kleinhändlervereins beherbergte eine Institution mit dem seltsamen Namen *Taller de Transformación Integral de Atarés*. Hinter der exotischen Bezeichnung »Werkstatt für die vollständige Umwandlung von Atarés« verbirgt sich ein neues Konzept der kubanischen Politik: Die Kommunistische Partei begann in der *Período Especial*, ihre absolute Führungsrolle diskreter als früher wahrzunehmen und förderte die Gründung solcher als Attrappen gedachten Einrichtungen, die eine basisdemokratische Partizipation vortäuschen sollten. Nicht eingeplant war jedoch, daß diese Institutionen eine schwer kalkulierbare Eigendynamik entwickelten.

Zu den neuen Elementen im *Taller* gehörten einige unkonventionelle Funktionäre, die Freude über den Besucher aus Europa sowie eine Wandtafel im Büro, auf der die Probleme des Quartiers mit erstaunlicher Offenheit aufgelistet waren. Neben den Stichwörtern »fehlende sanitäre Einrichtungen, mangelnde Wohnqualität und Hygiene« standen Zahlen. Danach lebten in Atarés mehr als 12 000 Menschen auf 28 ha zusammengepfercht – ein großer Teil von ihnen in *Solares*, in armseligen Massenunterkünften ohne eigenes Bad und WC. Rund 106 der insgesamt 118 Solares befanden sich nach offiziellen Angaben in einem »schlechten Zustand«.

Das verstaatlichte Haus eines geflüchteten Offiziers der Batista-Polizei, in dem auch Héctor lebte, wurde im Lauf der Zeit von immer mehr Menschen bewohnt und mußte in immer kleinere Einheiten unterteilt werden. Héctors Familie hauste in drei winzigen Räumen ohne Fenster; einer davon war das Schlafzimmer der Eltern, einer wurde als Küche und Wohnzimmer benutzt und das kleinste Zimmer teilte Héctor mit zwei älteren Geschwistern. Das Leben spielte sich hauptsächlich im gemeinsamen Innenhof ab, den die unzähligen Bewohner von fünf Häusern teilten. Vor dem Wasserhahn in einer Ecke standen etwa ein Dutzend Menschen mit Kübeln.

Als die Stromsperre, die täglich über zehn Stunden dauern konnte, vorbei war und die Pumpen wieder Wasser lieferten, herrschte Feststimmung.

»Die Bevölkerung von Havanna hat sich in den letzten 30 Jahren verdoppelt, und der Verbrauch von Wasser, das seit dem Sieg der Revolution kostenlos ist, stieg ins Unermeßliche«, erklärte Ana, eine eher wortkarge Funktionärin, die mich begleitete. »Atarés war vor der Revolution ein schwarzes Armenviertel mit Bordellen und Spielhöllen, die von Kleinhändlern aus der Provinz besucht wurden«, wiederholte Héctors Mutter den offiziellen Standpunkt, den ich kurz zuvor im *Taller* gehört hatte. Heikle Fragen nach der Versorgungslage in Atarés und nach der Stellung der Schwarzen in Kuba überhörte sie genauso wie Ana.

Héctors Schwester María Magdalena nahm hingegen kein Blatt vor den Mund. »Ich träume immer noch von einem Kind, das ich aber hier unmöglich zur Welt bringen kann«, sagte die 27jährige Dentalhygienikerin mit leiser Stimme. Seit einem Jahr sei sie arbeitslos. Sie habe genug gehabt vom Warten auf den Bus, von den langen Fußmärschen und von der arroganten Chefin in der Poliklinik, die ihr bei jeder Verspätung mit der Entlassung gedroht habe.

»Für die 175 Peso, die ich im Monat verdient habe, bekommt man auf den freien Bauernmärkten nicht einmal drei Kilo Schweinefleisch«, rechnete María Magdalena nach. Ein Liter Speiseöl koste 75 Peso, ein Paar Schuhe mindestens das Doppelte, und Shampoo gebe es nur für mindestens drei Dollar, mehr als 100 Peso. »Was bleibt einem sonst noch als die Straße und die Touristen dort, die Dollar haben?« fragte María Magdalena ärgerlich.

Héctor nickte zustimmend, seine Mutter hingegen zog erbost ihre Augenbraunen hoch. »Wir werden nie wieder zum Bordell der *Yanquis*«, sagte die resolute Endfünfzigerin. Sie war sichtlich stolz darauf, Kubanerin zu sein, und machte die »Imperialisten« in den USA für alle Übel auf der sozialistischen Insel verantwortlich. Die Ungewißheit über das Schicksal ihres ältesten Sohnes José, der im August 1994 als *balsero* ins Land der Feinde aufgebrochen war, stürzte die Fidel-Verehrerin in eine existentielle Krise. Der Brief aus dem US-Internierungslager, in dem José nach zwei Monaten lakonisch mitteilt, »die Freiheit« gewählt zu haben, half der Mutter wieder Fuß zu fassen. »Der Verräter ist für mich tot. Ich habe ihn aus meiner Erinnerung getilgt«, antwortete sie Héctor, als dieser nach Neuigkeiten über seinen Bruder fragte.

Wie für Héctors Mutter, schienen auch für Dr. Pérez, den Direktor der Poliklinik Abel Santamaría in Atarés, Resignation oder Verzweiflung Fremdwörter zu sein. Auf dem Schreibtisch des Mittvierzigers türmte sich Fachliteratur über »alternative Heilmittel«, die den dramatischen Medikamentenmangel hätten mildern sollen. In der Poliklinik fehlte es an allem, vom Verbandsstoff bis zum Putzmittel. Die einzige Lichtquelle im Direktionssekretariat war die Sonne: Der Chefarzt verzichtete auf die letzte Glühbirne, nachdem ein Generator in der Notfallstation den 24-Stunden-Betrieb ermöglicht hatte.

Der Rundgang durch die Poliklinik war atemberaubend. Die weißen Korridore wurden nach den Stromunterbrechungen zu schwarzen Labyrinthen. Nachdem sich die Augen an die Dunkelheit gewöhnt hatten, waren einige offene Türen zu erkennen. Sie führten zu kleinen Räumen mit Tageslicht, in denen die 25 Familienärzte von Atarés auf ihre je 750 Patienten warteten. Die Behandlung der Kranken hält den Vergleich mit jedem Land der Welt aus. Das Fachwissen der jungen Ärzte in makellos sauberen Schürzen ließ den Besucher vergessen, daß er sich in einem Armenviertel in der Karibik und nicht in Westeuropa befand.

Die beeindruckende Leistung seiner Mitarbeiter machte Dr. Pérez plötzlich euphorisch. 1994 habe die Kindersterblichkeit in Atarés trotz der »barbarischen US-Blockade« gegen Null tendiert, und die medizinischen Einrichtungen in Kuba seien nach wie vor allen zugänglich, sagte er stolz.

»Ohne Hilfe aus dem Ausland wäre das allerdings anders«, räumte er ein. Eine Schweizer Hilfsorganisation liefere Apparate, Medikamente und habe sich verpflichtet, die medizinische Infrastruktur der Poliklinik zu erneuern.

Trotz der enormen Probleme nimmt Kuba im medizinischen Sektor weiterhin den Spitzenplatz in der Region ein und ist in gewissen Bereichen sogar weltweit führend. Ein Vergleich mit den Zuständen im eigenen Land vor 1960 ergibt ein geradezu sensationelles Bild. Obwohl in den Städten hervorragend ausgebildete Ärzte gearbeitet hatten, blieb die medizinische Versorgung der verarmten Landbevölkerung auf dem Niveau der Kolonialzeit. Auch eine harmlose Erkrankung konnte sich für Mittellose lebensgefährlich auswirken, da ohne Versicherung oder sofortige Bargeldzahlung in der Regel keine medizinische Hilfe erhältlich war. Auf der Treppe vor dem einzigen öffentlichen Krankenhaus in Havanna schliefen in den fünfziger Jahren Kranke und hofften auf Barmherzigkeit.

Nach dem Sieg der Revolution verschlimmerte sich die Lage weiter, da ein bedeutender Teil der etwa 500 000 Kubaner, die 1960 ins Exil gingen, Ärzte oder andere Fachkräfte im Gesundheitssektor waren. Seuchen wie Diphterie, Polio und Tuberkulose verbreiteten sich nahezu ungehindert, und die Kindersterblichkeit erhöhte sich zwischen 1957 und 1963 von 32,3 auf 39,6 pro Tausend Geburten.[7] Die enormen Anstrengungen der Revolutionsregierung trugen allmählich Früchte ein: 1969 kam wieder, wie zehn Jahre zuvor, ein Arzt auf 1000 Einwohner – 20 Jahre später waren es dann fünf. Die Zahl der Krankenhäuser kletterte zwischen 1959 und 1976 von 58 auf 257. Hinzu kamen noch etwa 400 neue Polikliniken, die als Basis des vorbildlichen Gesundheitssektors dienten. Die

7 Vgl. Pérez, a. a. O., S. 362f.

enormen Unterschiede in der medizinischen Versorgung der Stadt- und Landbevölkerung wurden in weniger als 25 Jahren weitgehend behoben.

Die durchschnittliche Lebenserwartung stieg in dieser Zeitspanne von 57 auf 75 Jahre, die Kindersterblichkeit konnte um das Vierfache gesenkt werden und stabilisierte sich bei 1% auf europäischem Niveau. Spektakuläre Spitzenleistungen ergänzten die Breitenwirkung des kubanischen Gesundheitssystems. Bis 1995 wurden mehr als 90 Herztransplantationen erfolgreich durchgeführt, und Nierenverpflanzungen waren beinahe alltäglich. All das konnte ungeachtet der enormen Versorgungsschwierigkeiten in einigen speziellen Kliniken beansprucht werden und kostete die Patienten keinen Peso.

Sogar im schwarzen Armenviertel Atarés lebten Leute mit künstlicher Niere und Herzschrittmacher. Dennoch klagte die 70jährige Xiomara im Herbst 1995 über mangelnde Hilfe: »Die Ärzte in der Poliklinik beraten mich zwar, ich brauche aber auch Medikamente und die sind seit Jahren nur gegen Dollar erhältlich«, sagte die alte Frau. Sie wohnte in der Nähe von Dr. Pérez in einem *Solar*, in einer arg heruntergekommenen Massensiedlung, in der 144 Menschen in 32 Wohneinheiten registriert waren. Sie lebten entweder eng zusammengedrängt in größeren Gruppen oder in winzigen Räumen alleine, wie Xiomara.

Ihre Vorwürfe wurden etwas später weitgehend bestätigt. »Wir stehen unter permanentem Druck: Unsere Vorgesetzten zwingen uns aus politischen Gründen, Säuglingen und Kleinkindern absolute Priorität einzuräumen, und wir müssen daher die Alten vernachlässigen«, beklagte sich Manuel über seine Arbeit als Familienarzt in der Altstadt La Habana Vieja. Er sitze jeden Tag sieben Stunden in einer miserabel ausgestatteten Beratungsstelle und verbringe die meiste Zeit dort nutzlos. Die Mehrheit der Patienten käme nur, um Rezepte oder Medikamente zu verlangen, die er ohnehin nicht geben könne. »Wenn jemand wirklich krank ist und bei mir landet, dann kann ich meistens nichts anderes tun, als die Einlieferung in ein Krankenhaus zu organisieren.«

Der junge Arzt verarbeitete seine Erfahrungen in La Habana Vieja und anderen Slums literarisch. Er sah die vielgelobte Institution *Médico de la familia* mit zunehmender Skepsis. Fidel Castro habe für Kuba eine Ärztedichte vorgesehen, die sich nicht einmal Schweden leisten könne. »Ein Arzt auf 200 Einwohner ist nicht nur unvorstellbar teuer, sondern auch unsinnig, wenn es so wenige Krankenschwestern gibt, wie bei uns in Havanna«, wendete Manuel ein. Nur die politische Krise und der Zerfall der historischen CDR-Revolutionskomitees gäben dem Riesenaufwand einen gewissen Sinn: »Wir Familienärzte machen vor allem das, was die CDR in den gefährlichen Armenvierteln nicht mehr leisten kann: Wir überwachen und kontrollieren die Bevölkerung.«

In Xiomaras fensterloses Zimmer drang trotz der geschlossenen Tür ein penetranter Gestank; die Gemeinschaftstoiletten im Hof waren hoffnungslos verstopft. Es gab kein Wasser, weder zum Spülen noch zum Waschen; die mit skandinavischen Hilfsgeldern finanzierten neuen Leitungen waren oft außer Betrieb. »Früher war hier ein Hausmeister für die Sauberkeit verantwortlich«, verglich Xiomara die Situation vor und nach der Revolution. Sie kam als siebenjähriges Mädchen mit ihrer Mutter ins *Solar* und wuchs dort auf. »Als Fidel die Häuser verstaatlichte, nahmen die früheren Besitzer alles mit, was nicht niet- und nagelfest war«, erinnerte sie sich.

Ihre Einstellung gegenüber dem *Comandante* schwankte zwischen Bewunderung und Ablehnung. »Früher wurden Leute, die den Mietzins nicht bezahlen konnten, einfach auf die Straße gesetzt. Das läßt Fidel nicht mehr zu«, sagte sie mit Dankbarkeit in der Stimme. Dann holten Xiomara unangenehme Erinnerungen an den kubanischen Sozialismus ein. »Auch in den achtziger Jahren war es hier schlimm«, erzählte sie empört über den chronisch verstopften Abfluß im Hof.

Das dreckige Wasser habe eine »Lagune« gebildet, die Ratten angezogen hätte. Erst nach vielen Jahren hätten die Behörden etwas unternommen. In der *Período Especial* packten sie aber überhaupt nichts mehr an, obwohl Atarés unsicher geworden sei. »Jede Woche gibt es hier in der Umgebung Einbrüche oder Überfälle. Ich habe Angst und bin meistens hier«, sagte sie und zeigte auf ihr Bett.

Wie viele andere Alte in Kuba, lebte sie isoliert. Ihre Kinder hätten selber größte Mühe, die Alltagsprobleme zu bewältigen und kämen selten zu Besuch. Auch Xiomaras Nachbarn gehörten zu den Verlierern im täglichen Überlebenskampf und gingen im Hof mit indifferentem Blick an der alten Frau vorbei. Sie bekam neben der Rationierungskarte rund 47 Peso pro Monat als Sozialhilfe. »Meine monatlichen Reis- und Bohnenrationen gehen spätestens nach zwei Wochen aus«, erzählte sie. Dann müsse sie auch auf das kärgliche Mittagessen verzichten und sich mit Getreideflocken und Zuckerwasser begnügen. Manchmal bekomme sie über die *Libreta* Fisch. »Ich kann diese Tiere nicht anrühren. Bei dem Gedanken, daß sie vielleicht von den Leichen der *balseros* gefressen haben, dreht sich mir der Magen um«, sagte die sichtlich geschwächte Frau mit einem scheuen Lächeln.

Sie habe sich eigentlich an den Hunger gewöhnt, was ihr jedoch am meisten fehle, sei eine Tasse Kaffee am Morgen. »Am schlimmsten ist, daß sie mir kaum noch Toilettenartikel geben«, hob sie plötzlich ihre Stimme. Sie tausche die ihr zugeteilten Zigaretten in Seife um, müsse aber bisweilen auf dem Markt Zahnpaste kaufen. »Das hier kostete mich 40 Peso, fast so viel wie die monatliche Sozialhilfe«, sagte Xiomara mit einer Colgate-Tube in der Hand.

Auch die Durchschnittsrente von 65 Peso, die 1997 über 1,3 Millionen pensionierte Kubanerinnen und Kubaner bezogen, reicht fürs Überleben nicht aus. Fällt die Unterstützung der Familie weg und kann danach in einem der wenigen Altersheime kein Platz gefunden werden, dann wird die Situation bedrohlich. »Es gibt kaum noch alleinstehende Alte in Havanna; sie sind in der *Período Especial* verendet«, erzählte eine Sozialarbeiterin im Herbst 1993. Danach verschlechterte sich die Lage noch weiter, und die Wartelisten in den Altersheimen sind nun länger denn je zuvor.

Die Hilfesuchenden, die morgens vor dem Erzbischofspalast in Havannas Altstadt stehen, erinnern an die vorrevolutionären Zeiten. »Tenemos hambre«, »Wir haben Hunger«, ist immer wieder die Klage zu hören, die Fidel Castros Regierung vor vielen Jahren in Kuba endgültig aus der Welt geschafft zu haben glaubte. 1995 ließ Kardinal Jaime Ortega in seiner Residenz in Havanna ein Büro für soziale Notfälle einrichten, in dem sich Nonnen der Hilfsbedürftigen annehmen.

In der Warteschlange kursierten seltsame Gerüchte. Ein Alter erzählte von den Reichen im eleganten Miramar-Viertel, die sich sogar Kalbfleisch leisten könnten. In der Not entstehen rührende Hoffnungen. Eine 70jährige Frau will nach der Sprechstunde im Erzbischofspalast zum Zentralkomitee der KP. Ihr verstorbener Mann sei Parteisekretär in einer Kleinstadt gewesen und dessen früherer Mitkämpfer sei ZK-Mitglied in Havanna. »Ich muß diesen Genossen finden. Er wird der Witwe seines Freundes ganz bestimmt helfen«, murmelte die alte Frau vor sich hin.

In der Sonderperiode sind indes die kubanischen Behörden selber auf der Suche nach Hilfe: »Wir ersuchen Sie, uns bei der Lösung der dringenden Probleme in unserer Geburtenklinik in Habana Vieja beizustehen«, richtete sich die städtische Gesundheitsdirektion im Juni 1995 schriftlich an »Schwester María, vom Orden Heiliges Herz«. Die Nonne aus Europa wurde um eine »humanitäre Geste« gebeten; rund 16 fehlernährte Schwangere in der Geburtenklinik konnten wegen Mangels an unerläßlichen Einrichtungen nicht versorgt werden. Die beigelegte Liste der dringend benötigten Mittel reichte vom Kühlschrank bis zu Gasherd und Toilettenpapier.

Auch die Leiterin eines Altersheims in La Habana Vieja

schien nichts mehr vom Gesundheitsministerium zu erwarten. Ihr Gesuch, die ambulante Abteilung mit 40 Alten zu erweitern und im ersten Stock der einstigen Herrschaftsvilla eine Pflegeabteilung mit 17 Betten einzurichten, wurde mehr als drei Jahre zwischen den verschiedenen Funktionären hin- und hergeschoben. Die entschlußkräftige Heimleiterin nahm schließlich Kontakt zur Kirche auf und hatte im Sommer 1995 die begründete Hoffnung, daß die benötigten Matratzen und Ventilatoren innerhalb kürzester Zeit aufgetrieben werden könnten.

Zwar gibt es immer noch unzählige Ärzte in Kuba, die wie Dr. Pérez in Atarés, mit maximalem Einsatz und Opferbereitschaft dafür kämpfen, daß das Gesundheitswesen intakt bleibt. Der real existierende Surrealismus, gepaart mit der »doppelten Blockade«, hat jedoch zu einer strukturellen Krise geführt. Die Aufenthalte in den Krankenhäusern sind zwar auch noch im siebten Jahr der *Período Especial* kostenlos – sogar *Facelifting* oder operative Fettentfernung für Schönheitsbewußte konnten weiterhin auf Staatskosten beansprucht werden –, doch die meisten kubanischen Hospitäler müssen sich mit ähnlichen Problemen herumschlagen wie die Poliklinik in Atarés oder die Geburtenklinik in La Habana Vieja: Es hapert an allem. Es fehlt an Betäubungsmitteln, Spritzen und Handschuhen für die Chirurgen, an Desinfektionsmitteln für das Reinigungspersonal, an Medikamenten, Bettwäsche und Lebensmitteln für die Patienten.

Der permanente Mangel schien in den ersten Jahren der *Período Especial* für alle zu gelten und präsentierte sich als eine Art negative soziale Gerechtigkeit in Krisenzeiten. Die unumgängliche Legalisierung des Dollarbesitzes im August 1993 beschleunigte die Entwicklung zu einer Zweiklassengesellschaft. »Wenn ich krank werde oder verunglücke und keine Dollar habe, bin ich hoffnungslos verloren«, war nach 1994 von dollarlosen Pesobesitzern zu hören, die etwa 90 % der kubanischen Bevölkerung bildeten. Das Lamento war zwar etwas übertrieben, aber keineswegs unbegründet. Die bestens ausgerüsteten »Devisenzimmer« der Krankenhäuser erschienen neben den heruntergekommenen allgemeinen Abteilungen wie Wohlstandsoasen in der Wüste der allgemeinen Not.

Sogar die Vorzeigeklinik Hermanos Almejeiras am Malecón verfügte kaum noch über die Hälfte des üblichen Medikamentensortiments. Das Lamento des Direktors im Oktober 1995 über den katastrophalen Mangel an Krankenschwestern, Putzfrauen und Technikern ließ ein gravierendes Problem erkennen. Die Verschlechterung der Arbeits- und Lebensbedingungen sowie die wertlosen Pesolöhne unterwanderten stark die Motivation im Gesundheitssektor – wie auch in den Schulen und Betrieben. »Es bringt wesentlich mehr ein, auf der Straße selbstgemachte Pizzas oder Kaffee zu verkaufen, als in einem Krankenhaus zur arbeiten«, gab der Direktor der Almejeiras-Klinik zu.

Integrität verlangt in der *Período Especial* außerordentliches Durchhaltevermögen und Selbstdisziplin. Viel stärker als Funktionäre sind Ärzte und Lehrer gefordert, die in Kuba kaum über Einfluß verfügen. Sie sind dem Staat und der Partei für die unentgeltliche Ausbildung zu Dankbarkeit verpflichtet. Sie müssen die ihnen zugewiesene Arbeit an jedem beliebigen Ort ohne Widerrede annehmen und oft unter härtesten Bedingungen Hochleistungen erbringen.

Die Lehrer- und Ärztelöhne liegen zwar über dem kubanischen Durchschnitt, reichten aber nach 1990 für ein Leben ohne Not nicht mehr aus. Dennoch ist es Hochschulabsolventen weiterhin untersagt, im eigenen Beruf als Selbständigerwerbende zu arbeiten. Diese Regelung zielt vor allem darauf, das Prinzip der Kostenlosigkeit im Gesundheits- und Erziehungssektor beizubehalten und führt zu teilweise absurden Situationen. Vor den Hotels und Touristenlokalen sind immer mehr hochqualifizierte Fachleute mit Universitätsdiplom anzutreffen, die als Taxifahrer oder Gepäckträger auf Dollarbasis das Mehrfache ihres sonst üblichen Pesolohns verdienen.

Das unentgeltliche Gesundheits- und Erziehungswesen auf hohem Niveau – eines der Markenzeichen der Roten Insel – wurde zur letzten Reliquie der kubanischen Revolution. Drastische Einschnitte in diesen Bereichen bedrohen die Loyalität zu Fidel Castros in weit höherem Maße als alle agitatorischen Aktivitäten der Emigrantensender zusammen. Auslandsspenden und Solidaritätsbeiträge vermögen zwar nicht die frühere sozialistische Bruderhilfe zu ersetzen, jedoch stellen sie eine wichtige Einnahmequelle dar und können überdies als Ausdruck der »weltweiten Solidarität mit Kubas Volk und der Revolution« propagandistisch ausgeschlachtet werden.

In der Not gaben einige Funktionäre bereits Versäumnisse zu: »Früher wurden nicht immer die richtigen Prioritäten gesetzt, und jetzt, in der Sonderperiode, fehlen uns die Rekursanträge«, bedauerte María, die Leiterin der »Werkstatt für die vollständige Umwandlung« den schlechten Zustand der Häuser in Atarés. Zu den längst fälligen Sanierungsarbeiten kamen dringend benötigte Neubauten: Ende 1996 war noch keine einzige der 16 Beratungsstellen für Familienärzte in Atarés eingerichtet, wie sie ein Parteibeschluß von 1989 vorgesehen hatte. María paßte sich den neuen Verhältnissen an und begann, bei westlichen Solidaritätskomitees um Unterstützung zu werben. Die in der Sowjetunion ausgebildete Psychologin war durchaus erfolgreich: Besucher aus Westeuropa und den USA reichten sich in ihrem Büro in Atarés die Klinke. Eine Schweizer Hilfsorganisation überwies sogar eine beträchtliche Summe für den Bau der ersten Familienarzt-Beratungsstelle. Allerdings landete das Schweizer Geld für das schwarze Armenviertel bei einem weißen Spitzenfunktionär und drohte, wie andere Hilfsgüter in Kuba auch, im Sumpf der Bürokratie spurlos zu verschwinden.

6. Schwarze und Oríchas

»Mein täglicher Arbeitsweg allein ist schon mühsam genug«, stöhnte der junge Sozialarbeiter Arnaldo an einem heißen Sommertag im August 1995 auf dem Fahrrad. Er steuerte vorsichtig: Immer wieder tauchten aus dem Nichts monströse Fahrzeuge auf, die nach riskanten Überholmanövern in schwarzen Abgaswolken verschwanden. Arnaldo war schlechter Laune; er mußte am Abend seine Chefin María und Vertreter von westlichen Hilfsorganisationen zu einer afrokubanischen Religionszeremonie begleiten.

»Womöglich werde ich auch noch bei Tieropfern dabeisein müssen«, befürchtete er. Der marxistisch-leninistisch geschulte Soziologe war die Nacht zuvor von einem Alptraum heimgesucht worden: Ein nackter schwarzer Riese mit einem Messer in der Hand packte seinen Sohn und schleppte das schneeweiße Kind vor den bluttriefenden Altar einer afrikanischen Gottheit.

Die Straße stieg steil bergan, und Arnaldo trat mit aller Kraft in die Pedale. Hinter dem Che-Guevara-Bild mit dem Zitat »Die Tugend macht die Stärke eines Volkes aus« erreichte er den höchsten Punkt seiner Fahrtroute. Danach ging es fast nur noch abwärts. Arnaldo fühlte sich erleichtert und konnte sich der Schwerkraft überlassen. Die Reise führte durch die Geschichte; an verwitterten Sommerresidenzen von Aristokraten und vernachlässigten Bürgerhäusern aus dem letzten Jahrhundert vorbei. Bald erschien ein Hochhaus, das an den sozialistischen Plattenbau erinnerte. Die Straße hinter dem Koloß aus vorgefertigten Bauelementen wurde immer schmaler. Große Schlaglöcher auf der Straße zwangen Arnaldo sich zu konzentrieren. Er war in Atarés angekommen.

Zwischen Holzbuden und Ruinen türmten sich Abfallberge. Die Parolen an den Wänden feierten den Sozialismus und den nahen Sieg. Uniformierte Kinder mit dem roten Halstuch des kommunistischen Jugendverbandes verließen das Schulhaus. Schwarze Frauen mit Plastikkübeln belagerten einen Lastwagen mit Trinkwasser.

Männer und Jugendliche hingen herum und belauerten den hellhäutigen Behördenvertreter auf dem Fahrrad argwöhnisch. Arnaldo fühlte sich im marginalisierten Schwarzenviertel auch nach einem Jahr Sozialarbeit wie auf einem fremden Planeten. Er fuhr bis zum soliden Gebäude, in dem die »Werkstatt für die vollständige Umwandlung von Atarés« residierte. Arnaldo befestigte sein Fahrrad mit einer diebstahlsicheren Kette hinter dem Eingang und betrat das Büro seiner Vorgesetzten María.

»Das ist Elisabeth aus New York, sie wurde vom Zentralkomitee zu uns geschickt«, wurde Arnaldo der Leiterin einer Solidaritätsgruppe aus den USA vorgestellt. Die »amerikanische Genossin« trug, wie María und ihre kubanischen Mitarbeiter, ein gelbes T-Shirt mit der Aufschrift »Yo soy de Atarés«, »Ich bin aus Atarés«, die den Besuchern im Büro für fünf Dollar angeboten wurden. Über Marías Schreibtisch hing ein altes Foto, das Fidel Castro und seine Lebensgefährtin Celia Sánchez Manduley als Guerillakämpfer in Uniform zeigt.

»Wir begannen unsere Arbeit 1989 mit dem Ziel, die Lebensverhältnisse und die soziale Prävention im Viertel zu verbessern«, stellte Amtsvorsteherin María das *Taller* vor. Danach sprach sie über Geld, über die Höhe der bereits geleisteten ausländischen Hilfeleistungen und die Kosten der anstehenden Sanierungsarbeiten. Elisabeth war ganz Ohr, denn der kubanische Dolmetscher übersetzte Marías gewundene Sätze in rasender Geschwindigkeit.

»Trotz der großen Probleme in der Sonderperiode unterstützt die Bevölkerung von Atarés nach wie vor die Revolution«, wechselte María plötzlich das Thema. Danach schilderte sie die Arbeitsweise ihrer Mitarbeiter: »Wir nehmen an den Festen und anderen sozialen Aktivitäten in Atarés teil und bringen in Erfahrung, was die Leute denken«, vernahm die erstaunte Besucherin aus New York. »Danach werten kleine Arbeitsgruppen in verschiedenen Institutionen die moralischen Werte und politischen Ideen der Quartiersbewohner aus, und so wissen wir, daß diese mehrheitlich mit der Revolution übereinstimmen«, betonte María.

Sodann wurden Elisabeth die kulturellen Eigentümlichkeiten von Atarés vorgestellt: »Afrokubanische Religionen gehören seit der Entstehung des Viertels um die Jahrhundertwende zum Alltag. Die Partei unternimmt große Anstrengungen, damit die Identität von Atarés erhalten bleibt«, fuhr María fort. Schließlich erzählte sie stolz von den Bauarbeiten, die ihre »Werkstatt« für die traditionellen Würdenträger des Viertels veranlaßt hatte: Das einsturzgefährdete Haus des afrokubanischen Hohepriesters Tato sei vollständig renoviert und bei der ebenfalls hochangesehenen Rumbatänzerin Leopoldina ein Badezimmer installiert worden. María beauftragte nach dem Gespräch Arnaldo, der Besucherin aus den USA die Früchte der geleisteten Arbeit zu zeigen und ihr beim Fotografieren zu helfen.

Kaum hatte Elisabeth einige Aufnahmen gemacht, verschwand die Sonne schon im Meer. Eine schwüle Dunkelheit brach über Havanna herein. Wie mit einem Zauberstab berührt, erwachte Atarés zum Leben und verwandelte sich in ein afrikanisches Dorf. Auf der Hauptstraße San Ramón waren überall strahlende Gesichter und halbnackte schwarze Leiber zu sehen, die sich im Takt der Trommelschläge wiegten. Die Rhythmen kamen aus einem geheimnisvollen Haus, das zum Bersten voll war. Dort wohnte der 80jährige Tato – mit bürgerlichem Namen Francisco Castañeda Rabaza. Er war Eingeweihter, ein *Babalao*, wie die Priester der afrokubanischen Religion *Santería* ehrfurchtvoll genannt werden. Als einer der etwa 4000 *Babalaos* in Kuba gehört Tato zu den angesehensten Personen in Atarés. Sein Haus wurde 1993 auf

Staatskosten umgebaut und als MUNANSO TUTUKA ENSASI – *Centro cultural religioso afrocubano* eingeweiht.

Vor den vergitterten Fenstern drängte sich eine große Menge. Sie hörte den Trommlern zu und bestaunte die Videokameras der ankommenden Touristen. Drei Männer schlugen mit bloßen Händen die heiligen Trommeln *batá* auf ihren Knien. Sie spielten sich für den *Toque*, den Ritus, ein, bei dem die Götter gerufen werden. Nachdem Elisabeth und zwei Schweizer Ehrengäste Platz genommen hatten, machte sich Tato daran, die Leitung der Zeremonie zu übernehmen. Der Greis stand langsam auf und begann zu tanzen; sein drahtiger Körper folgte den schnellen Rhythmen mit Leichtigkeit. Das grelle Licht einer Neonlampe über Tato beleuchtete den Kopf eines erlegten Tigers, der zähnefletschend an der Wand hing. Ein Turban auf Tatos Kopf verstärkte die magische Kraft seiner blinden Augen. Als die Trommelschläge verhallten, sang Tato mit monotoner Stimme die Beschwörungsformel. Die Trommler antworten mit »Moyu ayé« und »Aché to«, was etwa dem »Amen« der Christen entspricht.

Die Vorfahren von Tato und der meisten Schwarzen in Kuba wurden aus Äquatorialafrika als Sklaven auf die Zukkerrohrplantagen der Karibikinsel verschleppt. Sie waren mehrheitlich Angehörige von Ethnien in Nigeria und Togo, die Yoruba sprachen. Außer der gemeinsamen Hochsprache bestanden auch kulturelle und religiöse Übereinstimmungen zwischen den Yoruba-Stämmen. Sie verehrten neben mächtigen Göttern unzählige kleine Gottheiten, die unsichtbar unter den Menschen lebten und *Oríchas* genannt werden.[1]

Die zwangsgetauften Yorubas praktizierten in Kuba ihren ursprünglichen Glauben weiter. Zugleich täuschten sie vor, die neuen *Oríchas* der christlichen Legenden zu verehren, wodurch die afrikanischen Gottheiten unter katholischem Deckmantel weiterleben konnten. Die Ähnlichkeiten etwa

1 N. Bolívar, *Los Orishas en Cuba*, Habana 1994, S. 3ff.

zwischen der kämpferischen heiligen Barbara und Changó, einem der drei Yoruba-Kriegsgötter, oder zwischen dem heiligen Lazarus und Babalú Ayé, dem Gott der Krankheiten, erleichterten die sykretistische Vermischung der Yoruba-Religion mit katholischen und spiritistischen Elementen. Daraus entstand die afrokubanische Religion *Santería*, die unzählige Göttinnen und Götter kennt.

Der Gottesvater Olofi bildet mit den Schöpfungsgöttern Oloddumare und Olorun etwas Ähnliches wie die heilige Dreifaltigkeit in der christlichen Religion. Yemayá, die Mutter des Lebens und aller *Oríchas*, wird von der schwarzen Heiligen Jungfrau von Regla verkörpert. Keiner der Götter ist ausschließlich gut oder böse: Alle *Oríchas* sind, wie die Menschen, unvollkommene Wesen mit Schwächen und Tugenden.

Changó etwa, der Gott der Männlichkeit und Sexualität, des Krieges und des Feuers, der Herr der Trommeln, ist einerseits fleißig, mutig und ein treuer Freund, andererseits ist er streitsüchtig und ein Aufschneider mit unzähligen Geliebten. Auch Changós Frau Ochún, die Göttin der Liebe und der weiblichen Sexualität, ist voller Gegensätze. Sie ist zugleich graziös und kokett. Sie kann Zank zwischen eifersüchtigen Männern oder *Oríchas* verursachen, aber auch zwischen Streithähnen vermitteln und Frieden stiften.

Das Verhältnis zwischen kubanischer Staatsmacht und *Oríchas* war in diesem Jahrhundert manchmal zwar distanziert, offene Feindschaft brach jedoch nie aus. Diktator Batista, der selber ein Mulatte war, bemühte sich um Popularität bei der schwarzen Bevölkerung und förderte afrikanische Kulte. Als Castros Rebellenarmee im Sommer 1958 den Ring um die Sierra Maestra gesprengt hatte und die Insel Stück um Stück unter ihre Kontrolle brachte, organisierte Batista ein großes Treffen in der *Santería*-Hochburg Guanabacoa östlich von Havanna. Batista ließ viele Hähne und Ziegen opfern und bat die Priester, die »Dämonen des Krieges« friedlich zu stimmen.

Damals bildeten Schwarze und Mischlinge nach offiziellen Angaben etwa ein Drittel der kubanischen Bevölkerung. Die amtlichen Statistiken waren allerdings sowohl in den fünfziger als auch in den neunziger Jahren irreführend: Der Anteil der Weißen ist gewaltig übertrieben. Der Ethnologe und Schriftsteller Fernando Ortíz, der zu den besten Kennern der kubanischen Rassenfrage und des vorrevolutionären Kubas gezählt wird, schätzte in den vierziger Jahren, daß weit über die Hälfte der Gesamtbevölkerung »negroid« und Mulatten seien. Nach dem Sieg der Revolution wurde Kuba »schwärzer«: Die Geburtenraten der Weißen sanken, und sie bilden die überwiegende Mehrheit der Emigranten.

Ob nun amtliche Volkszähler oder die Einwohner selbst die rassenmäßige Einordnung vornahmen – durch die Einschätzung der Mischlinge entstand immer ein verzeichnetes Bild. Viele von ihnen betrachten sich als Weiße oder können sich über Nacht in Weiße verwandeln. Viele Mulattinnen versuchen auch heute noch verzweifelt, ihr *pelo malo*, »schlechtes Kraushaar«, zu glätten und nach der Art der weißen Frauen zu tragen. Zahllose Mulatteneltern raten ihren Kindern, die Rasse zu »verbessern« und Weiße zu heiraten. Eine negative Einstellung gegenüber Schwarzen ist bei Mischlingen erstaunlich weit verbreitet, und eine männliche Redensart lautet: »Ein Neger mag einem anderen Neger weh tun, ein Mulatte tut Schlimmeres.«

Diese Geisteshaltung läßt sich auf das psychologische Erbe der kolonialen Vergangenheit zurückführen. Einschränkend muß man jedoch hinzufügen, daß im Unterschied zu anderen karibischen Ländern mit spanisch-afrikanischen Komponenten, wie etwa die Dominikanische Republik, rassistischen Vorurteilen in Kuba keine außergewöhnliche Bedeutung zukommen. Dies war auch vor der Revolution kaum anders: Zwar standen die Schwarzen politisch eher im Abseits, sie prägten aber entscheidend Kubas Kunst und Kultur. Kubas größter und bekanntester Dichter Nicolás Guillén war Mulatte und sprach lange vor dem Sieg der Revolution von der Existenz einer »Mulattenkultur« auf der Karibikinsel.

Rassendiskriminierung war laut der kubanischen Verfassung von 1940 verboten und blieb hauptsächlich auf die städtische Mittelschicht beschränkt, die sich an den Werten der Weißen in den Südstaaten der USA orientierte.[2] Auf einer Pressekonferenz im Januar 1959 betonte Fidel Castro zu Recht, daß sich die »Rassenfrage« in Kuba nicht in der gleichen Weise stelle, wie in den USA: Die Rassendiskriminierung sei weit weniger ausgeprägt, und die Revolution werde die bestehenden Rassenvorurteile beseitigen.

Dieses Vorhaben scheint heutzutage gescheitert. Das Verhältnis von Weißen und Schwarzen ist in der *Período Especial* konfliktgeladen und verschlechtert sich zunehmend. Es sind immer häufiger irrationale Klagen und despektierliche Äußerungen über die *Negros* zu hören. Etliche Weiße fühlen sich von schwarzen Kriminellen oder »aggressiven Schwarzen« bedroht und erklären die Krise in Kuba damit, daß es zuviele »Neger« mit zuviel Einfluß gäbe.

Immer mehr Schwarze hingegen weisen darauf hin, daß sich die Elite und die Nomenklatura weitgehend aus Weißen zusammensetzten. Den großen Worten vom Ende des Rassismus in Kuba stünden traurige Tatsachen entgegen. Schwarze seien ökonomisch schlechter gestellt als Weiße; sie litten unter der Krise stärker, deswegen seien unverhältnismäßig mehr schwarze als weiße Frauen zur Prostitution gezwungen.

War es schon vor der Revolution sehr schwer, den Umfang der Rassendiskriminierung statistisch zu erfassen, so ist das in den letzten drei Jahrzehnten absolut unmöglich geworden. Jedoch ist der Einwand berechtigt, wonach in Kuba eine historische Chance vertan wurde: Hätten die Regierung und die CDR-Revolutionskomitees genau so viel Energie auf die antirassistische Erziehung wie auf die marxistisch-leninistische

2 Vgl. H. Thomas, *Castros Cuba*, Berlin 1984, S. 198.

Indoktrinierung verwendet, würde das Rassenproblem wohl kaum mehr existieren.

Die wachsenden Rassenvorurteile gelten sowohl unter den Sozialwissenschaftlern als auch unter den Journalisten als ein Tabu, was dieses Thema zu einer Zeitbombe macht.

Eine unglückliche Konstellation vor 1959 erschwerte die Annäherung der Rassen: Die schwarze Bevölkerungsmehrheit hielt sich von der Politik fern und beteiligte sich kaum am Kampf des weißen *Comandante* gegen den *Mestizo* Batista. Die Beziehung der Schwarzen zur mehrheitlich weißen Rebellenarmee gestaltete sich nach dem Sieg zwar weitgehend konfliktfrei, aber reserviert. Ein einträchtiges Zusammenleben war wegen des sozialen Gefüges und der geistigen Grundorientierung der Revolutionsführung jedoch von Anfang an gefährdet. Die Brüder Castro sowie Che Guevara und deren engste Mitarbeiter entstammten größtenteils wohlhabenden weißen Familien; sie bewegten sich trotz ihrer radikalen Kritik am Bürgertum und am Imperialismus im westlichen Kulturkreis. Die Denkkategorien und die Terminologie der Revolutionführer waren vor und unmittelbar nach ihrem Sieg radikaldemokratisch und nationalistisch.

Zwar sicherte sich Fidel Castro mit verbalen Attacken und konkreten Maßnahmen gegen die Rassendiskriminierung immer mehr die Sympathie der Schwarzen. Die einseitige iberoamerikanische Zentriertheit des *Comandante* klammerte aber das afrikanische Erbe aus und wurde zum Konfliktherd; der antiimperialistische Kampf stellte die Schwarzen in Kuba als ethnische Gruppe mit eigener Identität in den Schatten. Die Traditionen und Werte, auf die sich die Regierung Castro berief, waren den Schwarzen fremd und verursachten bereits Anfang der sechziger Jahre Zwist mit den afrokubanischen Religionsanhängern.

Die Annäherung an die UdSSR und die zunehmende Sowjetisierung führten zu offenen Auseinandersetzungen nicht nur mit der katholischen Kirche, sondern auch mit den Anhängern der afrokubanischen Religionen. Im Arbeiter- und Bauernstaat unter der Führung der Kommunistischen Partei war kein Platz mehr für die *Oríchas*. Sie verschwanden für lange Zeit vollständig aus dem öffentlichen Leben; afrokubanische Religionszeremonien wurden nur noch versteckt abgehalten. Die weiterhin aktiven *Babalaos* wurden eingeschüchtert oder als Kriminelle behandelt.

Die Auflösung des sozialistischen Lagers und die zunehmende Orientierungslosigkeit in der Sonderperiode ließen ein Vakuum entstehen, daß innerhalb kürzester Zeit von den vertriebenen *Oríchas* aufgefüllt wurde. Nach 1990 erhöhte sich drastisch die Anzahl der Kubaner, die *Santería* entweder aktiv praktizierten oder zumindest *Santería*-Priester als Lebens- und Krisenberater konsultierten. Die Regierung von Fidel Castro erkannte die enorme Bedeutung der *Babalaos*, die als höchste Würdenträger und Autoritätspersonen ihre Religionsgemeinde beträchtlich beeinflussen können. Die Behörden begannen nach 1991 die *Santería* systematisch zu fördern. Der Kurswechsel gegenüber den *Oríchas* brachte auch ökonomische Vorteile ein: Die religiösen Feste und Tänze der Schwarzen ließen sich als exotische Touristenattraktion vermarkten und vermehrten die Deviseneinnahmen des kubanischen Staates.

Ein moderner Touristenbus vor einer Elendssiedlung in Centro Habana, dem Viertel zwischen La Habana Vieja und Vedado, kündigte Ende Juni 1995 den Anbruch der neuen Zeit an. »Besucher, willkommen im *Solar California*«, stand auf einem Transparent im riesigen Innenhof. Der Name des Eldorados im Feindesland brachte alte Sehnsüchte zum Ausdruck und wirkte wie ein Hohn: Das Leben im heruntergekommenen Gebäude wirkte infernalisch.

Mehrere Dutzend Schwarze standen auf dem absturzgefährdeten Gang im ersten Stock und beobachteten das Geschehen. Unter ihren Füßen hingen die verrosteten Reste vom einstigen Schutzgeländer. Die verbliebenen Holz- und Gittertstäbe in etwa drei Meter Höhe hielten ein Gewirr von unzähligen Kabeln, die 51 Wohnungen im Innenhof mit Strom versorgten. Unterhalb vom unheimlichen elektrischen Spinnennetz saß die bunte Festgesellschaft: einheimische Journalisten und Behördenvertreter im kubanischen Einheitshemd *Guayabera*, weißgekleidete *Santería*-Priester mit farbigen Halsketten, Europäer mit hochmodernen Fotoapparaten.

Eine schwarze Mittfünfzigerin im weißen Deux-pièces begrüßte die Gäste auf französisch. »Genossen, eure großzügigen Spenden sind Ausdruck der Solidarität mit der kubanischen Revolution und ermöglichen die Realisierung von einem einzigartigen Projekt«, betonte die Rednerin. Sie stellte sich als die Projektleiterin vor, der zwei andere Funktionäre beistehen. *California* werde nach den fälligen Renovierungsarbeiten als Wohnhaus und Begegnungszentrum dienen, sagte die elegante Frau. Sie entwarf ein faszinierendes Zukunftsbild; sie sprach von wissenschaftlichen Seminaren, Tanz- und Musikkursen im *Solar*. »Diese Veranstaltungen werden den ausländischen Besuchern die afrokubanische Kultur näherbringen und zugleich auch die Selbstachtung unserer verarmten Bevölkerung erhöhen«, kam die phantasievolle Funktionärin zum Schluß.

Nach der Rede ertönten afrokubanische Klänge. Die prominenten Musiker wurden von attraktiven Männern und Frauen begleitet, die spektakuläre Tänze vorführten. Die Gäste applaudierten begeistert. Nur ein leichter Wind störte die Feststimmung, denn er führte aus dem hinteren Ende des Hinterhofes einen unerträglichen Geruch mit sich. Dort hatten in vorrevolutionären Zeiten Toiletten mit Wasserspülung gestanden. Zwar gingen sie nach 1988 kaputt, behielten jedoch weiterhin ihre ursprüngliche Funktion. Im Lauf der Zeit entstand aus der Fäkaliendeponie im *California* ein mehrerer Meter hoher Berg aus Kot, der seit sieben Jahren täglich wuchs.

Wie in Centro Habana waren 1995 auch in Atarés Zeichen

des Wandels zu erkennen. Im Haus von *Babalao* Tato saß KP-Mitglied Arnaldo auf einem Ehrenplatz neben seiner Chefin María und den Schweizer Gästen, die von hoher Parteiprominenz begleitet wurden. Nach dem heiligen Tanz, den ein rot bemalter Schwarzer zu Ehren Changós aufgeführt hatte, ergriff ein blonder Parteifunktionär das Wort. Er erzählte von den Vorfahren, die trotz Inquisition und Rassismus eine afrokubanische Identität entwickeln konnten. Er erwähnte in einem Nebensatz die »Fehler der Partei«, die früher die *Santería*-Anhänger nicht angemessen behandelt hätte.

Babalao Tato schien alles verziehen zu haben. »Ich werde von allen respektiert und habe alles«, erklärte er den Schweizern, »ich habe die Revolution erlebt, ich habe ein großes Haus, in dem ich die Gläubigen empfangen und die Götter ehren kann, was könnte ich mir sonst noch wünschen?«

Nach der Loyalitätsbekundung übergab der zufriedene *Babalao* der Funktionärin María eine dreifarbige Perlenkette, die in einer mit Tierblut vermischten heiligen Flüssigkeit gewaschen worden war. Die Halskette repräsentierte zwei *Oríchas* und sollte María vor Unheil schützen. Die gelben Perlen sicherten ihr die Hilfe von Ochún, die roten und weißen Perlen bedeuteten Schutz durch Changó.

Nach den offiziellen Ansprachen ließen die Trommler wieder die Götter sprechen. Ein stakkatoartiger dunkler Klang beherrschte das Zusammenspiel des Trios; die Musik war unwiderstehlich und riß alle von den Stühlen. Auch Arnaldo wiegte sich zum Klang der Trommel und fühlte sich zwischen den schweißgebadeten Menschen glücklich. Und als er in der wild tanzenden Frau in seiner Nähe María erkannte, war er kaum noch überrascht.

Tato verehrte neben den *Oríchas* auch Naturgewalten: Es gab in seinem Haus neben Altären für *Santería*-Gottheiten auch ein *Ngánga*, ein Gefäß mit magischen Gegenständen. Sie verkörpern im afrikanischen Kult *Palo Monte* alle in der Welt wirkenden Kräfte und Mächte. In einem geschlossenen Raum stand Tatos *Nganga*, gefüllt mit Friedhofserde, Federn von Geiern, Kräutern, Steinen, Wurzeln, Aststücken verschiedener Bäume, Blut und Knochen von Tieren sowie Menschen.

Als Rangoberster besaß Tato umfassende Kenntnisse über Spiritualität und Natur, die ihn zu einer geachteten und gefürchteten Person machten. Er kannte Kräuter mit heilender und tödlicher Wirkung, und er hatte den Ruf, Praktiken zu beherrschen, die Gutes oder Böses bewirken. Der mächtige *Santería*- und *Palo-Monte*-Priester war zugleich auch ein gut kalkulierender Geschäftsmann aus Fleisch und Blut: Er war jederzeit bereit, gegen saftige Honorare, zahlbar natürlich in Dollar, in seinem Haus spektakuläre Zeremonien mit Musik und Tanz zu inszenieren.

Tieropfer sind integrale Bestandteile der afrokubanischen Rituale und wecken alte Ressentiments aus der Kolonialepoche. Wie damals waren auch noch vor der Revolution viele Weiße negativ gegen *Santería* und *Palo Monte* eingestellt; sie galten als gefährliche afrikanische Sektiererei oder als Hexerei primitiver Schwarzer.

Auch heute noch kursieren in gewissen weiß-katholischen Zirkeln wilde Gerüchte über Menschenopfer. Die Furcht schlägt ab und zu in lähmende Hysterie um und erreicht ihren Höhepunkt jedes Jahr am 4. Dezember. Das ist der Tag der heiligen Barbara – des Kriegsgottes Changó –, an dem manche Weiße in Havanna um das Leben ihrer Kinder fürchten und sie nicht aus dem Haus lassen.[3]

In den neunziger Jahren verbreitete sich die *Santería* dennoch mit enormer Geschwindigkeit und drang auch in Kreise

3 Eine unkontrollierte Schreckensmeldung vom 8. 6. 1995 war die erste offizielle Bestätigung nach 1959 für die uralten rassistischen Ängste. Die Nachricht wurde von der Lokalpresse im abgelegenen Osten Kubas veröffentlicht und erreichte Havanna nicht. »Zwei zum Tode verurteilte Ritualmörder hingerichtet«, teilte die Zeitung der Provinz Santiago de Cuba mit. »Die zwei Männer hatten die ursprüngliche Bedeutung der afrokubanischen Kulte verfälscht und ein zweijähriges Kind als Menschenopfer mißbraucht«, berichtete das Blatt ohne weitere Details.

ein, die früher immun zu sein schienen. In Havanna etwa gehören Weiße mit farbigen *Santería*-Perlenketten zum alltäglichen Straßenbild. Viele Anhänger des Kultes sind Hochschulabsolventen oder PCC-Mitglieder – oft auch beides.

Im vornehmlich von Weißen bewohnten Vedado-Viertel im Stadtzentrum von Havanna sind in der *Período Especial* häufig heilige Trommler zu hören. Religiöse Zeremonien bei offener Türe, wie bei Teresa, der kubanischen Sprachwissenschaftlerin mit dem Diplom der Moskauer Lomonossow-Universität, sind nichts Außergewöhnliches. Am 14. Februar 1997, am offiziellen »Tag der Verliebten«, feierte Teresa »Geburtstag«; sie wurde ein Jahr zuvor *Santera* und in die Reihe der *Santería*-Anhängerinnen aufgenommen. Ihr Leben veränderte sich nach dem siebentägigen Initiationsritus völlig: Die Linguistin verbrachte fortan die Zeit auf der Veranda vor ihrem Haus und stand dort allen mit seelischen, körperlichen oder juristischen Problemen zur Verfügung.

»Ich litt ständig unter unerträglichen Kopfschmerzen und versank in absoluter Passivität«, gab Teresa Auskunft über ihr früheres Leben. Mehrere Ärzte und Psychologen hätten sie erfolgslos behandelt. Schließlich sei sie zu einem *Babalao* gegangen, der sich nach einem abgeschlossenen Philosophiestudium der *Santería* zugewendet hatte. »Als er mir vorschlug, die *Oríchas* zu befragen, hatte ich Mühe, ihn ernst zu nehmen«, gestand Teresa.

Der *Babalao* holte Muscheln und Kokosnußkerne mit seltsamen Zeichen hervor. Er schüttelte sie in beiden Händen, warf sie auf den Boden und notierte sich die Resultate als unverständliche Buchstaben und Nummern. Danach deutete er die Botschaft der Götter. »Er sprach über mich und meine Vergangenheit mit einer derartigen Tiefe und Genauigkeit, daß es mir den Atem verschlug«, schilderte Teresa den Wendepunkt. Der *Babalao* wurde ihr *Padrino* – geistiger Zieh-Vater; er und eine *Madrina* standen Teresa in allen religiösen und weltlichen Angelegenheiten fortan zur Seite.

Nach einer weiteren Befragung der Götter wurde Yemayá, die Göttin der Meere und der Fruchtbarkeit, als die für Teresa zuständige *Orícha* gefunden. Etwas später faßte die Sprachwissenschaftlerin einen folgenschweren Beschluß: Sie unterwarf sich einer Initiationszeremonie mit enormen körperlichen und seelischen Anstrengungen, wonach sie als »Tochter« von Yemayá neu geboren wurde. Teresa begann ihre »Wiedergeburt« unter neuem Namen und als Säugling: Die 43jährige Frau wurde von ihrer *Madrina* sieben Tage lang gefüttert und gewaschen.

»Alle meine Beschwerden sind seitdem spurlos verschwunden«, beendete Teresa mit einem Lächeln ihre Geschichte. Das weiße Kleid und Kopftuch der *Santera* verliehen ihr ein majestätisches Aussehen. Etwa zwei Dutzend Menschen, darunter viele Kinder und Alte, tanzten an Teresas Geburtstag selbstvergessen. Erstaunlich viele Gäste waren Weiße, wie Teresa. Die Trommelpriester spielten vor einem weißblauen Altar mit einer schwarzen Madonna, die Yemayá verkörpert. Zu Füßen der Gottheit waren die Opfergaben und Geschenke ausgebreitet: Torten in grellen Farben, schwarze Bohnen, rötlicher Reis, Brot, Zigarren und Pesoscheine.

Als die Trommelspieler das Lied für Yemayá anstimmten, erhob sich Teresa von ihrem Stuhl. Zuerst bewegte sie ihre Hüften sanft, dann immer schneller und intensiver. Das Lied war lang, ein Gemisch aus Yoruba und etwas Spanisch. Teresa tanzte allein vor den Trommlern, und die anderen bildeten einen Kreis um sie. Bevor es ihr schwindlig wurde, geriet sie in Trance: Sie schloß ihre Augen, spannte alle ihre Muskeln an und überließ ihren Körper Yemayá.

Caridad, die *Madrina* von Teresa, war sichtlich zufrieden. Die auch noch im fortgeschrittenen Alter attraktiv gebliebene schwarze Frau wurde vor der Revolution eine »Tochter« von Ochún, der Göttin der Weiblichkeit und der Flüsse. Die *Orícha* gab Caridad durch göttliche Zeichen zu verstehen, daß sie zum Ratgeben und Helfen berufen sei. Etwas später nahm sich Caridad als *Madrina* eines Säuglings an, das die Ärzte als hoffnungslosen Fall aufgegeben hatten. Das Kind überlebte, und Caridad wurde zu einer gefragten Person.

Sie war in den neunziger Jahren eine der bekanntesten *Santera* auf der Karibikinsel. Ihre fensterlose Küche wandelte sich viermal pro Woche zu einem Wartesaal um. Einfache und prominente Kubaner sowie Ausländer saßen dort nebeneinander und hofften, daß Caridad sie von Krankheit, Liebeskummer, Depressionen oder sonstigen Beschwerden erlösen könne.

Die *Santera* teilte ihre kleine Wohnung am Stadtrand von Havanna mit vier anderen Familienmitgliedern. Ihr Sohn, der einzige Mann im Haus, hatte ein Zimmer für sich alleine. Caridad schlief mit ihrer 8jährigen Urenkelin, deren Mutter und Tante in einem anderen Raum. Das größte der drei Zimmer, das *Cuarto de los Santos*, gehörte den *Santería*-Göttern. Frauen durften sich in diesem Raum lediglich im Straßenkleid und nur vor oder nach der Menstruation aufhalten. Caridad errichtete dort je ein *canastillero*, »Altar«, für die *Oríchas* Ochún, Obatalá und Yemayá, die ihr die Arbeit als Ratgeberin und Heilerin ermöglichten.

Eine schwarze Puppe im himmelblauen Kleid verkörpert die afrikanische Königin Francisca Sietesalla Lucumisa. Sie galt als gottähnlich; eine Frau durfte sie nicht berühren, wenn sie gerade ihre Periode oder weniger als 24 Stunden zuvor Geschlechtsverkehr gehabt hatte. Francisca stand Caridad bei spirituellen Sitzungen bei. »Vor kurzem gab sie mir zu verstehen, daß der Tod bald in unserer Straße zu Besuch kommt«, schilderte Caridad die Fähigkeiten von Francisca. Die *Santera* erwies rechtzeitig die nötigen Dankesopfer. Etwas später seien in der Nachbarschaft an drei aufeinanderfolgenden Tagen drei Menschen völlig unerwartet gestorben. »Meine 92jährige Mutter hingegen wurde nicht einmal krank«, bemerkte Caridad.

Francisca konnte nicht nur herannahendes Unglück oder Glück voraussagen. Sie war überdies fähig, Entscheidungen der Behörden unter den besonderen Bedingungen der *Período Especial* im voraus anzukündigen. »Sie deutete vor einigen Monaten an, daß meinem Sohn Pedro freudige Ereignisse bevorstehen«, brachte Caridad ein naheliegendes Beispiel. Etwas später habe Pedro eine begehrte Stelle in einem Dollar-Laden bekommen und sei zugleich auch zum Funktionär des Kommunistischen Jugendverbands UJC befördert worden.

Wie *Babalao* Tato, sprach auch Caridad nicht gerne über die Schikanen, die sie in den siebziger und achtziger Jahren als *Santera* erleiden mußte. »Afrokubanische Religionen waren lange als schwarze Hexerei verpönt; wir hatten es nicht leicht«, sagte sie ausweichend. »Ob auch Fidel die *Santería* heute wieder praktiziert?«, wiederholte sie lächelnd die Frage des Journalisten. Niemand wisse das genau.

»Ich sah jedenfalls mit meinen eigenen Augen etwas, das für sich spricht«, erzählte Caridad die legendäre Geschichte von den weißen Tauben, die nach der Siegesrede im Januar 1959 auf der Schulter des *Líder Máximo* landeten. »Genau 30 Jahre später geschah es am selben Ort wieder«, hob Caridad ihre Stimme, »am 8. Januar 1989 erschien nach der Rede von Fidel wiederum eine weiße Taube und setzte sich auf die Schulter des *Comandante*.«

Auch wenn der kubanische Staatchef als *elegido*, Auserwählter der *Oríchas*, verehrt wird, ist er jedoch mit zunehmendem Alter immer weniger vor dem subversiven Gehalt der *Santería*-Schöpfungslegende gefeit. Der große alte Mann des kubanischen Films, Tomás Gutiérrez Alea, verwendete 1995 in seiner Satire *Guantanamera*, die die Geschichte eines absurden Leichentransports vom einen Ende der Insel zum anderen zeigt, die Parabel von Olofi, der Personifikation der Göttlichkeit in der *Santería*, in deutlicher Anspielung auf den *Comandante*: »Als Olofi die Welt mit den Menschen schuf, vergaß er, den Tod zu schaffen«, erzählt eine vom Sphärengesang begleitete Stimme in der Schlüsselszene des Films. »Die Jahre vergingen und die Männer und Frauen wurden immer älter, aber sie starben nicht. Die Erde füllte sich mit Menschen, die Tausende Jahre alt waren und die immer ihren alten Gesetzen folgten. Die Jungen beklagten sich sehr: ›Olofi, die Erde ist nicht so gut, wie die Alten sie geplant hatten.‹ Die Klagen erreichten die Ohren Olofis. Auch er fühlte, daß er alt war und zu müde, um noch einmal von neuem anzupacken, was sich so schlecht entwickelt hatte.

Da rief Olofi seinen Sohn Iku, um ihm eine Aufgabe zu übertragen: ›Iku, wir müssen mit dieser Zeit aufhören, in der die Leute nicht sterben.‹ Und Iku ließ es über die Erde 30 Tage und 30 Nächte lang ohne Unterbrechung regnen. Alles stand unter Wasser; nur die Kinder und Jugendlichen konnten sich auf die Äste der riesigen Bäume retten und auf die höchsten Berge klettern. Die ganze Erde verwandelte sich in einen Fluß ohne Ufer. Die Jungen sahen nun, daß die Erde sauberer war und schöner, und priesen Iku, weil er die Unsterblichkeit beendet hatte.«

Iku war 1996 weit weg von Kuba, und das Jahr begann auf der Roten Insel genauso wie 36 andere Jahre zuvor: mit einer Festrede von Fidel Castro. Er pries die alten Gesetze und bemühte sich vor seinem 70. Geburtstag am 13. August, den Eindruck von ewiger Jugend und Unsterblichkeit zu erwekken. Im Unterschied zum *Comandante* wartete die staatliche Nachrichtenagentur *Prensa Latina* mit einer sensationellen Neuigkeit auf: Sie veröffentlichte das erste Mal seit dem Sieg der Revolution die *Letra del Año*, die Neujahresprophezeiung der angesehensten *Babalaos*.

Die afrokubanischen Hohepriester stellten nach intensiven Beratungen fest, daß 1996 von Ochún und Elegguá, den *Oríchas* der Liebe und des Schicksals, dominiert werde. Die *Babalaos* sagten ein Ringen zwischen Erde und Wasser voraus, das als fortdauernde Mühsal für die Armen interpretiert wird. Über die politische Zukunft Kubas äußern sich die *Babalaos* nie in der Öffentlichkeit – im Gegensatz zum berühmten kubanischen Schriftsteller Jesús Díaz, der seit 1992 im Exil lebt. »Wenn Sie mich fragen, was nach allem bleiben wird, dann sage ich Ihnen: Die *Santería*, die wird nie jemand unterkriegen«, orakelte Díaz.

7. Risse

Im Sommer 1995 machten wir uns auf den Weg ins Landesinnere. Wir fuhren in einem sowjetischen Wagen, der die komplexe Lage Kubas widerzuspiegeln scheint. Der Moskwitsch wurde vom Diplomkartographen Rogelio gefahren und als illegale Einnahmequelle genutzt. Er zahlte 1993 rund 2500 Dollar für das Auto, das die Regierung sechs Jahre zuvor einem mit Rogelio verwandten Ingenieur für 4000 Peso verkauft hatte. Der offizielle Preis war je nach Standpunkt hoch oder niedrig: Er entsprach nach dem damaligen Schwarzmarktkurs etwa 110 Dollar, nach einer anderen Rechnungsart 20 durchschnittlichen kubanischen Monatslöhnen von je 190 Peso. Rogelio hatte als hochdotierte Arbeitskraft in der Zukkerindustrie zwar fast das Doppelte verdient, konnte aber damit den Unterhalt seiner Familie in der Sonderperiode nicht hinreichend gewährleisten.

Er hatte seine Stelle in einem Provinznest gekündigt und schlug sich seit 1993 in der weniger gut kontrollierbaren Metropole Havanna als illegaler Transporteur durch. Mit dem Erwerb des weißen Moskwitsch war er in eine gefährliche Grauzone geraten: Der Eigentümer des illegal veräußerten Wagens blieb der kubanische Staat, der das Fahrzeug beschlagnahmen und ihm harte Strafen auferlegen konnte. Rogelio mußte bei jeder Routinekontrolle die Polizei überzeugen, daß er das Auto von seinem Verwandten lediglich ausgeliehen hatte. Die ausländischen Kunden mußten als alte Freunde deklariert werden, die ihn gerade besuchten. Wurde er nach einem Wochenende bei seiner Familie auf dem Land mit einer größeren Menge Lebensmittel im Auto erwischt, die in der Provinz wesentlich billiger zu beschaffen waren als in Havanna, blieb ihm nur noch der riskante Versuch, die Ordnungshüter zu bestechen.

Die verkehrsarme Küstenstraße in Havanna belebte sich mit einem Mal. Die gemieteten Mazdas und Toyotas der Touristen, die Kubas Straßen sonst ganz für sich haben, fielen an diesem Wochenende nicht mehr auf. Neben sowjetischen Ladas und polnischen Fiats waren erstaunlich viele herausgeputzte Oldtimer unterwegs, die vor etwa einem halben Jahrhundert die Detroiter Fließbänder verlassen hatten. Die Finanzierung des enormen Treibstoffverbrauchs dieser Vehikel gehört nach wie vor zu den ungelösten Rätseln auf der sozialistischen Karibikinsel. Der Durchschnittslohn in der *Período Especial* reicht für etwa zehn Liter Benzin – die 1995 rund sechs Dollar kosteten.

Am Malecón scheuchten Touristen und kubanische Neureiche, wild hupend und mit durchgetretenem Gaspedal, Fußgänger und Fahrradfahrer von der Fahrbahn. Von den Gefahren, denen die Passanten neuerdings ausgesetzt sind, zeugen Schilder wie in der Nähe des Maceo-Denkmals: »Schützen Sie Ihr Leben. Benutzen Sie den Fußgängerübergang. 17 Tote und 35 Schwerverletzte bei der Überquerung der Straße«. Warnungen dieser Art werden vielerorts von einer radikalen Antiraucher-Kampagne begleitet: »Liebe Raucher, der Weg zur Endstation ist nicht so weit«, ist unter einer düsteren Zeichnung zu lesen.

Bereits auf dem Gebiet der Stadt Havanna beginnt sich eine ländliche Idylle auszubreiten, die jetzt nur von der enormen Polizeipräsenz gestört wurde. An jeder geeigneten Stelle am Straßenrand standen Uniformierte neben ihren Motorrädern und Patrouillenwagen. Rogelio überholte Fahrräder und Pferdefuhrwerke auf der pittoresken Autobahn, die noch unter Batistas Regime in Angriff genommen und nach dem Sieg der Revolution weitergebaut wurde. Der Plan allerdings, ein kreisförmiges Autobahnnetz um die Metropole zu legen, das alle bedeutenden kubanischen Städte miteinander verbinden sollte, wurde nach dem Wegfall der sowjetischen Bruderhilfe fallengelassen.

Nach dem letzten baupolitischen Kraftakt der Revolutionsregierung entstanden 1990 gigantische Sportpaläste am östlichen Stadtrand von Havanna. Dort wurden trotz der enormen wirtschaftlichen Probleme des Landes die alle vier Jahre ausgetragenen olympischen Spiele der amerikanischen Staaten ausgerichtet. »Sport verleiht dem Menschen Würde«, erinnert ein unübersehbares Transparent am Straßenrand an die Panamerikanischen Spiele, bei denen die kubanische Mannschaft spektakuläre Erfolge erzielte.

An der nächsten Autobahnbrücke erblickte man ein weiteres Spruchband: »Wo Kommunisten leben, sterben die Probleme, Che«, steht über dem Konterfei des Guerillaführers. Kurz vor dem Fischerdorf Cojímar, das Ernest Hemingway durch seinen Kurzroman *Der alte Mann und das Meer* weltberühmt gemacht hat, folgte die Mahnung »Es muß mehr gearbeitet werden«. Die Erinnerung an den Schriftsteller und die Vermarktung der Nostalgie gehören zu den wichtigsten Einnahmequellen Cojímars. Auf der Suche nach der verlorenen Zeit landen viele Touristen beim Hemingway-Denkmal im Zentrum und gehen anschließend ins herausgeputzte Dollar-Restaurant »Terraza de Cojímar«, das einst zu den Lieblingskneipen des trinkfreudigen Nobelpreisträgers gehört hatte.

Fast so leicht zu finden wie das »Terraza« ist das Haus des PCC-Funktionärs Alberto. In Cojímar kennt jeder den unorthodoxen Schwarzen mit den ungewöhnlichen Ansichten und den unangepaßten Verwandten. Albertos Mutter ist *Santera* in Havanna, ihr ältester Sohn hatte als Zeuge Jehovas im Gefängnis gesessen und war nach der Freilassung aus Kuba geflüchtet. Das Verhältnis des Funktionärs zu seinen Familienangehörigen blieb trotz aller politischen Widrigkeiten herzlich. Alberto besuchte seine Mutter regelmäßig und wechselte mit seinem Bruder in Miami liebevolle Briefe.

Alberto verbringt die Abende meistens vor seinem Haus am Meer mit zwei Freunden, die als Seemänner die Welt bereisen. Von ihnen stammt das rote Leibchen mit der Werbung für einen US-Golf-Club in Panama, das der PCC-Mann meistens trägt. Sobald jedoch das Gespräch auf die Rote Insel kam, wurde Alberto traurig. »Schlimmer noch als die kritische Versorgungslage ist, daß unsere Ideale verloren gehen«, sagte er mit monotoner Stimme. »Alle müssen sich hier als rücksichtslose Einzelkämpfer durchschlagen. Kuba wird zu einem Land der dubiosen Geschäftemacher.«

Dieselbe Mischung aus Kritik, Wehmut und Ratlosigkeit herrschte bei Juan und Lídia in der gigantischen Neubausiedlung Alamar. Das Akademikerehepaar ist nicht leicht zu finden: Sie leben in diesem Betonlabyrinth zusammen mit etwa 250 000 Menschen. Juan und Lídia erzählten augenzwinkernd über die Schlampereien in Alamar, wofür sie Bürokraten, Dilettanten und Romantikern die Verantwortung zuschoben.

»In allen Gebäuden dort vorne wurden die Balkone an der falschen Stelle errichtet«, sagte die Pharmakologin Lídia und wies auf eine unendliche Reihe von identischen Reihenhäusern nahe des Meeres. »Etwas später wurden irrtümlich Wohnungen errichtet, die nur aus einem einzigen Raum bestanden und unbrauchbar waren«, ergänzte Juan. »Das Ziel und die Absichten waren sicher nicht schlecht«, verteidigte das Ehepaar am Ende jeder Anekdote die kubanische Revolution.

Nach den abenteuerlichen Konstruktionsfehlern schilderten sie die spießbürgerlichen Schikanen, die in europäischen Kleinstädten nicht außergewöhnlich, auf dieser Karibikinsel aber kaum vorstellbar sind. »Noch 1993 war es hier aus ›ästhetischen Gründen‹ untersagt, Wäsche draußen aufzuhängen oder die äußere Balkontür aus Holz zuzumachen«, erinnerte sich Lídia verstimmt.

»Ich bin zwar nach wie vor Revolutionär, verstehe aber etwas anderes unter Revolution als die Machthaber hier«, grummelte Juan. Er sprach von »Degenerationserscheinungen« und kritisierte das Leben auf Pump vor 1990 und die weitverbreitete Prostitution danach. Die legendären *logros*,

Errungenschaften der Revolution im Erziehungs- und Gesundheitswesen, seien zwar bewundernswert, aber mit enormen Kosten verbunden.

»Auch wenn viele Fehler gemacht werden – es gibt hier immer noch genug zu verteidigen«, lenkte der 48jährige Ernährungswissenschaftler unversehens ein. Er lobte die Ruhe und Stabilität im Land und kam auf den Patriotismus zu sprechen: »Kuba darf sich nicht, wie die Sowjetunion, selber zerstören. Wir müssen die Revolution und unsere Identität bewahren.« Kaum hatte er jedoch den Satz beendet, stiegen Zweifel in ihm auf: »Der Dollar untergräbt alles«, murmelte er resigniert.

Wenige Schritte von Juans Wohnblock entfernt befindet sich das einzige Gemeinschaftszentrum Alamars. Das Gebäude gleicht einer heruntergekommenen Kneipe. Hard Rock und synthetische Diskosounds ertönten aus gigantischen Lautsprechern. Männer mit leerem Blick saßen auf abgewetzten Plastikstühlen und schienen von einem besseren Leben und vom Dollar zu träumen. Der gepanschte billige Rum und der angeheiterte Verwalter hoben gleichwohl langsam die Stimmung. Der unermüdliche Berufsoptimist entwarf ein verlockendes Zukunftsbild. Er erzählte von einem Gebäudekomplex mit Delikatessenrestaurant, Diskothek, Kabarett und Dollar-Läden, das bald anstelle der Brandruinen stehen sollte. Die fantastischen Ausbaupläne der Behörden sind in dieser trostlosen Betonwüste an der Peripherie kaum vorstellbar.

Je weiter Rogelios Moskwitsch sich von Havanna entfernte, desto grüner und exotischer wurde die Landschaft. Zwischen Palmen und Bananenhainen vor dem Dorf Catalina de Güines ist eine Durchhalteparole zu lesen: »Nichts ist unmöglich für diejenigen, die kämpfen, Fidel«. Nach diesem Motto schienen auch die drei Nonnen des Ordens »Heiliges Herz Jesu« zu leben, die 1993 in den leerstehenden Konvent im Dorf einzogen. »Seit 1960 fanden in Catalina de Güines lediglich vier kirchliche Trauungen statt; nur etwa 50 der 7000

Einwohner sind Gläubige«, bekannte Schwester Ana. Ihr Unmut über den Sittenverfall, die hohen Abtreibung- und Scheidungsraten wurde von einer anderen Nonne relativiert. »Die Kategorie ›illegitimer Bastard‹ ist in Kuba verschwunden, und alle Kinder können den Namen ihres Vaters tragen. Das war hier vor der Revolution und ist in den meisten Ländern in der Region immer noch ganz anders«, erwiderte Schwester Noëmi.

Die kleine rundliche Frau war nach mehreren Jahren in Lateinamerika in ihre kubanische Heimat zurückgekehrt. »In Venezuela starben unterernährte Kinder in meinen Armen, hier im Dorf hingegen kenne ich zwei Bauern mit Herzschrittmachern«, fuhr sie fort. Nur in einem Punkt erkannte sie verblüffende Ähnlichkeiten: »Wie in den meisten Staaten der Region, haben die Leute auch in Kuba Angst, obwohl es hier weder Todeskommandos noch auf Folter und Mord spezialisierte Subversivenjäger gibt«, gab die Nonne zu bedenken. Im Unterschied zu anderen lateinamerikanischen Staaten zeigt die Repression in Castros Kuba, und hier vor allem auf dem Lande, selten ihr wahres Gesicht: Reguläre Armeetruppen und Sondereinheiten lassen sich kaum blicken, dafür sind Polizisten in Zivil allgegenwärtig.

Der Alltag in Catalina de Güines gestaltet sich zwar etwas leichter als in Havanna, dennoch sind die Dorfbewohner mit vergleichbar gravierenden Problemen konfrontiert. Während unseres Aufenthaltes verfaulte beispielsweise die Karottenernte auf den Feldern, da die *Cooperativa*, die ähnlich wie eine LPG in der ehemaligen DDR konzipiert ist, schlecht funktionierte. Trotz des fruchtbaren Bodens und der vielen Rinder fehlte es im Dorfladen praktisch an allem, abgesehen von Reis und Bohnen.

Zwar standen den 7000 Dorfbewohnern fast ein Dutzend Ärzte zur Verfügung, Medikamente gehörten aber zu den Mangelwaren und konnten größtenteils nur dank der ausländischen Spenden über die kleine Apotheke der Nonnen bezogen werden. Kleider, Schuhe, Waschmittel oder Artikel für die Körperpflege waren nicht aufzutreiben. Auf dem stillen Örtchen der Nonnen diente ein dickes Lehrbuch der Moskauer Lomonossow-Universität über den wissenschaftlichen Sozialismus als Toilettenpapier.

Nachdem sich Schwester Noëmi über die Indoktrination in den kubanischen Schulen und die weitverbreitete Unfähigkeit zum kritischen Denken beklagt hatte, wartete sie mit einer Überraschung auf. Sie entpuppte sich als Angehörige einer bekannten Familie: Ihr Vater gehörte zu den mächtigsten Großgrundbesitzern vor der Revolution, ihr Großvater war nach dem Zweiten Weltkrieg Regierungsmitglied in Havanna gewesen. »Ich werde wütend, wenn jemand die Zustände im alten Kuba lobt. Ich bin Fidel Castro dankbar, daß meine Familie enteignet worden ist«, sagte die Nonne zum Abschied.

Hinter Catalina de Güines beginnt das Land des *Comandante*, das authentische Kuba ohne Touristen und Dollar, das ein in Havanna lebender dissidenter Schriftsteller das »älteste Land der Zukunft« nennt. In der ländlichen Abgeschiedenheit existiert das sozialistische Experimentierfeld noch weiter, und trotz aller gescheiterten Versuche wird zumindest verbal an den alten Lehrsätzen und Plänen festgehalten.

Auf dem Weg nach Osten mehren sich die Zuckerrohrfelder und politischen Parolen – die plakativen Markenzeichen der Roten Insel. »Es lebe Fidel«, »Arbeit ist die Quelle allen Reichtums«, ist immer wieder zu lesen. Die Direktion der praktisch stillgelegten Teigwarenfabrik kurz vor der Kleinstadt Madruga hält die Erinnerung an die revolutionäre Gründerzeit wach: »Es erfüllt uns mit Optimismus und Stolz, daß die von der Revolutionsmacht errichteten Fabriken alle so sein werden wie diese. Fidel 24.7.68«, steht auf einem riesigen Transparent über dem Eingang.

Im Provinznest Madruga sind die meisten der etwa 15 000 Einwohner von der Zuckerproduktion abhängig. Als die Mühle Gómez Mena nach dem Sieg der Revolution verstaatlicht wurde, übernahm Rogelios Vater die Leitung. Der 1990 verstorbene Ingenieur blieb unvergessen; sein Sohn wurde in Madruga auf Schritt und Tritt freundlich begrüßt.

Der energische Alte, der Rogelio von der anderen Straßenseite nachrief, war lange Zeit engster Mitarbeiter und Parteigenosse des Vaters, bevor er selbst zum Direktor einer Zukkerfabrik ernannt wurde. Er blieb nach der Pensionierung als Berater in der Mühle und sprach mit erstaunlicher Offenheit über die Krise der kubanischen Zuckerindustrie.

»Mindestens die Hälfte unserer 156 Fabriken sind technisch hoffnungslos veraltet. Die Motivation der Arbeiter und die Effizienz sind in der Sonderperiode so niedrig, daß selbst die ältesten Mühlen aus der Zeit der Jahrhundertwende nicht voll ausgelastet werden können«, sagte das alte PCC-Mitglied bedrückt. Dann übte er grundsätzliche Kritik: »Die Dollarisierung von wenigstens einem Teil der Löhne würde wesentlich mehr bewirken als alle moralischen Appelle des *Comandante* an die Massen«, flüsterte er.

Rogelios Mutter und Schwester hingegen zeigten sich loyal und wiederholten buchstabengetreu den offiziellen Standpunkt von der »US-Blockade«. Die Deklaration der beiden Frauen und das Che-Guevara-Bild über dem sowjetischen Fernseher verloren später im Badezimmer an Überzeugungskraft. Seife sowie Zahnpasta stammten aus dem Feindesland, und auch die meisten Medikamentenschachteln trugen die Aufschrift *Made in USA*.

Ein vergilbter PCC-Mitgliedsausweis neben dem Telefon und die Buchhandlung im Nachbarhaus konnten die ideologische Hegemonie nicht mehr wiederherstellen. Die im Schaufenster ausgestellten theoretischen Werke von Tichomirow und Galéev interessierten Rogelios Schwester genausowenig wie Marschall Georgi Konstantinowitsch Schukows *Erinnerungen und Reflexionen*. »Einige Schritte von hier wurde ein *Santería*-Museum eröffnet, das zu den besten im Land gehört«, schwärmte die Funktionärstochter.

Der Besuch bei der Yoruba-Priesterin Mercedes, die ihr Haus in Zusammenarbeit mit den Behörden als afrokubanisches Museum und Religionszentrum eingerichtet hat, erwies sich in der Tat als lehrreich. Kurz nach der Begrüßung verscheuchte die eigensinnige *Santera* den Verdacht, sie ließe sich – wie etwa *Babalao* Tato in Atarés – als ein Sprachrohr der Regierung mißbrauchen. Mercedes verband die Geschichten über die *Oríchas* mit nostalgischen Erinnerungen an die guten alten Zeiten. »Heute gibt es hier nicht einmal mehr Salz oder Zucker, obwohl Kuba vom Meer umgeben und von Zuckerrohrfeldern bedeckt ist«, sagte sie zum Abschied.

Das düstere Bild hellte sich bei Luiz etwas auf. Der kaum 25jährige *guajiro*, wie sich Kubas Kleinbauern stolz nennen, empfing den ausländischen Besucher wie einen fremden König auf Durchreise. Nach Besichtigung der drei Kühe und 20 Schweine auf dem Familienhof lud Luiz zu einem Gang über die Felder ein. Er gehörte zu den etwa 75 000 freien Bauern in Kuba und besaß, wie der Durchschnitt, etwa 15 ha Land. Nach dem spektakulären Kurswechsel der Regierung im Oktober 1994 wurde es den freien Bauern nach mehr als acht Jahren wieder gestattet, ihre Produkte auf freien Märkten zu verkaufen.

Die Anbauvorschriften blieben jedoch bestehen. Die meisten *guajiros* sind verpflichtet, auf etwa der Hälfte ihrer Akkerflächen eine bestimmte Menge an Exportgütern wie Zukker, Kaffee oder Kakao zu kultivieren und diese zu einem niedrigen Preis an den Staat zu verkaufen. Luiz mußte auf etwa sieben Hektar Zuckerrohr anpflanzen, auf dem restlichen Ackerland erntete er jährlich zweimal Reis und Süßkartoffeln, die er nach freiem Ermessen verwerten konnte.

Wie unzählige andere Kubaner, ließ auch Luiz offen, was er eigentlich von Fidel Castro und dessen Regierung dachte. »Ich muß sehr viel Zucker dem Staat abliefern und bekomme lächerlich wenig dafür«, beklagte er sich leise. »Die zugeteilten Gasrationen reichen höchstens für drei Monate.« Er zeigte auf eine junge Frau, die mit Holzkohle Bananen briet. »Die Köchin heißt Elena. Sie hat es in der Familie am weitesten gebracht«, stellte Luiz stolz seine jüngere Schwester vor. Sie trug eine grüne Militäruniform mit drei schwarzgedruckten Wörtern in Brusthöhe: »Sondertruppen des Innenministeriums«.

Diese Mischung aus militärischer Disziplin und charmanter Verspieltheit trafen wir auch in einem 1995 eröffneten gastronomischen Betrieb an, der auf unserem Weg ins Landesinnere lag und eine merkwürdige Kreuzung aus deutscher Autobahnraststätte, amerikanischer Snackbar und kubanischer Pizzeria darstellt. Zwischen den leeren Regalen hinter der Theke hängt eine handgeschriebene Liste mit den »Grundlegenden Prinzipien der Gastronomie«. An erster Stelle steht der Aufruf, sich an die angegebenen Öffnungszeiten zu halten. Danach wird die »Einheit« ermahnt, auf Hygiene und Ästhetik zu achten. »Zur Anwesenheitspflicht gehört auch das korrekte Tragen der Uniformen«, lautet das dritte Prinzip.

Etwa zwei Dutzend gelangweilte Angestellte schauten amüsiert dem seltsamen Ausländer beim Abschreiben der Liste zu. Ein lächelnder Kellner bat höflich darum, Englisch sprechen zu dürfen, um in Übung zu bleiben. »Kuba wurde mehr als 30 Jahre von den sozialistischen Freunden durchgefüttert. Nun müssen wir dringend lernen, zu arbeiten und zu überleben«, begründete der junge Mann in fehlerfreiem Englisch sein Engagement.

Der Reiz der Fremdsprache und der Konversation mit einem Europäer steigerten die Gesprächsfreude des Kellners. Er versprach, alle Fragen über Kuba genauestens zu beantworten. »Ich verdiene, wie die meisten hier, lediglich 120 Peso im Monat. Es ist allen klar, daß wir nur über die Runden kommen können, wenn wir im Restaurant und in der Küche ununterbrochen stehlen«, gab er offen zu.

Etwas weiter auf unserem Weg nach Osten wurden die Geister vergangener Epochen erweckt. »Wir müssen alle unsere

Verpflichtungen gegenüber Kuba erfüllen«, stand auf einem Transparent, das an einem hölzernen Strommast festgenagelt war. Die nach dem spanischen Statthalter José Cienfuegos benannte Provinzhauptstadt schien auf den ersten Blick in einem anderen Land zu liegen. Die Versorgungslage war wesentlich besser als in Havanna, und die meisten Gebäude im Zentrum schillerten in leuchtenden Farben.

Diese Üppigkeit verdankte sich einem erfolgreichen venezolanischen Sklavenhändler und einem fähigen kubanischen Spitzenfunktionär mit Beziehungen in In- und Ausland. Der Venezolaner hatte im 19. Jahrhundert mit dem Gewinn aus seinen kubanischen Zuckermühlen erfolgreich spekuliert und ließ in Cienfuegos bauen. Der Kubaner konnte als PCC-Stadtsekretär in den neunziger Jahren Ressourcen erschließen und vor allem dank ausländischer Spenden Zustände wie in der Hauptstadt vermeiden.

Mehrere staatseigene Restaurants boten etwa im Herbst 1995 Tag und Nacht Pizzas, Hamburger und Tropi-Cola für einige kubanische Peso an. In einfach, aber geschmacksvoll eingerichteten Lokalen an der Straße kosteten eine Tasse Kaffee und und ein Glas kaltes Trinkwasser lediglich 30 Centavos. In einem großen Geschäft im Zentrum waren schon für drei Peso fantasievolle Spielzeuge zu erhalten. Am Stadtrand wurde für die ärmeren Bevölkerungsschichten emsig gebaut: 70 Einfamilienhäuser mit Bad und Küche standen kurz vor der Fertigstellung.

Die Droschkenfahrt von der imposanten Bibliothek an der Hauptstraße zur Uferpromenade im ehemaligen Prominentenviertel Punta Gorda führte an eleganten Villen vorbei. »Die dort gehören dem *Comandante* und seinem Bruder Raúl«, zeigte der Kutscher auf zwei leerstehende Häuser, die nebeneinander standen und die Sicht auf die Bucht freigaben. *Bienvenido en Cuba socialista*, steht auf einem rostigen Schild bei der Einfahrt, wo sich einst die vom spanischen König gesuchten Piraten versteckt hielten.

Die Silhouette einer gigantischen Bauruine im Hintergrund gab ein geplantes Atomkraftwerk zu erkennen. »Wenn die Russen sich nur noch ein klein bißchen bemühen würden, könnte das bald in Betrieb genommen werden, und dann würden wir jährlich mehr als eine Million Tonnen Erdöl einsparen«, war in Cienfuegos immer wieder zu hören. Die offiziellen Verlautbarungen und die Sehnsucht nach den glücklichen Jahren ohne Energiemangel ließen keinen Gedanken an mögliche Reaktorunfälle aufkommen.

Trotz der erfreulichen Erscheinungen waren die Auswirkungen der *Período Especial* auch in Cienfuegos überall erkennbar. Auf dem eleganten Platz Parque Martí mit seinem Musikpavillon waren morgens alte Lumpensammler in zerrissenen Schuhen auf der Suche nach verwertbaren Abfällen. Vor dem historischen Terry-Theater bettelten zwei junge Mütter. »Er hat seit Wochen die Krätze«, erklärte die kaum 16jährige Marisol, als sie auf die blutenden Kratzwunden ihres acht Monate alten Sohnes wies. Der Vater sei noch vor der Geburt abgehauen und habe seither nichts mehr von sich hören lassen, berichtete sie. »Nach dieser Geschichte will ich ihn auch nie mehr sehen«, sagte sie trotzig und zeigte ihre ausgeschlagenen Schneidezähne. Die junge Frau entpuppte sich als unfähig, die Adresse eines Zahnarztes zu notieren. »Die Schule habe ich nach der vierten Klasse verlassen, und in der Zwischenzeit habe ich fast alles verlernt«, sagte sie mit einem kindischen Lächeln.

Wie in Havanna, kündigte sich auch in dieser verschlafenen Provinzstadt das Ende alter Verhaltensweisen und Selbstverständlichkeiten an. Die neueröffnete *Casa de las Comisiónes*, das »Brockenhaus«, milderte zwar die Mangelerscheinungen in den Läden, erhöhte aber den Blutdruck der Passanten vor den Schaufenstern. Die Diskrepanz zwischen dem Durchschnittslohn von 190 Peso pro Monat und dem Kaufpreis von 100 Peso für vier Gläser, 300 für ein Paar Schuhe und 1300 für einen Tisch mit vier Stühlen verwies auf die harten Regeln, nach denen in Zukunft gespielt werden würde. Außer fünf selbständig erwerbenden Handpflegerinnen, die im »Brokkenhaus« etwa 3000 Peso monatlich verdienten, schien niemand auf das Neue vorbereitet zu sein.

Jedoch ist im »ältesten Land der Zukunft« die Vorherrschaft der revolutionären Vergangenheit dahin. Die 45jährige Vivian etwa, Witwe eines 1989 verstorbenen KP-Funktionärs, muß jeden Tag erneut um das schwierige Gleichgewicht zwischen Loyalität und Rebellion kämpfen, in ihrem Inneren wie in ihrem Haus.

Der Balanceakt beginnt bereits am Frühstückstisch. Dort begegnen sich regelmäßig Román, der regimetreue Luftwaffenoffizier im Ruhestand, der mit Vivian zusammenlebt, und der leicht aufbrausende Castro-Gegner Oscar, der Vivians Tochter geheiratet hat. Román trinkt viel und beginnt jedesmal, von seinen früheren Freunden in der Sowjetunion zu schwärmen. Oscar hingegen schimpft ständig auf die Kommunisten und kann sich nach den Erfahrungen der letzten vierzig Jahre eine funktionierende Wirtschaft ohne Klassenunterschiede nicht mehr vorstellen.

Der einst hochgeachtete Lokomotivführer weigerte sich, die drastische Verschlechterung der Arbeitsbedingungen bei der kubanischen Eisenbahn zu akzeptieren, und kündigte 1992 seine Stelle. Seither hält sich Oscar mit den Dollar über Wasser, die ihm sein katholisch-konservativer Vater aus dem US-Exil schickt. Gemeinsam mit seiner Schwiegermutter wickelt er überdies illegale Geschäfte ab, die vor dem Ex-Offizier im Haus verheimlicht werden müssen.

Auch im Umgang mit den Nachbarn und den CDR-Komitees ist Vorsicht geboten. Vivian behandelt die etwa 20 Familien in ihrer CDR-Einheit mit Fingerspitzengefühl und läßt sie möglichst wenig über ihr Leben wissen. Sie bleibt den selten gewordenen CDR-Versammlungen fern und entschuldigt sich damit, daß sie ihre kranke Schwester in Havanna besuchen müsse. »Vielleicht noch schlimmer als die ständige Kontrolle ist, daß sich hier heutzutage niemand mehr ohne illegale Geschäfte durchschlagen kann«, klagte die Funktionärswitwe.

Der gutgebaute Polizist auf der Plaza Mayor, dem kolonialen Hauptplatz der zentralkubanischen Stadt Trinidad, schaute reglos der hektischen Jagd auf Dollar zu. Er ließ mutmaßliche Hehler und Prostituierte laufen. Er kümmerte sich auch nicht um die Frauen und Männer, die in ihren Häusern ohne Bewilligung Kost und Logis anboten und den staatlichen Hotels die Touristen abwarben.

Der Beamte war aber keineswegs apathisch; er fahndete systematisch und zielgerichtet nach Einheimischen, die mit ihrem Wagen Ausländer beförderten. Da der Tatbestand – die Einziehung von Fahrgeld – nur schwer nachweisbar war, vertraute der strenge Gesetzeshüter seinem Instinkt. Er machte im Schatten unter einem Baum Routinekontrollen und ging im Zweifelsfalle von der Schuld der Verdächtigen aus.

Der unfreundliche Ausländer mit Journalistenausweis und Akkreditationsbewilligung aus Havanna in Rogelios Moskwitsch verunsicherte den erfahrenen Ordnungshüter nicht im geringsten. »Alles in bester Ordnung mein Herr«, antwortete er unterwürfig auf die Frage, ob es ein Problem gebe.

Wie zufällig schienen etwas später zwei Gymnasiasten vor der Pfarrkirche Santísima Trinidad das Gespräch mit dem Fremden zu suchen. Die ersten Fragen und Angebote bewegten sich zwar im Rahmen des Üblichen, ihre Erkundigungen nach Beginn, Schluß, Grund und Modalitäten der Reise mit Rogelio waren aber beunruhigend. Als die Jugendlichen auf den Hauptplatz einbogen, bestätigte sich der Verdacht: Sie arbeiteten mit der Polizei zusammen und verhalfen den Ordnungshütern zu Informationen und Einnahmen.

Odalis und Juan hingegen waren schlecht auf die kubanischen Behörden zu sprechen. Das Ehepaar aus einer Kleinstadt im Landesinnern hatte eine beschwerliche Reise auf dem Motorrad zu den vielgerühmten Stränden in der Nähe von

Trinidad unternommen. Kaum am Playa del Ancón angekommen, wurden die Frischvermählten zurechtgewiesen. »Hier habt ihr nichts zu suchen«, fauchte sie ein arroganter Wachmann an. Rote Schilder an beiden Enden des gepflegten Areals um ein exklusives Dollar-Hotel verwehrten Unbefugten den Zugang. Odalis und Juan durften auch das Schwimmbecken nicht benutzen. »Für uns Kubaner gibt es in diesem Land nichts mehr. Alles gehört hier den Ausländern«, fluchte das Paar. Sie saßen alleine zwischen Steinen und weggeworfenen Bierdosen jenseits eines Zauns.

Unangenehme Erinnerungen steigerten Juans Wut: Der stellvertretende Betriebsleiter in einem Ferienhaus für Funktionäre wurde nach der Umwandlung der Anstalt in ein kubanisch-spanisches Fünf-Sterne-Hotel entlassen. »Der Chef erzählte was von unumgänglicher Umstrukturierung. Eigentlich ging es aber darum, die Neger loszuwerden und das schwarze Personal durch Weiße zu ersetzen.«

Auf den Vorwurf der Rassendiskriminierung folgte das Lamento über die Verlogenheit der Behörden. Sein Gesuch, ein Privat-Restaurant auf einem geerbten Grundstück unweit von Trinidad zu eröffnen, sei mit fadenscheinigen Argumenten abgelehnt worden. »Sie lassen nichts entstehen, was sie nicht vollständig kontrollieren können, und schieben ein ›touristisches Projekt von nationalem Interesse‹ vor, das sie ausgerechnet auf meinem Grundstück realisieren wollen«, sagte Juan.

Bei einem Ausflug zu den unweit von Trinidad gelegenen Gebirgszügen der Sierra del Escambray lobte er überraschend die »wahren Revolutionäre«. »Männer wie Che Guevara oder Camilo Cienfuegos wären heute gegen den Ausverkauf Kubas und würden zu den Waffen greifen«, flüsterte er vor einer Gedenktafel mit einem zehnzeiligen Castro-Zitat. Der *Comandante en jefe* würdigte die »außerordentlichen Helden«, die im Krieg gegen »konterrevolutionäre Banditen« in der Escambrayregion zwischen 1960 und 1965 für die Revolution ihr Leben ließen.

Neben den Worten »Fidels« riefen die Gesichtszüge eines prominenten Opfers – ebenfalls in Stein gemeißelt – die Schrecken des Bürgerkriegs in Erinnerung. Alberto Delgado, Sohn landloser Bauern, Offizier der Rebellenarmee, trug nach dem Sieg über Batista als Geheimagent des Staatssicherheitsdienstes und als vorgeblicher Castro-Gegner entscheidend zur Ausschaltung einiger legendärer Banditenführer in dieser Region bei. Der 32jährige wurde später als Informant verdächtigt und im April 1964 von Unbekannten gelyncht.

Drei Jahre nach der Beerdigung gaben die Behörden bekannt, daß der Ermordete dem Innenministerium unterstellt gewesen sei und nicht den Banditen angehört habe. »Viele Kämpfer mußten ohne die Preisgabe ihrer wahren Identität sterben, und das Volk wußte nicht, ob im Grab ein Söldner oder ein Revolutionär liegt«, lautet die Erklärung des *Comandante* neben dem Konterfei des Helden.

Am nördlichen Fuß der etwa 100 km langen Gebirgskette ließ die Regierung in den sechziger Jahren ein Dorf für die Menschen errichten, die wegen der Kämpfe im Escambraygebirge umgesiedelt werden mußten. Das Dorf wurde nach dem Märtyrer Wuilfredo Pages benannt. 1995 lebten zwei Ärzte und sechs Lehrer unter den etwa 1000 Dorfbewohnern, von denen die meisten kaum noch etwas von Wuilfredo Pages wußten.

Die ersten 250 Häuser waren geräumig und auch nach über drei Jahrzehnten noch in einem guten Zustand. »Diese Konstruktionen sind sehr solide und begehrt. Ich könnte mindestens 40 000 Peso Überlassungsgebühr verlangen«, sagte eine alte Dame, als sie stolz auf ihr Steinhaus wies. Die etwa 200 Unterkünfte aus Holz hingegen, die in der zweiten Hälfte der siebziger Jahre errichtet wurden, sind klein und baufällig.

Alle im Dorf klagten über die Stromsperren, die im Sommer 1995 auf täglich acht Stunden angesetzt waren, aber oft auch viel länger dauerten. Ohne Elektrizität erwiesen sich die Segen der Zivilisation als ein Fluch: Die Kühlschränke verwandelten sich in lauwarme Bakterienherde, wegen der stillstehenden Pumpen brach die Wasserversorgung zusammen, und die stummen Fernsehapparate enthielten den Dorfbewohnern die einzige Abendunterhaltung vor.

Wie überall auf Kuba, trauerten auch etliche Bewohner von Pages den nostalgisch geschönten, vorrevolutionären Zeiten nach. »Mein Mann war ein einfacher Maurer in einem Dorf in Ostkuba, trotzdem lebten wir mit unseren fünf Töchtern damals unvergleichlich besser als meine Enkelkinder hier«, stöhnte eine 70jährige Schwarze in einer überfüllten Holzhütte.

Eine schwüle Tristesse beherrschte das ganze Dorf. Die LPG-Bauern auf den Zuckerrohr- und Reisfeldern wurden von den landesüblichen Problemen erdrückt. Nur ein *Granja militar*, ein exportorientierter Großbetrieb der Armee, schien zu funktionieren. Ein großer Teil der Dorfjugend hatte sich entweder schon davongemacht oder träumte vom Weggang. Zuoberst auf der Wunschliste standen die eleganten Hotels und Bars für Touristen in Havanna, danach kam die »Academia Militar Camilo Cienfuegos« in der nahegelegenen Stadt Santa Clara.

Die verschlafene Hauptstadt der Provinz Las Villas schien hauptsächlich von der glorreichen Vergangenheit zu leben. Die meisten Fabriken am Stadtrand mußten wegen Treibstoffmangel oder Transportproblemen schließen. Im Zentrum stand die Zeit still: Die Taxifahrer und die Kinder vor dem Touristenbüro im Parque Vidal mußten lange warten, bis ein Besucher sich nach Santa Clara verirrte.

Im »Museo de la Revolución« indes war die Welt noch in Ordnung. Alles erinnerte an die Siege, die Che Guevara gegen die Truppen Batistas in der Stadt errungen hatte. Ein Denkmal verewigt Che in Kampfpose. Auf einer Steintafel ist sein unvergeßlicher »Brief an Fidel« zu lesen. Die zentrale Stelle, an der sich die Poetik des Abschieds mit serviler Unterwerfung vermischt, sticht unter freiem Himmel besonders ins Auge.

»Mein einziger Fehler von Bedeutung war, dir nicht von Anfang an noch mehr vertraut zu haben [...] und nicht schnell genug deine Fähigkeiten als Führer und Revolutionär erkannt zu haben«, soll Che vor dem Aufbruch zu neuen Schlachtfeldern »Fidel« geschrieben haben.

Rogelio wollte bei seinen Verwandten in Santa Clara bleiben und verabschiedete sich am Bahnhof. Dort war Zug Nr. 1, der *Especial* aus Havanna, um halb zehn Uhr abends erwartet worden und hätte 14 Stunden später im 700 km entfernten Santiago de Cuba ankommen sollen. Die 1837 als erste in Lateinamerika eröffnete kubanische Eisenbahn, das Symbol der nationalen Unabhängigkeit nach dem Sieg der Revolution, fiel in der *Período Especial* auf den Stand des letzten Jahrhunderts zurück.

Zug Nr. 1 war um Mitternacht immer noch nicht in Sicht. Die Bahnhofsbehörden sprachen von »technischen Problemen« und dementierten die Gerüchte über einen schweren Unfall. Etwa fünf Stunden nach der geplanten Abfahrt war es schließlich soweit: Der *Especial* mit einer sowjetischen Lokomotive an der Spitze verließ Santa Clara.

Die Klimaanlage verwandelte den tropischen *Especial* in eine transsibirische Eisenbahn. Eine verzweifelte Mutter bedeckte ihre hustende Tochter mit Tüchern und Plastiksäcken. Ein vor Kälte zitternder Bauer holte aus seinem Sack eine Flasche selbstgebrannten Rum hervor, die unter den Passagieren im Abteil herumgereicht wurde. Wie durch ein Wunder tauchte eine polnische Thermosflasche mit süßem Tee auf. Die meisten hatten eine Blechdose mit abgesägtem Deckel bei sich und benutzten sie als Becher.

Eine Gruppe von entschlossenen Männern erreichte schließlich beim Schaffner, daß die Klimaanlage mit ihrer kaputten Stufeneinstellung gänzlich ausgeschaltet wurde. Die steigenden Temperaturen und der Alkohol brachten für die meisten den erlösenden Schlaf. Als am nächsten Tag eine freundliche Schwarze mit einem großen Plastiksack erschien und wässrige Mortadellabrötchen zum Kauf anbot, war Santiago de Cuba nicht mehr weit.

Die zweitgrößte Stadt der Insel mit etwa 500 000 Einwohnern – und mit weiteren eineinhalb Millionen im Umland – ist die Kapitale der Symbolfiguren, Erinnerungen und Projektionen. Mit offiziellen Ehrentiteln wie »Heldin der Republik« oder »Heroische Stadt« beanspruchen die Behörden Santiago de Cuba für die Revolution. Hatte doch dort der junge Anwalt Fidel Castro 1953 die Moncada-Kaserne angegriffen und den Kampf gegen Batista begonnen. War doch Santiago die erste Stadt, die nach der Landung des Guerillaführers in Kuba zu den Waffen griff. Waren doch die berühmtesten Märtyrer der Revolution, wie etwa Abel Santamaría und Frank País, in Santiago geboren und gefallen.

Profane Dinge wie Bacardi-Rum und afrokubanische Musik hatten die Stadt indes schon lange vor der Revolution weltberühmt gemacht. In der mehr als hundert Jahre alten Anlage der Familie Bacardi wird auch heute noch Rum gebrannt, der nach der Nationalisierung allerdings nicht mehr Bacardi, sondern Havanna Club genannt werden mußte. Die hinreißenden Mischungen aus afrikanischer, kubanischer und spanischer Musik, der *Son* und die *Salsa*, sind in der Stadt allgegenwärtig.

Santiago de Cuba ist im Unterschied zum weißen Havanna in erster Linie eine schwarze Stadt; sie liegt viel näher bei Haiti und Jamaika als bei Havanna. Das karibische Santiago befindet sich im östlichen Landesteil Kubas, im Oriente, der für viele Habaneros ein anderes Land mit einer anderen Kultur darstellt und ihnen nur vom Hörensagen bekannt ist. Santiago und der Oriente sind Projektionsfelder: »Gastfreundlich«, »rückständig«, »hilfsbereit«, »regimetreu«, »großzügig«, »mäusearm«, »trink- und schlagfreudig«, heißt es immer wieder in der Hauptstadt, wenn von den *guajiros* im wilden Osten die Rede ist.

»Gestern rebellisch, heute gastfreundlich, immer heroisch«, kontert die offizielle Propaganda Santiagos. Davon war allerdings während unseres Aufenthaltes nur wenig zu spüren. Der Parque Céspedes, der Hauptplatz vor der gelbgetünchten Kathedrale aus dem 16. Jahrhundert, wimmelte schon morgens vor untätigen jungen Männern, die auf etwas zu warten oder die Zeit totzuschlagen schienen.

»Alle sind hier wie ich arbeitslos und wollen irgendwelche Geschäfte machen; am liebsten mit Touristen, die Dollar haben«, erklärte der Diplomgeograph José, der zwei Jahre nach Studienabschluß immer noch keine Stelle gefunden hatte. »Dann entdeckte ich etwas, das mir viel mehr als die hiesigen Durchschnittslöhne einbringt«, gestand der 26jährige. Er vermittelte gegen Kommission abgezweigte Zigarren und Langusten zu Spottpreisen. Polizisten in Uniform und Zivil standen überall im Zentrum und überwachten das Heer der *luchadores*, der listigen Überlebenskampfexperten in der *Período Especial*. »Die Bullen kennen die Situation und lassen uns gewähren. Viele von ihnen arrangieren sich sogar mit uns«, sagte José.

Wie die Berichte über die zunehmende Korruption der Polizei bestätigten sich auch die Gerüchte über die besonders kritische Lage in den Ostprovinzen. Die Versorgungslage im Oriente erwies sich in der Tat als noch prekärer als in der leidgeprüften Hauptstadt. Havanna schien aus sicherheitspolitischen Gründen bevorzugt gewesen zu sein: Die Monatsquoten mit der *Libreta* lagen etwas höher, das Angebot auf den Bauernmärkten war etwas reichhaltiger und günstiger als in den anderen Provinzen.

Die winzigen Bauernmärkte in Santiago de Cuba hingegen führten ein wesentlich bescheideneres und teuereres Sortiment. Die meisten Santiagueros waren schlechter gekleidet als die Habaneros und hatten keine hilfsbereiten Verwandten in Miami. In Havanna schien es trotz der enormen Probleme mehr Peso und Dollar, mehr Privatinitiative und etwas weniger Restriktionen als in Santiago zu geben.

Sogar das neue Wahrzeichen der »Heroischen Stadt«, das postmodernistische Luxushotel »Santiago de Cuba«, gehört der Vergangenheit an. Der gläserne Turm befindet sich zu 100% im Besitz des sozialistischen Staates. Der Fünf-Sterne-Prachtbau wird von Genossen der alten Schule geführt; einfachste Handlungen, wie etwa das Parken eines Wagens, sind extrem kompliziert und zeitaufwendig, da jeder der zahlreichen Teilschritte von je einer anderen Person ausgeführt werden muß. Im gänzlichen Widerspruch zum chronischen Gästemangel und zur kalten Leere lungerte in der Eingangshalle ein Heer von überflüssigen Türstehern, Wächtern, Liftboys und anderen Hotelangestellten neben gelangweilten Zivilpolizisten herum.

Die Reise von Santiago ans östliche Ende der Insel führt über die ärmsten und trockensten Gebiete Kubas. In der wüstenartigen Landschaft am Rande der Guantánamo-Bucht erscheinen ab und zu gigantische Kakteen, die mehrere Meter hoch sind. Viele von diesen Pflanzen waren bereits ausgewachsen, als die USA die Zuckerinsel militärisch besetzt und 1903 in Guantánamo Bay eine Marinebasis errichtet hatten.

Die gleich nach dem Sieg der Revolution gebaute Straße zwischen Guantánamo und Baracoa an der Atlantikküste im Osten führt zu den kolonialen Anfängen Kubas. »Diese Insel ist wohl die schönste, die Menschenaugen je gesehen [...] Es ist das herrlichste Land; man möchte hier sein ganzes Leben lang bleiben«, schrieb Christoph Kolumbus, als er Ende Oktober 1492 in der *Bahía de Miel*, »Honigbucht«, an Land ging.[1] In der Nähe wurde zwanzig Jahre später Baracoa gegründet – die erste Siedlung der spanischen Kolonie »Juana«, wie Kuba ursprünglich nach Don Juan, dem Thronerben von Kastilien und Aragonien, genannt wurde.

Die *ciudad primera* wurde bald zur *ciudad muerta*, zur »to-

1 Vgl. Christoph Kolumbus, *Bordbuch*, Frankfurt/M. 1981, S. 81f.

ten Stadt«: »Vor mehr als 500 Jahren entdeckt, mehr als 500 Jahre zurückgeblieben; kleines Kaff, große Hölle«, seufzten Jugendliche am Hauptplatz Cacique Hatuey. Auch in dieser abgeschiedenen Kleinstadt mit ihren rund 40 000 Einwohnern ist der Versuch der Regierung in Havanna, das Paradies auf Erden wieder zu errichten, kläglich gescheitert.

Die üppige Natur macht die Niederlage nur noch schmerzlicher. Zwar liegen in der Umgebung von Baracoa die wichtigsten Kakaopflanzungen und die bedeutendsten Anbaugebiete für Kokosnüsse auf der Insel. Doch diese Produkte sind, wie auch die Meeresfrüchte, streng gehütetes, ausschließlich für den Export bestimmtes Staatseigentum und im Ursprungsgebiet Baracoa praktisch unerhältlich.

Die Gegend ist zwar immer noch von einer geradezu atemberaubenden Schönheit, doch bereits nach etwa 50 km in nordwestlicher Richtung beginnt das Reich des Todes mit schwarzen Bäumen, verseuchtem Grundwasser, Industrieabfall, beißendem Rauch und giftspeienden Schloten. Die Eisen- und Nickelindustrie zwischen Moa und Nicaro wächst dank ausländischer Investitionen auch in der *Período Especial* ständig und verwandelt immer größere Teile des einstigen Gartens Eden in eine Mondlandschaft.

In Baracoa stagniert die Wirtschaft. Die Bautätigkeit wurde nach 1990 eingestellt, und die Zahl der Arbeitsplätze ging rapide zurück. Die kleine *Fábrica del Cucurucho*, die ein Süßgebäck aus Kokosraspeln mit Früchten produziert, und die Touristen avancierten zu wichtigen Einnahmequellen.

Das Historische Museum vermittelt gleichwohl ungebrochene Siegesgewißheit. Die Dauerausstellung schließt mit dem Ende des goldenen Zeitalters. »Errungenschaften des Sozialismus in Baracoa 1959-1989«, steht in einer kindlichen Handschrift auf einer vergilbten Wandtafel. Die Zahl der Ärzte erhöhte sich demnach von 4 auf 117, die der »kulturellen Institutionen« von 0 auf 18. Zu den letzteren gehört auch die *Casa de Trova*, das »Troubadourhaus«. Selbst während der *Período Especial* herrscht dort jeden Abend Hochbetrieb, und der Strom wird nie ausgeschaltet.

Aber auch in der *Casa de Trova* gehen merkliche Veränderungen vonstatten. Der eifrige Animateur, der mit politischen Parolen und Liedern jahrelang für die richtige Stimmung gesorgt hatte, wurde plötzlich wegrationalisiert, und die Musiker fordern die ausländischen Gäste immer energischer zu Spenden auf. Auch das Begehren vieler einheimischer Gäste richtet sich auf die *fula*, wie der US-Dollar im kubanischen Slang genannt wird. Dabei werden verführerische Blicke und Tänze, Charme oder auch plumpes Drängen, nie aber Gewalt angewendet. Lebenslust und Friedfertigkeit scheinen in Kuba überhaupt weitverbreitet zu sein. Dies ist angesichts der ungewissen Zukunft ein kleiner Hoffnungsschimmer.

Auf dem dreieckigen Hauptplatz Cacique Hatuey findet sich jeden Abend eine große Menschenmenge zusammen und demonstriert eine urbane Kultur- und Kommunikationsfähigkeit, von der amerikanische oder europäische Sozialwissenschaftler nur träumen können. An einem Sonntagmorgen während unseres Aufenthaltes füllte sich der Platz mit Musikfreunden, für die das Jazzorchester der Stadt ein Konzert gab. In der Pause stellte sich ein freundlicher 80jähriger mit einer *Granma* in der Hand dem Fremden als pensionierter Bäckermeister vor. Er hatte keine Angst vor potentiellen Zivilpolizisten und lobte ohne Umschweife die Batista-Zeit. »Ich war vor 1959 bei der Polizei und weiß, daß Baracoa schon damals ein wunderbarer Ort war«, kam der Alte zum verblüffenden Schluß.

Der ebenfalls bejahrte katholische Pfarrer hat zwar andere Erfahrungen gemacht, berichtigte aber in versöhnlichem Ton: »Vor 1959 gab es in Baracoa eine Promenade für die Weißen und eine andere für die Schwarzen. Es ist das Verdienst von Fidel Castro, daß es heute in Kuba keinen offenen Rassismus mehr gibt«, sagte er lächelnd. »Polikliniken, Krankenhäuser, öffentliche Kindergärten und Schulen wurden hier erst nach dem Sieg der Revolution eingerichtet, und sie funktionierten bis vor kurzem nicht schlecht«, fügte er hinzu.

»Die Regierung von Castro war wahrscheinlich die beste in der Geschichte Kubas«, lautete die Bilanz des Kirchenmannes. »Unser Apostol José Martí sagt allerdings, daß dort, wo nur eine einzige Partei existiert und nur eine Meinung erlaubt ist, eine finstere Diktatur herrscht.«

8. Touristen, Zucker und Dolares

Das einstige Ferienhaus für kubanische Funktionäre barg einige Überraschungen. Im Garten halfen Wegweiser, den *Game Room* und das *Shopping Center* zu finden. Den Gästen wurden Spanferkel und französischer Wein serviert. Die Kapelle spielte abwechselnd karibische und spanische Rhythmen. Nach dem Dessert wurde ein bekanntes Revolutionslied über Che Guevara verlangt. »Wir werden weiterhin den Weg verfolgen, den wir mit dir zusammen beschritten haben, und wir sagen dir mit Fidel: ›Hasta siempre Comandante Che Guevara‹«, sang eine leicht beschwipste Gruppe aus München mit strahlenden Gesichtern mit. Die Deutschen waren nach einem vierwöchigen Einsatz in einer internationalen Brigade von den kubanischen Behörden auf der Insel herumgeführt worden.

Fidel Castro lobte nach dem Zerfall des sozialistischen Lagers oft die »ausgezeichneten Personen«, die Kuba besuchten, und schwärmte vom »gesunden Tourismus» auf der Karibikinsel. Der *Comandante* sprach im Herbst 1991 von 20 Milliarden Dollar, die in die kubanische Tourismusindustrie investiert werden könnten, und von fünf Millionen Touristen, die erwünscht wären.

Die Delegierten auf dem IV. Kongreß der Kubanischen KP im Oktober 1991 nahmen alle Vorschläge »Fidels« an und beschlossen, den »internationalen Tourismus« und gemischte Joint-ventures zwischen dem kubanischem Staat und privaten westlichen Unternehmen zu fördern. »Kuba besitzt [...] ausgedehnte Strände und Korallenbänke [...] die zusammen mit anderen positiven Faktoren, wie die soziale Stabilität, das hochentwickelte Gesundheits- und Erziehungswesen, [...] das Land attraktiv für die Touristen und den Tourismus zu einer wichtigen Einnahmequelle für die Entwicklung [...] Kubas machen«, hieß es im Resolutionstext.

»Nur denjenigen wird Respekt gezollt, die kämpfen, nur diejenige können siegen, die mutig sind und Widerstand leisten. Fidel Castro«, steht auf dem Titelblatt des Buches, in dem die Beschlüsse und Reden des IV. PCC-Kongresses abgedruckt wurden. Die Beiträge des 175 Seiten umfassenden Bandes gehörten noch Ende 1996 zum Prüfungsstoff der kubanischen Universitäten.

Elvira trug das Buch einen Monat vor dem Staatsexamen immer in ihrer Handtasche bei sich und las es bei jeder sich bietenden Gelegenheit. Die Jurastudentin war eine halbe Stunde zu früh am vereinbarten Ort eingetroffen und wagte es nicht, das Hotelrestaurant allein zu betreten. Der schwarze Athlet in weißer Uniform, der den Eingang bewachte, hätte sie als Kubanerin erkennen können. »Mi amor, hast du denn Dollar? Hier kannst du nicht mit kubanischer Währung bezahlen«, hätte er ihr womöglich auf den Kopf zugesagt.

Elvira beschloß, draußen auf der Straße auf Onkel Andrés zu warten, der zu Besuch aus Miami war. Den Rücken an die Mauer des neu verputzten Hauses im Vedado-Viertel gelehnt, schlug die Studentin den Band beim Referat des 1993 abgesetzten Politbüromitglieds Carlos Aldana auf. Plötzlich schoß Elvira durch den Kopf, daß vor Dollar-Lokalen herumstehende Kubanerinnen ohne Begleitung Gefahr liefen, von der Polizei als Prostituierte aufgegriffen zu werden.

Onkel Andrés erschien pünktlich und führte Elvira in eine Welt ein, die sie nur aus Romanen und Filmen kannte. Das stilgerecht renovierte »Hotel Nacional de Cuba« zeigte sich in alter Pracht: Alles war wie in den vierziger Jahren, als in dem neoklassizistischen Luxushotel berühmte New Yorker Mafiosi zu Ehren von Superstar Frank Sinatra rauschende Parties gaben. Onkel Andrés wohnte auf einer Etage, die über eine eigene Rezeption, Satellitenempfang sowie Faxgeräte verfügte und ausschließlich für ausländische Geschäftsleute reserviert war. In der glitzernden Eingangshalle flirteten junge kubanische Schönheiten mit alten Touristen aus Madrid.

Im Restaurant »El Comedor de Aguiar« im Parterre wurden die besten Gerichte und Weine serviert. Beim Lesen der Speisekarte rechnete Elvira nach: Ihr Vater, ein Chirurg, verdiente 15 Dollar im Monat, und das billigste Gericht kostete hier weit mehr. Nachdem der elegante Kellner die Bestellung aufgenommen hatte, mußte sich Onkel Andrés kurz entschuldigen. Er ließ sein Buch über Kuba auf dem Tisch liegen, und Elvira begann darin zu blättern.

»Der Gepäckträger im ›Hotel Nacional‹ bringt die Koffer auf das komfortable Zimmer [...] Ich überreiche ihm einen Pesoschein. Der Gepäckträger wird deutlich: ›*Compañero*, so was gibt es hier nicht mehr. Sie müssen mir sagen, ob Sie mit dem Appartement zufrieden sind, ich hoffe es jedenfalls‹«, las Elvira die markierten Stellen. Die Reportage hatte der Brasilianer Fernando Morais 1976 geschrieben. Er berichtete auch über den Kubaner Ricardo: »Der frischgebackene junge Diplomat lädt mich im Restaurant Torre, einem der besten Speiselokale in Havanna, zum Abendessen ein. Während des Essens – es gibt Langusten und chilenischen Weißwein, 14 Peso pro Person – staune ich darüber, wie gut Ricardo über Brasilien unterrichtet ist.«

Morais zweifelte an der allseits vertretenen Behauptung, daß die »Prostitution von der Revolution ausgelöscht worden sei«, und unternahm Recherchen auf eigene Faust. Er stieg eines Nachts in ein Taxi und nahm »kein Blatt mehr vor den Mund. Der Fahrer verringerte die Geschwindigkeit [...] und entgegnete: ›Nein, *Compañero*, hier gibt es so was nicht mehr.‹ [...] Ich wiederholte meinen Versuch [...] mit einem Hotelportier – ohne Erfolg«.

Onkel Andrés hingegen wurde zwei Jahrzehnte später im selben Hotel laufend von verführerischen Blicken umworben und von »leichten Mädchen« begleitet. Niemand schien die brasilianische Reportage zu kennen, auch der alte Mann in der Toilette nicht, der dort als »Selbständigerwerbender« seine Rente von monatlich 102 Peso als Putzmann aufbesserte. Der rüstige Rentner stellte sich Onkel Andrés als Abel vor und verhielt sich im Gegensatz zum stolzen Gepäckträger im Buch unterwürfig. Abel bediente die Gäste wie Fürsten; er sprang noch vor ihnen zum elektrischen Händetrockner, schaltete den Apparat ein und hielt gleichzeitig alternativ Papier bereit.

Abel stellte vor dem Spiegel ein Tischlein mit Toilettenartikeln und verschiedenen praktischen Waren auf. Er verkaufte unter anderem kubanische Zigarren für zwei Dollar und chinesische Präservative für einen Dollar das Stück. Der Begriff »Verfallsdatum« hatte sich im Laufe der *Período Especial* scheinbar verflüchtigt, und Abel brauchte lange, bis er die diesbezügliche Frage des alten Spaniers verstand. Schließlich entdeckte Onkel Andrés die kaum noch entzifferbaren Zahlen auf der Verpackung des Verhütungsmittels. »Ich habe was Neues gelernt«, sagte Don Abel mit strahlendem Gesicht und ließ sich seine kindliche Freude auch dadurch nicht beeinträchtigen, daß der Verfalltag schon seit 14 Monaten abgelaufen war.

Fidel Castros »gesunder Tourismus mit ausgezeichneten Personen« hat mit der Realität immer weniger gemein: Ein wachsender Teil der Touristen auf Kuba sind indifferente Konsumenten aus kleinen Verhältnissen, die sich zu Discountpreisen auf der exotischen Zuckerinsel austoben wollen. Der unerbittliche Preiskrieg der großen Reiseveranstalter im karibischen Raum verstärkt die Tendenz zum unkalkulierbaren Billigtourismus mit konjunkturellen Schwankungen. Kuba gehört zusammen mit der Dominikanischen Republik zu den billigsten Zielorten. Die meisten Urlauber zahlen in Europa günstige Pauschalreisen und geben im Ferienland wenig aus.

Die kubanischen Massenmedien berichten regelmäßig und ausführlich über das ständige Wachstum der Tourismusbranche auf der Insel. Kühl kalkulierende Kapitalisten oder dubiose Investoren aus Europa oder Kanada werden als edle Ritter geschildert, die sich von der Drohgebärde der haßerfüllten US-Imperialisten nicht beeinflussen lassen und dem kubanischen Volk zu Hilfe eilen. Der Enthusiasmus wird mit spektakulären Statistiken gefördert. Die Zahl der Besucher wächst nach offiziellen Angaben jährlich um fast 20 % und erreichte 1995 die Ziffer von rund 750 000 – etwa doppelt so viele wie vier Jahre zuvor. Der Tourismus wurde 1993 zur wichtigsten Devisenquelle Kubas erklärt und soll rund 41 % von den damals 1,7 Milliarden Dollar hohen Exporterlösen eingebracht haben. »Die Bruttoeinnahmen im Fremdenverkehr waren 1994 mehr als doppelt so hoch wie 1992 und erreichten 850 Millionen Dollar«, lautete die Siegesmeldung aus dem Ministerium für Tourismus.

Da fast alles für den Hotelbau und die Verpflegung der Gäste für teures US-Geld importiert werden muß, vermindern sich die Nettoeinnahmen beträchtlich. Deren Größe unterliegt allerdings der Geheimhaltung. Nach Schätzungen von westlichen Experten verblieb 1996 lediglich ein Viertel der Bruttoeinnahmen aus dem Tourismus, etwa 300 Millionen Dollar, in Kuba.

Die Bevölkerung hat eine ambivalente Einstellung gegenüber den westlichen Urlaubern. Wenn Kinder die Frage nach ihrem Traumberuf mit »Ich möchte Ausländer werden« beantworteten, so löst das bei vielen Eltern gemischte Gefühle aus: Scham und peinliches Kopfschütteln einerseits, pragmatische Überlegungen und Stolz auf die Intelligenz des Nachwuchses andererseits. Dennoch bleibt die archaische Faszination, die Fremde auf die Inselbewohner immer schon ausübten, weiterhin erhalten. Sogar ungebildete oder arrogante Touristen verfügen über eine gewisse Anziehungskraft. Der Kontakt mit ihnen kann zu interessanten Geschäften führen und einige Dollar einbringen. Die zunehmende Flut von westlichen Werbebildern im kubanischen Staatsfernsehen, die verführerischen Konsumgüter und Gebrauchsgegenstände aus einer anderen Welt verfehlen ihre Wirkung nicht.

Die Attraktivität der ausländischen Waren erhöht sich weiter durch die mindere Qualität der inländischen Produkte. Die meisten der für den Binnenmarkt vorgesehenen Waren sind unästhetisch und oft auch unbrauchbar. Dazu gehören etwa die Schuhe, die im Sommer 1995 in einigen staatlichen Geschäften über die Rationierungskarte für lediglich 25 Peso zu erwerben waren. Die grauen Schuhe aus Hartgummi waren zwar die einzigen Ausstellungsobjekte im Schaufenster, schienen aber bequem und robust zu sein.

Die Aufforderung auf der Sohle, »Folgen wir!«, war die erste unangenehme Überraschung. Wenig später jedoch erwiesen sich die Schuhe als ein wahres Folterinstrument. Nach einer Viertelstunde brannten die Füße, zuerst vorne und an der Fersen, etwas später am Rande der Ausschnitte auf beiden Seiten. Die ersten Blasen waren nach einer Stunde zu vermerken. Erfindungsreiche Einheimische banden die Treter nicht zu und verwendeten sie nach der Entfernung des mittleren und hinteren Teils als Pantoffeln.

Bei kubanischen Streichhölzern hingegen ist rein gar nichts zu wollen. Bei geschickter Handhabung bricht immerhin nur noch jedes zweite entzwei, bei den meisten löst sich aber die blaue Phosphorschicht ab. Die wohlmeinenden Ratschläge auf der Schachtel – vor Gebrauch die Hände zu trocknen, nach Gebrauch die Schachtel zu schließen und sie trocken zu halten – sind vollkommen nutzlos. Wenn sich die Sonne längere Zeit hinter den Wolken versteckt, was in tropischen Ländern des öfteren passiert, dann lassen sich die *Fósforos de seguridad hecho en Cuba*, »Kubanische Sicherheitsstreichhölzer«, kaum noch entzünden. Manchmal können Besucher aus Nicaragua aushelfen; die im zweitärmsten Staat der westlichen Hemisphäre fabrizierten Streichhölzer entflammen sofort und scheinen im Vergleich zum kubanischen Produkt einem hochentwickelten Land zu entstammen.

Der Versuch der Revolutionsregierung, den Teufelskreis von Fehlentwicklung und monokultureller Abhängigkeit zu durchbrechen, scheiterte bereits Mitte der sechziger Jahre. Die hochfliegenden Pläne von importsubstituierender Industrialisierung erwiesen sich angesichts der äußerst bescheidenen Wachstumsraten als unrealistisch. Der enorme Kapitalmangel, die Abwanderung der technisch-wissenschaftlichen Intelligenz ins Ausland, das Wirtschaftsembargo sowie die Destruktionspolitik der USA und nicht zuletzt ein heilloses Durcheinander in der kubanischen Wirtschaftsplanung verstärkten sich in ihrer fatalen Wirkung. Die im März 1960 gegründete zentrale Planungskommission auf ministerieller Ebene, die *Junta Central de Planificación* (JUCEPLAN), wuchs sich nach den Worten von Che Guevara zu einem »bürokratischen Monster« aus. Informationen von unten seien im »Labyrinth der Papiere« versickert, Direktiven von oben seien unten nicht angekommen.

Die ökonomische Bilanz der ersten Jahre war vernichtend. Im Zuge der Diversifizierung der Landwirtschaft, also der Kultivierung von Reis, Mais und anderen Feldfrüchten auf altem Zuckerrohrland, sank die Zuckerrohrernte zwischen 1961 und 1963 um mehr als 40% und erreichte mit 3,8 t den historischen Tiefpunkt von 1943.[1] Wegen organisatorischer Unzulänglichkeiten, mangelnder Erfahrungen, Transportproblemen und Planungsfehlern scheiterte aber auch der Übergang zum neuen landwirtschaftlichen System. Die Reis- und Süßkartoffelernte etwa verminderte sich zwischen 1960 und 1965 um das Vierfache. Bereits im März 1962 war die Regierung gezwungen, die Lebensmittel zu rationieren und die *Libreta*, die Rationierungskarte, für alle wichtigen Konsumgüter einzuführen.

Die negative Handelsbilanz Kubas erhöhte sich schon in den ersten Jahren nach dem Sieg der Revolution drastisch: 1961 betrug sie 14 Millionen Dollar, zwei Jahre später 323 Millionen. Der Löwenanteil der 23fachen Steigerung wurde

1 Vgl. Pérez, a. a. O., S. 338f.

gegenüber der Sowjetunion verbucht und markierte den Beginn der »sozialistischen Bruderhilfe«.[2]

Die Regierung in Havanna beschloß unter dem wachsenden Einfluß der sowjetischen Berater Mitte der sechziger Jahre, die Zuckerausfuhr radikal zu erhöhen und mit Hilfe dieser Exporteinnahmen die koloniale Fehlentwicklung Kubas zu überwinden. Dabei galt es, einen Teufelskreis zu durchbrechen, denn einerseits war die Zuckerproduktion ohne Maschinen unrentabel, andererseits fehlte es an Geld für die Mechanisierung der Plantagenwirtschaft. Das notwendige Kapital mußte durch die Steigerung der hauptsächlich manuellen Produktion erwirtschaftet werden.

Die *Zafra*, die Zuckerrohrernte, hatte wieder absolute Priorität und wurde nach 1968 zur Besessenheit. »Womit trägst du zu der Zehn-Millionen-Tonnen-Ernte bei?« war überall in Kuba auf Transparenten zu lesen. Die deformierte und strukturell abhängige Exportwirtschaft der vorrevolutionären Zeit veränderte sich kaum, und die Analyse des großen Ethnologen und Schriftstellers Fernando Ortíz schien in Vergessenheit geraten zu sein: »In der Zuckerproduktion herrscht die Kraft; wir wissen schon, daß der Zucker konservativ, wenn nicht gar absolutistisch ist. Die Zuckerproduktion war aufgrund ihres großen Bedarfs an Land und Industrie und der Größe der ständigen Investitionen immer ein kapitalintensives Unternehmen. [...] Die ganze Geschichte des Zuckers auf Kuba ist vom ersten Tag an der Kampf um die Einfuhr auswärtigen Kapitals und dessen grundlegende Einmischung in die Wirtschaft der Insel«, schrieb Ortíz 1940 in seinem erhellenden Essay *Tabak und Zucker. Ein kubanischer Disput*.[3]

Ein halbes Jahrhundert später schnappte die Zucker-Falle auf der Karibikinsel wieder zu. Nach dem Zerfall des soziali-

2 Ebd.

3 F. Ortíz, *Tabak und Zucker. Ein kubanischer Disput*. Aus dem kubanisch Spanischen von Maralde Meyer-Minnemann, Frankfurt/M. 1987, S. 94 und S. 102.

stischen Lagers entpuppten sich sogar die produktionstechnischen Errungenschaften als eine Belastung, etwa der hohe Mechanisierungsgrad der *Zafra*. Zwar konnte die Zahl der kubanischen Zuckerrohrschneider innerhalb von drei Jahrzehnten auf ein Siebtel der zuvor benötigten Menge gesenkt werden, und den Großteil der anstrengendsten Arbeiten auf den Plantagen verrichteten in den achtziger Jahren Maschinen[4] – diese kamen jedoch weitgehend aus der UdSSR, wodurch die Abhängigkeit vom sozialistischen Bruderland weiter zunahm: Der hauptsächliche Zuckerabnehmer und weitaus wichtigste Treibstofflieferant produzierte zugleich auch die meisten Erntemaschinen sowie die Ersatzteile für Kuba.

Nachdem die USA 1960 Kuba die Zuckerquote gekündigt hatten, kaufte die Sowjetunion, der größte Rübenzuckerproduzent der Welt, dem größten Rohrzuckerproduzenten der Welt den größten Teil der Ernte ab. Über das tatsächliche Ausmaß der sowjetischen Wirtschaftshilfe streiten sich immer noch die Experten.

Die Angaben des US-Geheimdienstes CIA, wonach die gesamte Kuba-Hilfe der UdSSR mindestens 43 Milliarden Dollar betragen haben soll, scheinen übertrieben zu sein. Die CIA ignorierte etwa 74 Milliarden Peso – nach dem offiziellen Wechselkurs in Havanna gleich viele Dollar –, von denen über 63 Milliarden nach kubanischen Angaben zwischen 1960 und 1990 in die Bereiche soziale Sicherheit, Gesundheit und Erziehung investiert wurden.[5]

Die Regierung in Havanna beharrt jedoch weiterhin auf ihren alten Standpunkt, wonach die Frage nach rückzahlbaren Schulden gegenüber der UdSSR falsch gestellt sei. Fidel Castros Erklärung vom September 1987 gilt auch noch heute: »Wir haben eine neue ökonomische Ordnung etabliert, [...]

4 Vgl. *Fidel Castro. Entrevista concedida a Mario Vázquez Raña*, La Habana, 19.1.1995, S. 10f.

5 Vgl. Orozco, a. a. O., S. 786ff.

in der Schulden nur in der Theorie existieren und aus prinzipiellen Gründen automatisch erlöschen.«

In der Tat war Kuba jahrzehntelang Teil eines einmaligen ökonomischen Arrangements, das alle Gesetze des Handels negierte. Die Verwertung der monokulturellen Produktion der Karibikinsel im sowjetisch dominierten COMECON, in der Wirtschaftsvereinigung von »sozialistisch« genannten asiatischen und osteuropäischen Ländern, erfolgte auf der Grundlage des »gerechten Preises«. Dieser war vom Weltmarkt sowie von Angebot und Nachfrage unabhängig.

Die Sowjetunion belieferte Kuba mit Erdöl zu günstigen Preisen – teilweise auch auf Pump – und kaufte das Gros der kubanischen Zuckerproduktion zu einem »gerechten« und hohen Preis ab. Dessen exakte Höhe ist allerdings unbekannt und nicht mehr zu ermitteln, da es weder Statistiken noch Bezugspunkte gibt. Die russischen Transferrubel und kubanischen Peso waren imaginäre Größen – und der Wert des Zukkers auch. In den USA gab es zwei verschiedene Preise, die weder mit dem Weltmarktpreis noch mit demjenigen Preis übereinstimmten, den die Europäische Union für den Zucker aus der dritten Welt entrichtete.[6]

Die meisten um Ausgewogenheit bemühten Kuba-Experten im Westen schätzen die Schulden Havannas gegenüber Moskau zwischen 15 Millarden Transferrubeln, deren Wert umstritten ist, und 20 Milliarden Dollar. Zu dieser Summe wird noch ein Geschenk über 30 Milliarden Dollar hinzugerechnet, das Kuba zwischen 1960 und 1990 von der UdSSR auf der Basis vom sechsfachen Zucker-Weltmarktpreis erhalten haben soll. Dem standen die direkten Folgekosten des US-Embargos gegen Kuba entgegen, die nach Regierungsangaben in Havanna bis 1992 rund 30 Milliarden Dollar betrugen.[7]

6 Vgl. Fogel/Rosenthal, a. a. O., S. 235.
7 J. Caranza, *La Crisis: un diagnostico*, in: Bert Hoffmann (Hg.), *Cuba: apertura y reforma*.

In der schwer nachprüfbaren kubanischen Kalkulation war der Schaden noch nicht berücksichtigt, den die verschärften US-Sanktionen nach 1993 infolge des Toricelli-Gesetzes und nach 1996 aufgrund des Helms-Burton-Gesetzes anrichteten. Regierungsstellen in Washington schätzten 1995, daß der Handel mit Kuba einige Jahre nach Aufhebung des Embargos etwa 5,5 Milliarden Dollar betragen und die Karibikinsel 50% der Exporte aus den USA beziehen würde.[8]

Die Berechnung der sowjetischen Hilfeleistungen kompliziert sich dadurch, daß die UdSSR den kubanischen Zucker nicht mit Geld, sondern mit Ausrüstungen aller Art und mit Erdöl bezahlte. Verwirrend ist ferner, daß Havanna zeitweise etwa 20% seiner Zuckerproduktion auf dem Weltmarkt gegen Devisen verkaufte und diese Dollar hauptsächlich für den Erwerb von landwirtschaftlichen Maschinen in Westeuropa verwendete. Relativ gut bekannt sind lediglich die Auslandsschulden Kubas gegenüber westlichen Gläubigern: Sie betrugen 1983 rund 2,8 Milliarden Dollar, 1987 mehr als das Doppelte und Ende 1995 rund 9,1 Milliarden Dollar.[9]

Das Ende der UdSSR führte nach den Worten von Regierungsvertretern in Havanna zu einem »Teufelskreis aus niedriger Produktion, niedrigen Erlösen und niedrigen Investitionen«. Die kubanische Wirtschaftsleistung ging zwischen 1989 und 1993 nach offiziellen Angaben um 35% zurück, nach Einschätzung unabhängiger Ökonomen gar um rund 50%.

Der Mangel an Treibstoff, Ersatzteilen, Düngemitteln und Arbeitskräften führte zu immer kärglicheren Zuckerrohrernten. Die zuvor forcierte Mechanisierung wirkte sich in der Sonderperiode katastrophal aus, da zahlreiche Maschinen stillstanden. Ein Drittel des Zuckerrohrs mußte nun wieder manuell geerntet werden, was zu den anstrengendsten Arbeiten überhaupt gehört. Hinzu kam, daß nach 1990 es ständig an

8 Vgl. *Cuba News*, The Miami Herald Publishing Company, May 1995, S. 11.
9 Vgl. Caranza, a. a. O., S. 16, und *Neue Zürcher Zeitung*, 4. 12. 1995.

Macheteros, »Zuckerrohrschlägern«, und anderen Arbeitskräften auf den Plantagen fehlte.

Zwar war der Weltmarktpreis für Zucker 1995 außerordentlich hoch, jedoch erreichte die *Zafra* mit kaum 3,3 Millionen t erneut ein historisches Rekordtief und lag mit 700 000 t unter dem Ergebnis von 1918. Trotz der schlechten Ernte blieb Zucker die wichtigste Devisenquelle Kubas und verhalf der Insel 1995 zu rund 500 Millionen Dollar Nettoeinnahmen – etwa 200 Millionen mehr als die Boombranche Tourismus.

Die kurzfristigen Kredite in Höhe von etwa 200 Millionen Dollar, die Havanna für die *Zafra* 1995/96 von westlichen Banken zu hohen Zinssätzen aufnahm, konnten die strukturellen Probleme der kubanischen Zuckerindustrie nicht lösen. Die Arbeitsproduktivität auf den Plantagen blieb gering und mindestens 40 000 Feldarbeiter fehlten. Die propagandistischen Auftritte von »Fidel« auf den Zuckerrohrfeldern, die Redeschlachten und Kampagnen im Stil der späten sechziger Jahre halfen kaum weiter. Etwa ein Fünftel der vorhandenen 60 000 *Macheteros* erschienen unregelmäßig oder überhaupt nicht an ihrem Arbeitsplatz.

Die Zeiten haben sich geändert, und die Aufbruchstimmung der frühen sechziger Jahre war dahin. Durchschnittlich 300 Peso im Monat als Grundgehalt mit bescheidenen Prämien und materiellen Anreizen war keine ausreichende Motivation für eine derart harte Arbeit wie das Zuckerrohrschneiden, das für die Mehrheit der neuen Generation in den neunziger Jahren ohnehin nicht mehr in Frage kommt.

Der unermüdliche Che Guevara auf dem Drei-Peso-Schein, der mit der Machete allein gegen eine hohe Wand aus Zuckerrohr ankämpft und eine lange Schneise ins Dickicht schlägt, wirkt heute einsamer denn je. Kaum 25 Jahre nachdem der Guerillaführer und einstige Nationalbankpräsident den Heldentod starb, begannen die Produkte der kubanischen Notenpresse rapide an Wert zu verlieren. Die Nationalbank verkam in der *Período Especial* immer mehr zu einem

Museum für verschlüsselte Informationen und Bilder über vergangene Epochen. Die detailgenauen Illustrationen machen aus den wertlos gewordenen Pesoscheinen historische Dokumente, die plakative Botschaften verkünden und verborgene Tendenzen aufzeigen.

Alle zwischen 1959 und 1990 gedruckten kubanischen Banknoten sind einem einzigen Themenkomplex gewidmet: den Führern und den Siegesstationen der Revolution. Auf den Fünfer- und Zwanzigernoten marschieren todesverachtende Guerilleros mit schweren Waffen auf. Die Zehnernoten zeigen ein Menschenmeer auf dem Revolutionsplatz in Havanna. Alle auf dem Bild heben die Hand oder die kubanische Flagge hoch. Über der jubelnden Menge steht ein messianischer Redner mit den Gesichtszügen von Fidel Castro.

Die neue »Sozialismus oder Tod«-Stimmung Anfang der neunziger Jahre machte auch vor der Nationalbank in Havanna nicht halt. Auf den neuen 10-Peso-Scheinen sind gigantische Schul- und Krankenhäuser abgebildet, und vor diesen »sozialistischen Errungenschaften« halten unzählige Hände Maschinenpistolen und Fahnen hoch. »Krieg des ganzen Volkes«, verkündet der Text in der Mitte. Die Fünfzigernoten setzen auf friedliche Mittel bei der Krisenbekämpfung und bilden das neue Institut für Genmanipulation und Biotechnologie in der Hauptstadt ab.

Das rapide sinkende Warenangebot nach 1990 vergrößerte den Peso-Überhang und nährte einen gigantischen Schwarzmarkt. Der Umsatz in der *economía informal* wurde 1990 auf 2 Milliarden Peso, zwei Jahre später auf das Vierfache geschätzt.[10] Die 8 Milliarden Peso in der Schattenwirtschaft machten etwa drei Viertel der gesamten Peso-Menge aus, die 1992 nach offiziellen Angaben in Kuba zirkulierten.

In den ersten drei Jahren der *Período Especial* potenzierten sich zwei Übel wechselseitig: die »Dollar-Apartheid« und die

10 Vgl. E. Hatchwell/S. Calder, *Cuba*, London 1995, S. 41 und S. 75.

katastrophale Peso-Entwertung. Viele Bedarfsartikel waren ausschließlich auf dem Schwarzmarkt oder in speziellen *Shoppings* und nur gegen Dollar erhältlich. Zwar stand der offizielle Kurs des Peso zum Dollar im Verhältnis von 1:1, auf dem Schwarzmarkt aber hatte die kubanische Währung etwa ein Prozent dieses Wertes betragen – für den durchschnittlichen Monatslohn von 190 Peso konnten etwa zwei Dollar oder zwei Stück Seife erworben werden. Gleichzeitig wurde der Besitz von ausländischen Devisen wie etwa Dollar mit hohen Gefängnisstrafen geahndet.

Der Gummiparagraph im Strafgesetzbuch und die miserable Versorgungslage nach 1990 führten zu unglaublichen Szenen. Kubaner durften die Läden, in denen die unentbehrlichen Toilettenartikel und Grundnahrungsmittel gegen Dollar zu bekommen sind, nur in Begleitung von Ausländern betreten. Die Heuchelei erreichte vor der Kasse ihren Höhepunkt, wenn Einheimische ihre Dollar verstohlen in die Hände der ausländischen Begleiter drückten und das Rückgeld auf demselben Umweg wieder in Empfang nehmen mußten.

Noch vor der Legalisierung des Dollarbesitzes im August 1993 begann die kubanische Nationalbank, Pesoscheine zu drucken, die eine versachlichte Welt ohne revolutionäre Romantik zeigten. Der bärtige Bürgerschreck Che Guevara oder dessen Kampfgefährte Camilo Cienfuegos wurden auf den Banknoten von gepflegten Herren mit Krawatte verdrängt, die sich im letzten Jahrhundert für die nationale Unabhängigkeit des Landes eingesetzt hatten.

Der radikale Bruch mit der Vergangenheit wurde einige Monate nach der Legalisierung des Dollar-Besitzes sichtbar. *5 Pesos Convertibles* stand auf den neuen Banknoten von 1994, die nur noch einen Helden des Unabhängigkeitskampfes gegen Spanien neben dem kubanischen Wappen zeigten. Die bahnbrechenden Pesoscheine gelten in den Devisenläden als Dollar und sind auch auf dem Schwarzmarkt der US-Währung gleichgestellt, da sie in Kuba jederzeit gegen *Greenbacks* umgetauscht werden können.

Mitte der neunziger Jahre kam es zu mysteriösen und zugleich sensationellen Kursschwankungen: Im Frühjahr 1994 war ein Dollar auf der Straße noch 120 Peso wert, kaum ein Jahr später fiel der Schwarzmarktkurs auf zehn Peso und stabilisierte sich knapp bei 25 Peso. »Die letzten Reserven der Leute sind aufgebraucht, und die privaten Peso-Ersparnisse sind aufgezehrt. Niemand kann nach fünf Jahren Sonderperiode mit horrenden Schwarzmarktpreisen mehr Peso für den Dollar zahlen«, war überall in Havanna zu hören. Viele behaupteten, Polizeibeamte in Zivil erkannt zu haben, die auf der Straße Dollar preisgünstig anböten. Die Regierung fürchte den Unmut der verarmten Bevölkerungsmehrheit und gebe einen Teil der staatlichen Dollarreserven dafür aus, den Kurs auf dem Schwarzmarkt zu drücken und die unerschwinglichen Dollar-Produkte indirekt zu verbilligen, lautete eine weitverbreitete Erklärung.

Das Parteiorgan *Granma* hingegen triumphierte: Die Wertsteigerung der kubanischen Währung erfolge so rasch und so massiv, schrieb die Zeitung am 27. August 1995, »weil die Produktion in beträchtlichem Ausmaß wächst«. Die Autoren wichen von den Gepflogenheiten der Zeitung ab und griffen das heikle Thema auf: Sie gingen ausführlich auf die »Gerüchte« ein, wonach die kubanische Nationalbank den Wechselkurs auf dem Schwarzmarkt manipuliere und billig Dollar verkaufe. »Das ist absurd, welchen Sinn hätte es, die Dollar zu verschleudern, die kaum für den Import der substantiellen Güter reichen?« gaben mehrere Spitzenfunktionäre zu bedenken.

Einige Monate später wurde *Granma* von der Realität eingeholt und von höchsten Stellen in Havanna indirekt widerlegt. Die für 1995 erwartete Steigerung des Bruttosozialprodukts wurde offiziell mit bloß 2% angegeben, was die Aufwertung des Pesos gegenüber dem Dollar um 300% wohl kaum rechtfertigen konnte. Dessen ungeachtet eröffnete die kubanische Regierung im Herbst 1995 die ersten sieben staatlichen *Casas de Cambio*, Wechselstuben, in denen der offizielle Wechselkurs die neue Situation auf dem Schwarzmarkt stabilisierte und der verbilligte Dollar sich auf lediglich 25 Peso bezifferte.

Mit dem spektakulären Wechselkurs unternahm die Nationalbank den ersten Schritt in die Richtung, die kurz zuvor in der *Granma* als »gefährlich« bezeichnet worden war: Ausländische Dollar-Produkte wurden mit den spärlichen Devisenreserven der Regierung subventioniert und die weiterhin gültige offizielle Parität von 1:1 wurde ad absurdum geführt.

Die Legalisierung des Dollarbesitzes und die Eröffnung der freien Bauernmärkte auf Peso-Basis im Oktober 1994 brachten zwar große Verbesserungen, konnten aber die Klagen über die »Dollar-Apartheid« nicht aus der Welt schaffen. »Es ist nach wie vor so«, ist auch heute noch zu hören, »daß viele Bedarfsartikel nur im *Shopping* gegen Dollar erhältlich sind, die aber für uns kubanische Durchschnittsbürger außer Reichweite liegen.« Auch die besten Restaurants, Hotels und die Dollar-Oasen an den schönsten Orten der Karibikinsel schließen die allermeisten Kubaner de facto aus.

Dollar sind beinahe lebensnotwendig auf der sozialistischen Karibikinsel, und der Jagd auf die *Greenbacks* sind kaum Grenzen gesetzt. Wie die Revolutionsregierung verspricht sich auch eine wachsende Anzahl von Privatpersonen sehr viel vom Tourismusgeschäft. In den neunziger Jahren tauchten im ganzen Land Privatpersonen auf, die den Urlaubern illegal Kost und Logis anboten. Ihre Leistungen waren in der Regel preisgünstiger und besser als die der staatlichen Dollar-Hotels oder -Restaurants, und immer mehr Touristen ließen sich abwerben. Die »gastronomische« Schattenwirtschaft entwickelte sich zur wichtigsten Einnahmequelle für viele Kubaner, wobei deren Zahl indes viel schneller wächst als die Zahl der Urlauber.

Allerdings sind in diesem Bereich nur bescheidene Gewinne zu erzielen. Die erste Phase der »ursprünglichen Kapitalakkumulation« fand bereits zu Beginn der neunziger Jahre statt. Zu den Selfmademen der ersten Stunde gehörte Julio. Der gelernte Chemielaborant schlug sich als Tausendsassa durch und wechselte je nach Marktlage den Beruf. Den Durchbruch schaffte Julio als nebenberuflicher Geldüberweiser im Dienste von Exilkubanern, die ihre Familienangehörigen in Havanna finanziell unterstützten.

Der kubanische Familiensinn verhalf auch anderen Latinos in Miami zu Nebenerwerb. Sie reisten als Touristen getarnt mit dem Geld zu Julio nach Havanna. Ein mitgeschickter Code gab Auskunft über die abzuliefernde Dollarmenge. Julio quittierte den Empfang und behielt für sich zehn Prozent als Aufwandsentschädigung ein. Den Rest löste er auf dem Schwarzmarkt gegen kubanische Peso ein und händigte sie wunschgemäß den angegebenen Adressaten in Havanna aus.

Die Legalisierung des Dollarbesitzes und der anschwellende Besucherstrom beendeten im Sommer 1993 das Geschäft, mit dem Julio in wenigen Monaten 20000 Peso, den Wert von zehn kubanischen Jahreslöhnen, verdient hatte. Den größten Teil des Geldes gab er für abgezweigtes Baumaterial aus; er errichtete mit seiner Frau in einem verlassenen Garten ohne offizielle Genehmigung ein kleines Haus.

Julio behielt die ganze Zeit über seine 210-Peso-Stelle in einem Laboratorium der Universität bei. Er spezialisierte sich auf die Herstellung von Rum, den er in Originalflaschen abfüllte. Die Qualität der gefälschten Ware war hervorragend, und Julio belieferte monatelang sogar ein exklusives Touristenrestaurant in Havanna. Die Konkurrenz sowie die Nachforschungen der Polizei machten aber das Geschäft immer schwieriger und gefährlicher. Julio suchte sich daher mit seinem kleinen Polski Fiat neue Erwerbsquellen und spezialisierte sich nach 1995 auf erschöpfte Diskothekengänger, die er in der Frühe für wenige Dollar zurück in ihr Hotel brachte.

Die Regierung verbot trotz der katastrophalen Versorgungslage bis 1994 mit bizarren Argumenten jegliche privatwirtschaftliche Aktivität. Ein bedeutender Teil der ohnehin spärlichen landwirtschaftlichen Produkte wurde »abgezapft« und auf den Schwarzmarkt »umgeleitet«. Gleichzeitig erschienen in der Hauptstadt gefälschte Nahrungs- und Genußmittel. Die Palette reichte vom Etikettenschwindel bei Rum oder Zigarren über harmlose Streckungen von Kaffee oder Milch und den ärgerlichen Käse-Imitationen aus geschmolzenen Präservativen auf Pizzas bis zu unbekömmlichen Würsten aus dem Fleisch vergifteter Ratten.

Blühende Geschäfte und Spekulationen zu happigen Preisen bewirkten eine schnelle Umverteilung: Im Sommer 1995 kontrollierten nach offiziellen Angaben weniger als 15 % der kubanischen Bevölkerung etwa 70 % des privaten Peso-Sparguthabens. Die etwa 200 000 Familien, die durchschnittlich je 30 000 Peso ihr eigen nannten, wurden von den Behörden bei ihren periodischen Angriffen auf das gesamte private Klein- und Dienstleistungsgewerbe bevorzugt als Zielscheibe gewählt.

Zu den Leidtragenden gehörte auch der Techniker Fernando. Der Vater von drei Kindern mußte seinen Monatslohn von 250 Peso beim Fernsehsender *Tele-Rebelde* aufbessern und fertigte in seiner Freizeit Kunsthandwerk an. »Der *Señor* will keine Selbständigerwerbende mit Eigeninitiative und macht mir das Leben zur Hölle«, klagte Fernando über den *Comandante*. Fernando mußte im Sommer 1995 rund 100 Peso für die Jahresbewilligung und jedesmal 60 Peso für den Standplatz am Markt zahlen. »Häufig nehme ich nicht einmal die Hälfte dieser Summe ein«, sagte er wütend.

Stärker als die Handwerker und Kleingewerbetreibenden gerieten die *paladares*, winzige Familienrestaurants sowie Straßenverkäufer von hausgemachten Speisen, ins Visier der Behörden. Die ständigen Drohungen gegen die »kriminellen Parasiten« erhielten durch drakonische Strafen Gewicht. 1994 änderte sich die Methode: Bußen bis zu 1500 Peso, etwa acht durchschnittlichen Monatslöhne, ersetzten die früheren Festnahmen.

Jedoch nahm die Zahl der illegalen *paladares* stetig zu, vor allem auf Dollarbasis. Die Regierung schien im Sommer 1995 nachzugeben und verabschiedete ein Dekret zur Regelung der Rahmenbedingungen. Die Freude über die Legalisierung von Familienrestaurants mit bis zu zwölf Plätzen war dennoch keineswegs ungetrübt. »Woher kommen eigentlich Fleisch oder Fisch auf den Teller? Wenn wir den Herrgott mal beiseite lassen, dann bleiben nur zwei Möglichkeiten: Entweder wird das alles gestohlen oder die Regierung belügt uns und täuscht sowohl die Versorgungsschwierigkeiten als auch die ganze Sonderperiode nur vor«, hieß es in der Hauptstadt.

Die Kompromißbereitschaft der Behörden hatte einen hohen (Dollar-)Preis. Die legalisierten und registrierten Familienrestaurants – allein in Havanna waren es im November 1995 über 300 – müssen auch bei einem geringeren Umsatz jeden Monat 400 Dollar sowie 1000 Peso Steuern zahlen.

Kurz vor Jahresende griff der *Comandante* höchstpersönlich die »Neureichen« an und empörte sich in der Öffentlichkeit über einen Händler, der beim Verkauf von 10 000 Flaschen Wein an eine Staatsfirma 90 000 Peso verdient hätte. »Wir denken nicht daran, solche Männer als Helden zu verehren«, brüllte der Staats- und Regierungschef am 26. Dezember 1995 vor dem Parlament.

Zum Zeitpunkt seiner Rede blinkten in den meisten Hotels in Havanna farbige Glühbirnen auf Weihnachtbäumen aus grünem Plastik. Die begehrten Kunststoffobjekte wurden auf der Straße für 14 Dollar aufwärts feilgeboten – damals 350 Peso oder beinahe zwei Monatslöhne. Die unerschwinglichen Sinnbilder des Konsums und Christentums in den Touristenlokalen und einigen wenigen kubanischen Privathäusern führten die wachsende soziale Kluft auf der sozialistischen Insel vor Augen.

Die Zukunftsaussichten der immer noch »sozialistisch« genannten Volkswirtschaft Kubas sind trotz einer gewissen Erholung düster. Das bescheidene Wachstum des Bruttoinlandproduktes – 0,7 % im Jahr 1994 und 2,5 % im darauffolgenden Jahr – verdankte die Karibikinsel paradoxerweise dem kapitalistischen Weltmarkt, da die Preise für Kubas Exportartikel Zucker und Nickel hochgeschnellt waren.

Zwar waren nach offiziellen Angaben ab 1995 große Leistungssteigerungen zu verzeichnen – rund 80% bei der Nickelförderung, 22 % bei der Erdölförderung und 17% im Tourismussektor –, allerdings verdankten sich diese den Joint-ventures mit ausländischen Investitionen und dem auswärtigen Know-how. Der Beitrag der kubanischen Regierung beschränkte sich darauf, die Rahmenbedingungen zu sichern, verlockende Gewinnmargen zu versprechen und billige sowie folgsame Arbeiter ohne Rechtsansprüche zur Verfügung zu stellen.

Die wachsende Zusammenarbeit mit vornehmlich europäischen und kanadischen Großunternehmen geriet ab 1996 in Gefahr. Das Helms-Burton-Gesetz verheißt nicht nur verschärfte Sanktionen gegen die Karibikinsel, sondern auch gegen ihre ausländischen Geschäftspartner. Das US-Vorhaben läuft faktisch auf eine Blockade Kubas hinaus und ist mit dem internationalen Recht schwer vereinbar. Neben Kanada und der Europäischen Union kündigten auch viele lateinamerikanische Staaten »entschiedenen Widerstand« an. Gleichwohl mußte die Regierung Castro befürchten, daß wichtige ausländische Handels- oder Geschäftspartner dem Druck aus Washington doch noch nachgeben und sich zurückziehen würden.

Nachdem die kubanische Luftwaffe zwei in den USA zugelassene Kleinflugzeuge mit je zwei unbewaffneten exilkubanischen Provokateuren aus Miami an Bord in der Nähe von Havanna abgeschossen hatte, lebte Ende Februar 1996 die Kriegshysterie auf beiden Seiten der Florida-Passage wieder auf. Die neuen Spannungen mit dem Erzfeind USA erleichterten nach Meinung ausländischer Beobachter der Regierung Castro, ihren Spielraum in Kuba zu vergrößern. Das Säbelrasseln in Miami und Havanna half dem *Comandante*, die Kontrollen zu verschärfen und die Aufmerksamkeit von inneren Problemen, etwa bei der Zucherrohrernte 1996, abzulenken.

In ökonomischer Hinsicht gereichte der Konfrontationskurs jedoch Kuba zum Nachteil. Die Suspendierung der Flugverbindungen zwischen den Vereinigten Staaten und der Karibikinsel durch die Regierung in Washington Ende Februar 1996 gefährdete die nach dem Zucker wichtigste Einnahmequelle des Landes: die Unterstützungsleistungen der Exilkubaner an ihre Familienangehörigen, die sich allein 1995 auf 450 Millionen Dollar beliefen.[11]

Den Elegien der kubanischen Massenmedien über die »doppelte Blockade« nach der Auflösung der Sowjetunion setzte der Volksmund die Wortschöpfung *autobloceo*, Selbstblockade, entgegen. Ein Witz über den braven Durchschnittsbürger »Pepito« – den kubanischen Schwejk – hilft, den Begriff *autobloceo* zu verstehen: Die Revolutionsregierung ruiniert den ehrlichen *Paladar*besitzer Pepito, indem sie ihm hohe Steuern und Abgaben aufbürdet. Pepito muß sein Familienrestaurant schließen und hat hohe Schulden. Er geht fischen und hat nach einigen Stunden Glück. »Entschuldige mich, *Compañero*«, sagt Pepito zur verblüfften Languste im Netz, »aber ohne Genehmigung darf ich dich nicht fangen. Außerdem kann ich dich nicht roh essen und habe völlig vergessen, daß wir zu Hause weder Bratpfanne noch Öl haben.« Die Languste landet folglich wieder im Meer und ruft aus: »Viva la Revolución! Viva el Socialismo!«

Zu den verborgenen Dimensionen der *autobloceo* gehört ein systemimmanentes Strukturdefizit: Wie in den früheren »Volksdemokratien« muß auch in Kuba ein immer größerer

11 Die Nationalbank in Havanna gab sogar eine höhere Summe an; vgl. *Neue Zürcher Zeitung*, 23. 1. 1996.

Teil der Wirtschaftseinnahmen und Ressourcen für die Erzielung der gleichen Produktionsergebnisse wie in den Vorjahren aufgewendet werden. Das Phänomen ist auf der Roten Insel nicht neu und hatte schon lange vor 1990 existiert. Dissidente Ökonomen in Havanna nennen die goldenen siebziger und achtziger Jahre in Anspielung auf die außerordentliche sozialistische Bruderhilfe und in Umkehrung der offiziellen Sprachregelung *Período Especial*, die aber die Krisenerscheinungen der *Período Normal* nach 1990 in Keimform bereits in sich getragen hätte. Rückblickend geben auch regierungsnahe Experten die Existenz von besorgniserregenden Phänomenen in den achtziger Jahren in Kuba zu. Genannt werden in diesem Zusammenhang die ständig sinkenden Reallöhne nach 1985 sowie »Probleme im System der Wirtschaftsführung« und »die Erschöpfung des extensiven Wachstumsmodells«.[12]

Dieselben Tendenzen wirken in der Krisenperiode in potenzierter Form weiter. Zwischen 1992 und 1994 mußte in Kuba im Durchschnitt etwa ein Fünftel mehr Energie für die Beibehaltung des erreichten Versorgungsniveaus aufgebracht werden. 1995 hat sich der Mehrbedarf an Energie in den meisten Branchen nach offiziellen Angaben nochmals verdoppelt.[13] Die Produktivitätsverluste brachen alle früheren Rekorde. Die eigenen Investitionspotentiale blieben bei Null stehen.

Staats- und Regierungschef Fidel Castro sowie Vizepräsident Carlos Lage sind trotz ihrer demonstrativ zur Schau getragenen Selbstsicherheit ratlos und beschwören eine anachronistische Tonnenideologie. Sogar die innere Logik der obsoleten Denkschule wendet sich nun gegen die Ewiggestrigen: Die Ende 1995 von den kubanischen Massenmedien verbreiteten Meldungen über das Wachstum der Wirtschaft um

12 Vgl. Caranza, a. a. O., S. 15 und 21.

13 Vgl. H.-J. Burchhardt, *Vom Dinosaurier zum karibischen Tiger?* in: *Lateinamerika Nachrichten* 261 (März 1996), S. 7f.

2,5 % erweisen sich bei näherer Betrachtung als schlechte Nachrichten. Denn selbst eine jährliche Wachstumsrate von 5 % hieße lediglich, daß Kuba im Jahr 2005 wieder das Produktionsniveau von 1989 erreicht hätte.

Die Karibikinsel, deren Form an einen schlafenden Alligatoren erinnert, ist auf der Jagd nach dem eigenen Schwanz. Wirtschaftskapitän Carlos Lage feiert Erfolge bei der »Anpassung des sozialistischen Systems an die neue Realität«, die für immer mehr Kubaner zunehmend bedrohlicher wird. Die halbherzigen und widersprüchlichen Reformschritte der Regierung lassen lediglich ein Ziel erkennen: die Beibehaltung von Macht und Kontrolle. Die bombastische Parole »Wir werden niemals zum Kapitalismus zurückkehren« lenkt von der alarmierenden Fehlentwicklung in den neunziger Jahren ab, die scheinsozialistische, frühkapitalistische und pseudorevolutionäre Elemente miteinander verschmilzt.

Ausländische Großkapitalisten und auch früher als Verräter gebrandmarkte Exilkubaner sind im karibischen Arbeiter- und Bauernstaat zu lukrativen Kapitalanlagen eingeladen. Nach dem Investitionsgesetz von 1995 dürfen sie ihre Firmen und Betriebe zu 100 % besitzen. Den Bürgern der Republik Kuba ist es hingegen untersagt, in ihrem eigenen Land Investitionen zu tätigen oder Angestellte zu beschäftigen; einheimische Privatunternehmer dürfen nicht über den Rahmen eines gegängelten Einmannbetriebes hinausgehen.

Die Arbeitsplätze sowie die Arbeitszuteilung behält sich der sozialistische Staat selbst in der Krise vor. Auch die begehrten Jobs in den über 210 kapitalistischen Joint-ventures werden von den Behörden vergeben. Sie kombinieren revolutionäre Leerformeln mit machtpolitischen Auswahlkriterien und klassischer Vetternwirtschaft. Die Vermittlungsbüros der Volksmacht stellen den ausländischen Brotgebern die billigsten und bestausgebildeten Arbeitskräfte in Lateinamerika ohne gewerkschaftlichen Schutz zur Verfügung. Die Höhe der von den Konzernherren an die Revolutionsregierung bezahlten Dollar-Kompensation bleibt geheim; einen Bruchteil davon erhalten die kubanischen Werktätigen als Anreiz neben den bescheidenen Peso-Löhnen.

Geheimnisvoll und zugleich widersprüchlich sind auch die Methoden, mit denen die Verwaltung die Wettbewerbsfähigkeit der kubanischen Wirtschaft erhöhen will. Dies wurde 1994 zwingend, da die Regierung für die Subventionierung der unrentablen Staatsbetriebe trotz sinkender Einnahmen etwa ein Drittel der Staatsausgaben aufbringen mußte. Effizienz und internationale Standards waren aber nur um den Preis von Massenentlassungen zu haben.

Die Problemlösungsstrategie der kubanischen Behörden erinnerte an die Quadratur des Kreises; Reformwillen und Reformfähigkeit schienen auf allen Ebenen zu fehlen: Die Ausführung des 1994 von Castro erlassenen Dekrets zur »Betriebsrationalisierung« unterlag neugegründeten Institutionen mit altbewährten Kadern, die per se die Beibehaltung der bestehenden Strukturen garantierten. In allen Betrieben entstanden 1995 »Fünferkomitees« mit je einem Vertreter der PCC, der ihr unterstellten Gewerkschaft, der kommunistischen Jugendorganisation UJC, der Betriebsleitung und den technisch-wissenschaftlichen Fachkräften. Die Entscheidungen wurden in der Regel im Verhältnis vier zu eins gefällt; PCC, UJC, Gewerkschaft und der früher de facto von der Partei ernannte Direktor bildeten einen Block. Sie einigten sich schnell über alle wichtigen Fragen sowie über die Entlassung oder Beibehaltung eines Betriebsangehörigen. Die Prioritäten waren politisch gesetzt, und auch persönliche oder familiäre Loyalitäten hatten mehr Gewicht als fachliche Argumente von Experten.

Der gefeuerte und fortan *trabajador disponible*, »verfügbar« genannte Arbeiter wird meistens schnell als Hilfskraft in der Landwirtschaft oder im Baugewerbe eingesetzt. Lehnt er dies zweimal ab, so stellen die Behörden jegliche finanzielle Hilfeleistung nach spätestens drei Monaten ein. Über die

»Ausgesteuerten« sind keine amtlichen Informationen erhältlich; oppositionelle Wirtschaftswissenschaftler schätzten ihre Zahl Anfang 1997 auf etwa eine Million, die Prozentzahl der Unterbeschäftigten und Arbeitslosen auf etwa 30%.[14]

Über 400 000 Kubaner waren 1997 im Bereich der *cuenta propia* als Selbständigerwerbende auf eigene Rechnung tätig. Die Hälfte von ihnen verfügte über eine Lizenz, wie Abel in der Toilette des »Hotel Nacional«, die andere Hälfte jagte dem Dollar ohne Konzession nach, wie etwa Julio mit seinem Polski Fiat. Zu einer dritten Gruppe gehörten Hunderttausende, die sich mit illegalen, aber geduldeten Gelegenheitsjobs und -geschäften über Wasser hielten. Die Regierung behandelte die selbständige Geschäftstätigkeit nach dem folgenden Motto: »Geht es ums Überleben, so tu es, geht es darum, Gewinne zu machen, dann laß es, wenn du nicht bestraft werden willst.«

Die Praxis der kurzsichtigen Fünferkomitees in den Betrieben galt auch auf höchster Staatsebene: Ideologischen und machtpolitischen Interessen wurde der Vorzug vor den wirtschaftlichen Notwendigkeiten eingeräumt. Das Beharren von Fidel Castro auf dem staatlichen Arbeitsmonopol als bewährtem Kontrollmittel stieß in Kuba trotz der scheinbaren Apathie zunehmend auf Ablehnung. Immer mehr Kubanerinnen und Kubaner erkannten oder erfuhren am eigenen Leibe, daß der vom *Comandante* geführte und verkörperte Staat während der *Período Especial* seinen Aufgaben als Arbeitgeber, Lohnzahler, Ernährer und Sinnstifter nicht mehr nachkommen kann.

Im ersten und einzigen marxistisch-leninistischen Staat der Region spitzt sich im ausgehenden 20. Jahrhundert ein Konflikt zu, den Karl Marx im 19. Jahrhundert als objektive Vor-

14 Die Regierung in Havanna gab in ihrem nicht nachprüfbaren Wirtschaftsbericht für 1996 eine Arbeitslosenquote von 6,5 % und eine BSP-Wachstumsrate von 7,8 % an; vgl. Ministery of Economy and Planning, *Cuba. Economic Report 1996*, S. 1 und 5.

aussetzung der Revolution definierte: Die von den Herrschenden stur verteidigten Eigentums- und Produktionsverhältnisse fesseln die Entwicklung der Produktivkräfte und blockieren Kuba.

9. Ladokratie und Volk

Zu den Institutionen, die am meisten von der Krise in Kuba betroffen sind, gehört die Post. Ihre Leistungen und ihr Ruf haben sich so verschlechtert, daß nach 1990 sogar glühende Fidel-Anhänger nach Möglichkeit auf den gewöhnlichen Postweg verzichteten und ihre Auslandkorrespondenz mit Hilfe von Wildfremden abwickelten. Viele Europäer, die häufig zwischen der Alten Welt und Kuba hin und herreisten, führten als nebenberufliche Zusteller Sendungen aller Art in ihrem Gepäck mit sich. Es gehörte zum kubanischen Ehrenkodex, die Adressaten baldmöglichst nach der Ankunft in Havanna zu benachrichtigen.

»Ein Brief aus Deutschland? Ich bin in 15 Minuten bei Ihnen«, sagte der höfliche Herr am Apparat. Auf die Minute genau stand ein freundlicher Mann vor der Tür und stellte sich nach der Art eines britischen Lords vor: »Dr. Alejandro Martínez, Mitarbeiter des Staatsratsekretariats, Abteilung ›Besondere Angelegenheiten‹.« Der charmante Mittfünfziger wikkelte mit seiner Redekunst den müden Ausländer ein; die Einladung zu einem Drink im Haus des Funktionärs durfte nicht ausgeschlagen werden.

Das himmelblaue Lada-Wrack an der Ecke fiel bereits von weitem auf. Der junge Mischling auf dem Beifahrersitz erwies sich als Dr. Martínez' Schwiegersohn. »Ramón ist Sportler; er gehört zu den besten Tischtennisspielern in Kuba«, stellte der Funktionär ihn stolz vor.

Der altersschwache Lada rollte im gemütlichen Tempo durch ein Viertel, das man vor der Revolution für Regierungsbeamte errichtet hatte. Die meisten von ihnen waren 1959 Batista gefolgt oder etwas später nach Miami ausgewandert. Die Revolutionsregierung erklärte das Quartier zur »eingefrorenen Zone«; fortan durften nur noch die zivilen oder militärischen Vertreter der neuen Machthaber die verlassenen Häuser beziehen. Innerhalb kurzer Zeit entstand so eine in sich geschlossene Welt mit Chauffeuren in sowjetischen Dienstwagen, mit Funktionären im kubanischen Einheitshemd *Guayabera*, die nebeneinander wohnten und oft im selben Ministerium um den »Platz der Revolution« arbeiteten.

Ramón hielt am Rande des »eingefrorenen« Viertels vor einem Jugendstilhaus. Es war, wie die meisten Bauwerke in der einst eleganten Gegend, zwar heruntergekommen, aber immer noch beeindruckend. In Dr. Martínez' geräumiger Zweizimmerwohnung warteten ein Hund und eine Katze. An der Wand hingen vergilbte Kopien von spanischen Meisterwerken aus dem 17. Jahrhundert. »Meine Tochter war als Stipendiantin in Madrid und zeichnete dort die meisten Bilder von Velázquez ab«, erklärte der Hausherr. Er goß ständig hausgebrannten Rum nach und rauchte starke Zigaretten aus schwarzem Tabak.

Der Alkohol und das Gespräch über politische Themen verwandelten Dr. Martínez in einen sturen Apparatschik. In Windeseile entwarf er ein Schwarzweißbild der Weltlage und wiederholte die Schlagzeilen der Parteizeitung *Granma*: »Der Sozialismus ist nicht am Ende, Kuba ist nicht alleine, solidarische Volksbewegungen in der ganzen Welt unterstüzen unseren Kampf gegen den Imperialismus.« Nach etwa zwei Stunden fiel dem Funktionär plötzlich wieder ein, daß sein europäischer Gast Journalist ist. »Komm doch morgen in mein Büro und erzähl mir genau, was du vorhast. Ich werde dir sagen, was geht und was nicht. Wenn du dich daran hältst, kommt es vielleicht sogar zu einem Treffen mit Fidel«, erläuterte der beschwipste Mitarbeiter des Staatsratsekretariats dem ausländischen Journalisten die Spielregeln in Kuba.

Es wurde spät. Dr. Martínez mutierte wieder zum Gentleman und bestand darauf, daß sein Schwiegersohn den Gast nach Hause fährt. Auf einem Abhang schaltete Ramón den Motor aus und ließ den Lada rollen. »Wir haben praktisch kein Benzin mehr«, teilte er mit und hielt wenig später bei einer Tankstelle. Vor der Kasse begann er ein Gespräch mit dem Tankwart, das immer lauter geführt wurde. Schließlich schien Ramón aufzugeben und ging entnervt zum Auto zurück. »Ich habe 80 Peso zu wenig, und der Typ will mir nicht glauben, daß ich ihm morgen das Geld bringe«, bat der Schwiegersohn des hohen Funktionärs den Ausländer sichtlich beschämt um Hilfe.

Es war schwierig, mit Gisela über diese Geschichte zu sprechen: Im Ausland gilt sie zwar als nüchterne Sozialwissenschaftlerin, in Kuba aber präsentierte sie sich als eine relativ linientreue Funktionärin. Ramóns Probleme verleiteten Gisela zu einer wehmütigen Induktion: »Der Sozialismus ließ uns lange glauben, daß der Kapitalismus überwunden ist und das Geld seine Bedeutung verloren hat«, sagte die müde wirkende Frau. »Die neuen Spielregeln hier sind mit Naturgewalten vergleichbar. Sie sind über uns hereingebrochen und nicht von uns eingeführt worden, so wie der Kapitalismus auch nicht das Ergebnis einer kollektiven Entscheidung ist«, fuhr Gisela resigniert fort. »Vielleicht bleibt uns nach dem Scheitern des sozialistischen Projekts nur noch ein postmodernistischer Ansatz und der Diskurs des Opfers«, sagte die einstige Marxistin-Leninistin auf der Suche nach einer neuen geistigen Heimat.

Ihr Lebensgefährte, ein wegen Materialmangel zur Untätigkeit verdammter Fotograf, ließ unterdessen im Schlafzimmer das Fernsehen laufen. Kapitel 25 der Serie über Siege und Helden des kubanischen Unabhängigkeitskampfes im 19. Jahrhundert ging gerade zu Ende und eine Diskussion mit prominenten Studiogästen schloß sich an. Ein Historiker und ein für ideologische Fragen zuständiges ZK-Mitglied riefen die Schlüsseldaten in Erinnerung, die jeden Tag auf der Frontseite der *Granma* stehen: 1995: Hundertjahrfeier zum tragischen Tod des Nationaldichters José Martí in der Schlacht von Boca de Dos Ríos in der Provinz Bayamo; 1996: Hundertjahrfeier zum Heldentod von Generalmajor Antonio Maceo Grajales in der Schlacht von San Pedro.

Das Thema der Sendung, »Patriotismus und Sozialismus«, erschöpfte sich in Anekdoten und Details aus dem Leben der Gefallenen. Der ZK-Vertreter versuchte, die Situation zu retten. Er wehrte sich gegen die »irrige Meinung im Westen«, Klassenkampf und Marxismus-Leninismus seien am Ende. Dann hielt der Funktionär ein langes Referat: »Die Vertreter des US-Imperiums, die uns Lektionen in Sachen Demokratie erteilen wollen, leben in einem System, in dem es viele Parteien und große Versprechen gibt, jedoch nur Millionäre Präsidenten werden können; sie leben in einem Land, in dem eine kleine Minderheit die Staatsführung bestimmt und die Mehrheit der Bevölkerung nicht zu den Wahlen geht, in einem Land, das von fanatischen Rassisten und faschistischen Bombenwerfern terrorisiert wird.« Gisela schaute mit leerem Blick in die Ferne und ging beim Schlußsatz in die Küche. »Marx und Lenin hatten recht«, hob der Funktionär im Fernsehstudio seine Stimme, »das Scheitern des Kapitalismus als Weltsystem ist unvermeidlich und wird uns die Wiederaufnahme der sozialistischen Positionen ermöglichen.«

Der Besucher überreichte Gisela zwei aus Europa mitgebrachte Briefe. Die Stimmung in der kleinen und dunklen Wohnung besserte sich schlagartig. Entspannt plauderten wir nun über gemeinsame Freunde im In- und Ausland, über die Liebe und den *Machismo*. Die Fragen des Journalisten über Prostitution und Rassendiskriminierung in Kuba brachten Gisela in Verlegenheit. »Du kennst dieses Land gut«, wich sie dem Gast aus, »und du weißt, daß hier ohne Dollar das Leben nicht mehr zu bewältigen ist.« Dann begann sie die Dinge aufzuzählen, die für sie unverzichtbar, aber nur gegen Dollar erhältlich seien. Dazu gehörten Asthmaspray, Zucker, Seife, Schreibpapier, Tintenpatronen. »Es kann passieren, daß ich wochenlang ohne Kaffee auskommen muß, und seit Monaten kann ich meinen Drucker nicht mehr benutzen«, bereitete sie den Schlüsselsatz vor: »Ich kann es mir einfach nicht mehr leisten, wertvolle Informationen und Forschungsergebnisse wie früher einfach zu verschenken«, sagte sie langsam und betonte dabei jedes einzelne Wort. »Das Überleben ist mir im Moment wichtiger als der internationale Klassenkampf.« Ihren Mindestsatz für Kurzinterviews bezifferte sie auf 50 Dollar.

Giselas Nöte riefen den Schrottwagen von Dr. Martínez in Erinnerung sowie die verwaschenen Kunststoffhemden der Spitzenfunktionäre und die Uniform des *Comandante*. Produzierte das System in der *Período Especial* keinen Reichtum mehr, der gerecht oder ungerecht hätte verteilt werden können?

Die wachsenden sozialen Unterschiede machen sich in Kuba hauptsächlich auf der Schattenseite bemerkbar. Abgemagerte Lumpensammler, geschwächte Alte in armseliger Garderobe, Kinder ohne Schuhe, Bettler und immer mehr Prostituierte in den Touristenzentren führen den Verfall unmißverständlich vor Augen. Zwar bilden die Marginalisierten in Kuba im Unterschied zu anderen Staaten der Region eine relativ kleine Minderheit, jedoch wirken sie in einem Land mit sozialistischer Staatsdoktrin besonders schockierend.

Auf der Sonnenseite befinden sich vor allem die auf der Karibikinsel beschäftigten Ausländer. Kubanische Privatunternehmer mit Kapital und Angestellten gibt es ja per definitionem nicht, und die illegalen Geschäftsleute halten sich naturgemäß bedeckt. Die wenigen einheimischen Aufsteiger mit legalem Geld halten sich ebenfalls im Hintergrund. Es handelt sich dabei zumeist um renommierte Wissenschaftler, Künstler und Spitzensportler, die nur über wenig Einfluß verfügen und ihre Gelder hauptsächlich aus dem Ausland beziehen.

Die kubanischen Machthaber profilieren sich als Verfechter einer egalitären Gesellschaft und erwecken den Eindruck, als würden sie bescheiden leben. Konspirative Reflexe aus der Guerillazeit und die institutionalisierte Geheimnistuerei bringen aber auch mit sich, daß die meisten Spitzenfunktionäre von der Öffentlichkeit abgeschirmt werden. Der Alltag und die Konsumgewohnheiten von Fidel Castro gehören gar zu den bestgehüteten Staatsgeheimnissen. Diese Regelung gilt in der *Período Especial* mehr denn je; als ein eifriger Reporter sich darüber hinweggesetzt und »Fidel« beim Essen fotografiert habe, sei er gemaßregelt worden, wird in Havanna erzählt.

Der bärtige *Líder Máximo* ist den irdischen Realitäten und profanen Wünschen entrückt; seine Auftritte in Militäruniform gleichen einer Absage an alle Konsumwünsche. Die Veteranen in den höchsten Machtgremien, die zusammen mit Fidel und Raúl Castro in der Sierra Maestra gegen Batista gekämpft hatten, teilen das Bekenntnis zur Zurückhaltung. Gemeinsame Träume und Werte, das große Lebensabenteuer im Untergrund, die Loyalität gegenüber dem *Comandante*, institutionelle, emotionale und auch familiäre Bande schweißten die alte Garde in den sechziger Jahren zur Nomenklatura mit eigener Identität und eigenen Interessen zusammen.

Der Chefarchitekt der neuen Macht ist Verteidungsminister Raúl Castro Ruz, der Bruder Fidels – fünf Jahre jünger und absolut loyal. Raúl, designierter Nachfolger des *Comandante en jefe*, zweiter Sekretär der PCC, erster Vizepräsident des Staats- und Ministerrates widmet sein Leben der Partei und der Armee. Das Werk des orthodoxen Marxisten-Leninisten, die *Fuerzas Armadas Revolucionarias de Cuba* (FARC), die kubanischen Streitkräfte, gehören zu den schlagkräftigsten der westlichen Hemisphäre und kämpften auf vielen Schlachtfeldern der Welt.

Die FARC hat sich in der Krise nach 1990 immer mehr als die einzig funktionierende Institution und als der entscheidende Machtfaktor erwiesen. Armeechef Raúl Castro leitete in der *Período Especial* weitgehende Reformen ein; die FARC wurde radikal verkleinert und konzentriert sich neben der Vaterlandsverteidigung vermehrt auf wirtschaftliche Aktivitäten. »Das politische, militärische und ideologische Problem in unserem Land ist heute die Ernährung der Bevölkerung [...] Bohnen sind wichtiger als Kanonen [...] Wenn die Leute genug zu essen haben, dann sind die Risiken minimal«, meldete sich Verteidigungsminister Raúl Castro im September 1994 überraschend zu Wort. Er zeigte sich pragmatisch und kündigte die Wiedereröffnung der freien Bauernmärkte an, die nach dem Gesetz von Angebot und Nachfrage funktionieren sollten. Zu dem Zeitpunkt war die Selbstversorgung der FARC mit Nahrungsmitteln – 180 000 Soldaten und Offiziere sowie etwa 100 000 Mitglieder der *Ejército Juvenil de Trabajo* (EJT), der militärischen Arbeitsbrigaden – bereits gesichert, und die Militärfarmen erzielten wachsende Überschüsse.[1]

Die Armee kontrollierte Ende 1995 den größten profitablen Sektor der Landwirtschaft, das drittgrößte kubanische Unternehmen im Tourismusbereich und darüber hinaus ein Konglomerat von Industriebetrieben. Die Geschichte hatte Kuba einen Streich gespielt: Der einzige produktive und effiziente Wirtschaftssektor auf der Roten Insel ist nach kapitalistischen Prinzipien organisiert und wurde von Armeechef Raúl Castro geschaffen, der sich Anfang der neunziger Jahre noch stolz zum Sowjetkommunismus bekannt hatte. »Raúls industrielles Imperium« mit disziplinierten und hochqualifizierten Fachkräften wird von Kuba-Experten in den USA als die Keimzelle einer künftigen kapitalistischen Entwicklung auf der Karibikinsel eingeschätzt.[2]

Im Gegensatz zur Armee geriet die von Raúl Castro maßgeblich mitgestaltete Kommunistische Partei PCC Ende der achtziger Jahre in eine Krise. Die Auflösung der sozialistischen Bruderländer und Bruderparteien, interne Kämpfe und

1 Etwa die Hälfte der landwirtschaftlichen Erzeugnisse, über 70% der Kartoffelproduktion in der Provinz Havanna stammte 1995 von der Armee. Vgl. *Neue Zürcher Zeitung*, 16./17.9.1995.

2 Vgl. *Cuba News*, The Miami Herald Publishing Company, October 1994, S. 6f.

Säuberungen erschütterten die PCC; sie büßte in der Sonderperiode an Glaubwürdigkeit ein. Der offizielle Nachfolger von »Fidel« befindet sich in einer absurden Lage: Er ist Chef der hochangesehenen FARC und zugleich zweiter Sekretär der diskreditierten PCC. Zehntausende enttäuschter PCC-Mitglieder traten während der *Período Especial* aus der Partei aus oder wurden ausgeschlossen.

Jedoch gelang es der PCC nach eigenen Angaben, ihre Mitgliederzahl zwischen 1988 und 1991 von 511 000 auf fast 600 000 zu erhöhen.[3] Am Vorabend des V. PCC-Kongresses im Oktober 1997 war sogar von 770 000 Mitgliedern die Rede, mehr als zwei Drittel davon sollen unter 30 Jahre alt sein.[4]

Die spektakulären Wachstumraten werden von Regimekritikern in Zweifel gezogen oder als administrativer Zaubertrick bewertet. Die PCC habe nach 1990 einen Teil des Kommunistischen Jugendverbands UJC übernommen, und vor dem Massenexodus im Sommer 1994 habe es kaum jemand gewagt, dem UJC nicht beizutreten. Die überwiegende Zahl der UJC- und der jungen PCC-Mitglieder seien Opportunisten oder politisch indifferent.

Die Aspirationen der Spitzenfunktionäre in den PCC-Führungsgremien, ihre effektive Macht, ihr Verhältnis zueinander und zum *Comandante* bilden das Hauptinteresse vieler Kuba-Experten in den USA und der ausländischen Korrespondenten in Havanna. Prominente »Kubanologen« konstatieren eine langanhaltende Periode *kollektiver* Führung in Havanna: Die sozialistische Insel wurde demnach in den siebziger Jahren und in der ersten Hälfte der achtziger Jahre nicht von einer Person, sondern von einem Team regiert.[5] Das Ende der partnerschaftlichen Zusammenarbeit zwischen dem *Comandante* und einem Teil der alten Garde um Ramiro Valdés Menéndez, den Chef der Staatssicherheit, hätte die *Fidelisa-*

3 Vgl. M. Azicri, *Cuba*, New York 1990, S. 78, und Orozco, a. a. O., S. 30.
4 Vgl. *Bohemía*, 25. 4. 1997, S. 42.
5 Vgl. J. Dominguez, zit. in: Fogel/Rosenthal, a. a. O., S. 263.

tion der Regierung bedeutet und sei 1986 von Fidel Castro als *Rectificación*, Behebung von Irrtümern, offiziell angekündigt worden.

Ein bedeutender Teil der Kuba-Kenner sieht in der heutigen PCC rivalisierende Gruppen am Werk. An erster Stelle werden die »Raúlisten« genannt. Der Begriff ist zwar irreführend, deckt jedoch einen wichtigen Aspekt der kubanischen Politik ab. Da Raúl Castro nie die geringsten Zweifel an seiner Loyalität zu seinem Bruder hat aufkommen lassen, sind die »Raúlisten«, wie alle anderen PCC-Mitglieder, in allererster Linie »Fidelisten«. Die »Raúlisten« im 24köpfigen Politbüro, dem obersten Gremium der PCC, und im 225köpfigen Zentralkomitee bilden keine homogene Gruppe: Angesehene Militärs, gefürchtete Generäle, belächelte Parteibürokraten und verhaßte Staatsanwälte gehören zu ihnen. Ihr gemeinsamer Nenner besteht darin, daß sie von Raúl Castro »entdeckt«, geschützt und gefördert wurden und das kontinuierliche Funktionieren des Staatsapparates sichern.

Politbüromitglied José Ramón Machado Ventura etwa, verantwortlich für den Schlüsselbereich »Interne Organisation«, einer der wichtigsten »Raúlisten«, verdankt seinem Mentor sogar das Leben. Der 1930 geborene Arzt saß kurz nach dem Sieg der Revolution in einer tödlichen Falle: Er lieh seinen Wagen einem Freund aus, der darin ohne Machados Wissen Waffen für einen geplanten Aufstand gegen Fidel Castro transportiert hatte und verhaftet wurde. Raúl Castro setzte sich erfolgreich für die Begnadigung Machados ein, der auch heute noch zu seinen engsten Mitarbeitern und zu den wichtigsten Fidel-Anhängern gehört.

Der unbeliebteste »Raúlist«, Juan Escalona Reguera, traute 1959 als Notar Raúl Castro und Vílma Espín. Nach 1968 fiel Escalona als moskauorientierter »Sektierer« in Ungnade und wurde im Rahmen von Fidel Castros Offensive gegen die sowjetkommunistische »Mikrofraktion« strafversetzt. Raúl verhalf Escalona in den achtziger Jahren zu einer steilen Karriere: Der kubanische Jurist, der auch ein Diplom der Moskauer Lomonossow-Universität vorweisen kann, avancierte in kurzer Zeit zum Armeegeneral, ZK-Mitglied und Justizminister, war danach Oberster Staatsanwalt und Parlamentspräsident. Wie Machado erwies sich auch Escalona als treuer »Raúlist« und »Fidelist«: Als Ankläger im Schauprozeß gegen General Arnaldo T. Ochoa Sánchez, den ehemaligen Oberbefehlshaber der kubanischen Truppen in Angola, und gegen Innenminister José Abrahantes Fernández gehörte er im Sommer 1989 zu den Schlüsselfiguren der bedeutendsten und geheimnisvollsten kubanischen Staatsaffäre.

Im Unterschied zu Fidel, der seine Mitarbeiter und Berater schnell »verbraucht« und oft wechselt, können die Männer Raúls auf dessen Vertrauen und Beständigkeit bauen. Als Gegenleistung garantieren die »Raúlisten« die Zuverlässigkeit und Kontinuität, die Fidel Castro das Regieren ermöglicht haben.

Wie die alten »Raúlisten« haben auch die »jungen Wölfe« im Politbüro den Ruf, hart zu arbeiten und bescheiden zu leben. Der 1951 geborene Carlos Lage und der fünf Jahre jüngere Roberto Robaina haben eine beeindruckende Karriere voller Entbehrungen und Leistungen hinter sich: Beide schlossen erfolgreich ein Hochschulstudium ab, beide waren Präsidenten des Studentenverbandes FEU, beide leisteten langjährige Freiwilligeneinsätze in Afrika.

Dr. med. Lage war fünf Jahre lang Vorsitzender des Kommunistischen Jugendverbands UJC und wurde 1986 vom Mathematiklehrer Robaina abgelöst. Dieser soll, wie sein Vorgänger, jeden Morgen bereits vor sechs Uhr im UJC-Direktionsbüro gewesen sein und dort täglich mindestens 13 Stunden geschuftet haben. Der 1993 zum Außenminister ernannte Robaina gibt Journalisten mit Vorliebe morgens um sechs Uhr Interviews.

Der Kinderarzt Lage rückte 1990 zum wichtigsten Wirtschaftsberater und Krisenmanager des *Comandante* auf. 1993 wurde er zum Vizepräsidenten des Ministerrates berufen und stieg nach Raúl Castro zur Nummer drei in der kubanischen Führungsspitze auf. Wie Robaina, Sohn eines Busschaffners, demonstriert auch Lage im hohen Amt Selbtsdisziplin und Bescheidenheit. Er ist Frühaufsteher, verzichtet morgens sogar auf den Dienstwagen mit Chauffeur und bringt seine Kinder in Havanna selber mit dem Fahrrad zur Schule.

Zur hoffnungsvollen jungen Garde im Politbüro wird auch der langhaarige Präsident des Schriftsteller- und Künstlerverbandes UNEAC, Prosaautor Abel Prieto, gezählt. Die volksnahe Troika Robaina-Lage-Prieto wird gern mit dem Attribut »reformorientiert« bedacht und gilt als Gegenpol zu den »dogmatischen Hardlinern« im Politbüro. Die einfache Dichotomie wird der Komplexität der kubanischen Politik und Entscheidungsfindung allerdings nicht gerecht. Aussehen und Stil mögen über die Substanz hinwegtäuschen, doch einige »Junge« mit unkonventionellen Umgangsformen stellten sich in Konfliktfällen als apodiktischer und unterwürfiger heraus als die Alten.

Carlos Rafael Rodríguez Rodríguez, 1911 geborener Altkommunist und Politbüromitglied, konstatierte zu Beginn der *Período Especial*, daß sich die Welt verändert habe und schlug auch Reformen auf der Karibikinsel vor. Das Gründungsmitglied der kubanischen KP faßte sogar ein heißes Eisen an: »Das Prinzip des Einparteiensystems ist weder heilig noch unantastbar, schließlich erkennt der Marxismus das Mehrparteiensystem an«, erklärte der Vizepräsident des Staats- und Ministerrates im Herbst 1990.[6]

Der junge Rodríguez-Nachfolger Lage läßt mit seinen Ausführungen zum Thema Demokratie den alten Genossen als Radikalreformer erscheinen: »In Kuba gibt es zwar kein Mehrparteiensysem, dafür aber permanente Partizipation

6 Vgl. Fogel/Rosenthal, a. a. O., S. 332. Die ketzerischen Gedanken von Rodríguez verloren allerdings dadurch an Brisanz, daß sie im Ausland geäußert wurden.

[...] Die restriktive Informationspolitik über die Zuckerrohrernte und über die gesamte kubanische Wirtschaft gehört zu den unumgänglichen Maßnahmen, die wir zu unserem Schutz ergreifen müssen [...] Was nicht effizient ist, ist auch nicht sozialistisch«, lauten Lages markante Ansichten.[7]

Die Wahrnehmung und Lagebeurteilung des 1956 geborenen Außenministers Robaina lauten ähnlich. Die jungen Spitzenpolitiker sind mit der Revolution aufgewachsen und kennen nichts anderes als den kubanischen Sozialismus. Dieser hat der Generation der »jungen Wölfe« im Politbüro zu einer guten Ausbildung verholfen. Die Bilderbuchkarriere von Lage und Robaina könnte sich aber auch als Debakel herausstellen, denn die zwei jungen Minister stiegen in einem Land mit doppelter Moral und doppeltem Diskurs auf, in dem politische Bekenntnisse – ähnlich wie in der UdSSR und den anderen »Volksdemokratien« – nicht einmal in der Privatsphäre einen Aussagewert besitzen.

Die faktische Realität in Kuba ist in der *expediente acumulativo del escolar*, der schulischen Gesamtakte, zu finden, die jeden Einwohner des Landes ab dem ersten Schuljahr bis zur Pensionierung begleitet. Vermerkt sind neben der Größe der Familie und des Wohnraums auch »religiöse Praktiken«, die vor 1991 dem einzelnen durchaus zum Nachteil gereichen konnten. Mit derselben Notenskala von 1 bis 5 wie die Schulfächer werden auch die »ideologische Integration« und das »ideologisch-politische Verhalten« bewertet. Die Akte gibt ferner Auskunft über die Beitrittsdaten in die UJC und PCC und muß bei jeder Bewerbung für begehrte Studienplätze oder Traumjobs im Bereich Diplomatie, Presse und Tourismus vorgelegt werden.

Die größte Schwäche der jüngsten Spitzenfunktionäre besteht in ihrer Abhängigkeit vom *Comandante*. Es ist undenkbar, daß die sogenannten *Aperturistas*, die Reformer Lage

7 Vgl. Orozco, a. a. O., S. 248 ff.

oder Robaina, etwas ähnliches wagen würden, wie etwa der zu den »Dinosauriern« gezählte Juan Almeida Bosque. Das drittälteste Politbüromitglied soll 1990 bei einem Krisengespräch mit Fidel Castro die verfehlte Landwirtschaftspolitik heftig kritisiert haben.[8] Die vielzitierte Erklärung von Carlos Lage hingegen, wonach bei Meinungsverschiedenheiten in den Führungsgremien die »kollektivste und überzeugendste Meinung« sich schließlich durchsetze, ruft auf der Straße nur noch ein müdes Lächeln hervor. »Pepito«, der leidgeprüfte Stoiker in den kubanischen Witzen, kommentiert die verflixte Situation auf sarkastische Art und Weise: »Es gibt zwar keine Lösung, aber Fidel bemüht sich schon, eine zu finden«. Mit dieser mokanten Kurzformel hat der »kleine Mann« die politische Realität treffend auf den Punkt gebracht.

Sowohl *Aperturistas* als auch »Dinosaurier« sind lediglich Figuren in den Händen desselben Spielers und personifizieren zwei denkbare Strategien, die der *Comandante* im Alleingang plant. Der geniale Taktiker scheut im Notfall auch vor »Bauernopfern« nicht zurück. Der vorläufige Höhepunkt des Spiels war im Sommer 1989 erreicht, als vier ranghohe Offiziere der kubanischen Armee hingerichtet wurden. Unter ihnen befand sich der hochdekorierte und beliebte Nationalheld General Ochoa, Kämpfer der ersten Stunde in der Sierra Maestra und der Schweinebucht, Berater lateinamerikanischer Guerillagruppen und zuletzt Oberkommandierender der kubanischen Truppen in Angola.

Den Exekutionen ging ein Gerichtsverfahren in Havanna voraus, das den Schauprozessen unter Stalin glich. Wie in der UdSSR und in den »Volksdemokratien« 40 Jahre zuvor wurden auch in Kuba die elementarsten Regeln der Rechtspflege mißachtet: Verteidiger und Ankläger waren kaum voneinander zu unterscheiden, die drei Richter sowie der Staatsanwalt gehörten dem Zentralkomitee der PCC an und waren direkt

8 Vgl. Fogel/Rosenthal, a. a. O., S. 333f.

dem Chef der Partei, dem eigentlichen Ankläger und Richter Fidel Castro, unterstellt. Der Prozeßverlauf und die Anklageschrift wurden im Arbeitszimmer des *Comandante* entworfen, und die Todesurteile standen bereits vor dem Verfahren fest.

Die Angeklagten, loyale Offiziere der Armee und des Innenministeriums, wurden von ihren Vorgesetzten gebeten, im Interesse der Revolution mit der Staatsanwaltschaft zu kooperieren. Nach widersprüchlichen Schilderungen versprach Fidel Castro bei einem persönlichen Treffen mit dem später hingerichteten Colonel Tony De La Guardia Nachsicht zu üben, falls er sich in allen Punkten schuldig bekenne.[9]

Das erklärte Ziel des spektakulären Prozesses war Öffentlichkeitsarbeit: Die sorgfältig geschnittenen Bilder und Reden im Fernsehen sollten die ganze Welt davon überzeugen, daß die langjährige Zusammenarbeit angesehener kubanischer Offiziere mit dem kolumbianischen Drogenboß Pablo Escobar ohne Wissen der obersten Staats- und Militärführung in Havanna vonstatten gegangen sei. Zugleich wurde mit General Ochoa ein Kritiker und vermeintlicher Rivale Fidel Castros beseitigt. Darauf folgte die Säuberung der Armee, des Innenministeriums sowie der PCC und die Neubesetzung von militärischen Schlüsselpositionen mit bewährten »Raúlisten«.

Die Botschaft an die Streitkräfte war eindeutig: Putschpläne sind aussichtslos. Die plakative Botschaft an die Welt lautete: Die kubanische Revolution kennt keine Gnade mit Drogenhändlern, die kubanische Revolution ist sauber, Armeechef Raúl Castro und der *Líder Máximo* wurden in die Irre geleitet und hatten keinerlei Kenntnis davon, daß innerhalb eines Zeitraums von zweieinhalb Jahren sechs Tonnen Kokain im Wert von 3,4 Millionen Dollar unter Beteiligung

9 Ebd., S. 134, und A. Oppenheimer, *Castro's Final Hour*, New York 1992, S. 109f. Der Ort und die Umstände des angeblichen Treffens stimmen in den beiden Büchern allerdings nicht überein.

kubanischer Offiziere, über kubanisches Gebiet und unter Benutzung kubanischer Flughäfen in die USA transportiert worden waren.

Eine Woche nach Prozeßbeginn verdeutlichte in einem Kommentar auf der Frontseite der *Granma* ein wie üblich anonymer Schreiber – der auch in diesem Fall höchstwahrscheinlich Fidel Castro hieß –, worum es eigentlich geht: »Die US-Behörden wußten, daß nach 1987 [...] Flugzeuge mit Drogenladung die Bewilligung von kubanischen Offizieren erhielten, in Varadero [an der Nordküste der Insel] zu landen [...] an diesen Aktionen nahmen auch infiltrierte US-Agenten teil. [...] Die Ehre von Kuba muß wiederhergestellt werden. [...] Kein Bürger zweifelt am Wahrheitsgehalt der Anklageschrift und an der Schuld der Angeklagten.«[10]

Die im letzten Satz geäußerte Behauptung erwies sich als reines Wunschdenken. Der ohnehin unbeliebte Staatsanwalt Escalona präsentierte sich der vor dem Fernsehschirm versammelten Nation tagtäglich als ein blutrünstiger Fanatiker, der auf die moralische, psychische und physische Vernichtung der Angeklagten hinarbeitete. Die Popularität General Ochoas wuchs stetig; der legendäre Kriegsheld verhielt sich dem *Comandante* gegenüber loyal und bekannte sich in allen wesentlichen Punkten schuldig, bot aber Escalona die Stirn. Zahlreiche Kubaner kritisierten selbst in den offiziellen Meinungsumfragen die Todesurteile, und die Hinrichtungen lösten ein bleibendes Trauma aus.

Durch die Fernsehübertragung des Ochoa-Prozesses und der nachfolgenden Nebenprozesse gelangten unglaubliche Details über das Intimleben einiger Spitzenfunktionäre an die Öffentlichkeit. Ein Minister, der eine goldene Rolex am Handgelenk trug, hatte beispielsweise im Ausland für 840 000 Dollar über 200 Ladas gekauft und diese für einige Hundert Peso unter seinen Günstlingen verschleudert. Die

10 Vgl. *Granma*, 3.7.1989.

Empörung der Bevölkerung kannte kaum mehr eine Grenze: Nach 1989 stand außer Fidel und Raúl Castro jeder Funktionär in Verdacht, seine Stellung für dubiose Geschäfte zu mißbrauchen und der parasitären *Ladacracia*, »Ladokratie«, anzugehören.

Drei Jahre später erschütterte der Fall des Politbüromitglieds Carlos Aldana einmal mehr die Glaubwürdigkeit der Behörden. Der kaum 40jährige galt als die rechte Hand »Fidels« und als einer seiner möglichen Nachfolger. Im Juli 1992 hatte Aldana noch zu den Stars der kubanischen Medien gehört. Im August war er plötzlich aus der Öffentlichkeit verschwunden. Eine offizielle Erklärung hat es nie gegeben, hin und wieder bestätigten subalterne Regierungsvertreter hinter vorgehaltener Hand, daß Aldana in einen Korruptionsskandal verwickelt gewesen sei.

Der kometenhafte Aufstieg von Carlos Lage fiel zeitlich mit dem spektakulären Fall von Aldana zusammen. Das Ziel all dieser Säuberungen und Umbesetzungen auf sämtlichen Ebenen des Staates und der Partei war, die Rückkehr zu den puritanischen Traditionen der Revolution zu manifestieren, zugleich neue Gesichter in den Führungsgremien zu präsentieren und deren Kompetenz zu untermauern. Nach 1993 wurden auch die meisten Parteisekretäre in den 14 kubanischen Provinzen abgelöst und durch jüngere und fähigere Funktionäre ersetzt.

Die Geschichte des ehemaligen Kellners etwa, der zum PCC-Provinzsekretär aufgestiegen war und sich eine eigene Villa errichten ließ, da ihm keines der enteigneten Herrschaftshäuser der früheren Viehzüchterbarone als gut genug erschien, ist heute kaum mehr vorstellbar. Jedoch sind die *Pinchos* genannten feudalsozialistischen Lokalfürsten in der Provinz keineswegs verschwunden; die von den »Volksdemokratien« übernommenen bürokratischen und zugleich chaotischen Organisationsstrukturen haben sich lediglich mit der karibisch-kolonialen Tradition Kubas vermischt.

Der enorm aufgeblähte Staats- und Verwaltungsapparat im vorrevolutionären Kuba – elf Prozent der arbeitenden Bevölkerung verdienten dort ihren Unterhalt – schwoll im Sozialismus weiter an. Auch mit dem *clientelismo*, der Vetternwirtschaft, wurde keineswegs aufgeräumt; die Funktionäre in den Kleinstädten und auf dem Land hängen noch immer stärker von ihren Vorgesetzten als von transparenten Strukturen ab. Trotz der sozialistischen Superzentralisierung behaupten sich auch weiterhin der alte Regionalismus und die Ressentiments gegen Havanna: Entscheidungen der Zentrale werden auf lokaler Ebene wie eh und je nach Möglichkeit ignoriert. Die meisten *Pinchos* scheinen nach dem Motto zu regieren: »Ich habe das Recht, das zu tun, was ich für richtig halte, solange mir Fidel nicht sagt, es sei falsch.« Die Traditionen, die Geographie und die *Período Especial* fördern zwar die Entstehung von lokalen Machtgebilden, doch können die roten Regionalfürsten im Schatten des *Comandante* gleichwohl nicht gänzlich ungestört schalten und walten.

Die Spitzenfunktionäre sowohl in der Hauptstadt als auch in der Provinz verdienen relativ wenig. Sie erhalten in der Regel etwa 600 Peso im Monat, das Dreifache des durchschnittlichen Lohns. Die Schlüsselstellung der Armee kommt auch in diesem Bereich klar zum Ausdruck: Ein Oberst erhielt 1996 rund 1000 Peso, ein General 1500 Peso, ein Viertel davon in konvertiblen Peso, was 250 bzw. 375 Dollar entsprach.

Alle Angehörigen der Nomenklatura haben Zugang zu Gütern und Dienstleistungen, die für die sonstige Bevölkerung in unerreichbarer Ferne liegen. Dazu gehören Dienstwagen, Benzincoupons, besondere Einrichtungen zur Erholung, Entspannung und Weiterbildung sowie ein Netz von *tiendas*, Läden. Das Sortiment der *tiendas* reicht von Haushaltgeräten bis zur Unterwäsche, alles in kubanischer oder ausländischer Ausführung. Die Begriffe Kauf und Verkauf sind teilweise aufgehoben, und auch Geld spielt eine untergeordnete Rolle. Die sozialistische Avantgarde bezieht Güter des täglichen Bedarfs zu subventionierten Preisen oder löst spezielle Bons der Revolutionsregierung ein.

Alle sind in diesen Läden gleich, und einige sind noch gleicher. Ein ausgefeiltes Quotensystem regelt die Bezugsberechtigung, die je nach Machtstellung variiert. Wünsche, die über den gesteckten Rahmen hinausgehen, werden registriert und zumeist auch erfüllt. Der Zahlungs- und Transportmodus ist ebenfalls hierarchisch strukturiert. Mittlere und untere Funktionäre müssen alles eigenständig an Ort und Stelle regeln, die Mitglieder des Politbüros und etwa zwei Dutzend andere Spitzenfunktionäre können hingegen telefonisch bestellen und den Hauslieferdienst des Innenministeriums beanspruchen. Eine kleine Gruppe verfügt über spezielle Kreditkarten, die auch in den Läden und Restaurants für Diplomaten akzeptiert werden.

Selbstverständlich stehen den *Pinchos* bzw. deren Kindern die bestausgestatteten Krankenhäuser und Schulen Kubas zur Verfügung. Gibt das Auto eines Funktionärs den Geist auf, setzt die Klimaanlage im Büro oder im Schlafzimmer aus, so genügt ein Anruf bei *Emprova*, einem dem Staatsrat unterstellten Unternehmen, das für die Wartung der Diensthäuser und -wagen zuständig ist. Wird dem zuständigen Genossen bei *Emprova* eine Gegenleistung oder ein Geschenk in Aussicht gestellt, so ist prompte und optimale Hilfe garantiert. Das auf der Roten Insel tiefverwurzelte System von *sociolismo*, des informellen Tausches von Gefälligkeiten, Geschenken, Dienstleistungen, begehrten Gegenständen und Konsumgütern, hält für hohe Funktionäre unbegrenzte Möglichkeiten bereit.

Zu den wichtigsten Privilegien gehört der Zugang zu Informationen. Der *Comandante en jefe* zählt wahrscheinlich nicht nur in Kuba zu den bestinformierten Menschen; er liest jeden Morgen spanische und lateinamerikanische Zeitungen, die Transkription der wichtigsten Radio- und Fernsehsendungen, ausgewählte und übersetzte Artikel aus der *New*

York Times, der *Washington Post*, manchmal auch der *Monde Diplomatique*, und soll auch Abonnent der Nachrichtenagenturen Reuter und AP sein.

Dem Normalbürger stehen das *Instituto Cubano de Radio y Televisión*, die Nationale Presseagentur und die Tageszeitung *Granma* als Informationsquellen zur Verfügung. Sie alle sind direkt dem Zentralkomitee der PCC unterstellt und übermitteln nur die sorgfältig ausgewählen »richtigen« Nachrichten. Im Mittelpunkt der täglichen Redaktionssitzungen stehen die Themen, die nach Absprache mit dem *Departamento de Orientación Revolucionaria* (DOR) ausgeklammert und totgeschwiegen werden. Dazu gehört alles, was die »revolutionäre Orientierung« und verordnete Zuversicht beeinträchtigt: Angaben über Kriminalität, Prostitution, Armut, Selbstmord, Entlassungen, Arbeitslosigkeit in Kuba, Aktivitäten von Dissidenten, Meinungsverschiedenheiten im Machtapparat, negative Gerüchte in Havanna.

Nach der Selektion bleiben pro Tag etwa 15 Themen übrig, die in den stündlichen Rundfunk- und den abendlichen Fernsehnachrichten gesendet und am nächsten Morgen in der *Granma* abgedruckt werden. In allen Medien dominiert die hemmungslose Schwarzweißmalerei: Auf der einen Seite findet sich die sozialistische Insel der Seligen mit ihrem allgegenwärtigen *Comandante* und den jubelnden Massen, mit ihren gewonnenen Produktionsschlachten und triumphierenden Sportlern. Auf der anderen Seite des Atlantiks und der Karibik obwaltet eine grausame Welt, in der Massenelend, Gewalt und Unterdrückung herrschen und in der es nur wenige Hoffnungsschimmer gibt: die Kuba-Solidaritätskomitees und der Kampf der Völker gegen die mörderische US-Blockade.

Die meisten kubanischen Emigrantensender in Florida, die mit ähnlichen Methoden ein analoges Weltbild, allerdings mit umgekehrten Vorzeichen, vermitteln, eignen sich kaum als alternative Informationsquelle. Es bleibt noch *Radio Martí*: Der von der US-Regierung betriebene Sender gibt sich zwar seit dem Ende der Reagan-Bush-Administration weniger kämpferisch, ist aber nach wie vor ein Waffe im Propagandakrieg.

Das Informationsdefizit der Nomenklatura wird durch das tägliche Nachrichtenbulletin *Panorama Mundial*, »Weltpanorama«, zumindest teilweise behoben. Die Publikation krönt die schwere Arbeit der Experten des *Departamento de Orientación Revolucionaria*; sie fassen für die Funktionäre auf etwa 20 Seiten die Meldungen der internationalen Presse zusammen, die sie den kubanischen Massen vorenthalten. Es werden drei unterschiedlich lange Versionen des *Panorama Mundial* erstellt – die sich auch in ihrem Konfliktgehalt voneinander absetzen – und je nach Hierarchiestufe weitergeleitet. Politbüromitglieder und einige Minister erhalten die umfangreichste Ausgabe mit internen Noten, Beiträgen über besonders brisante Aus- oder Inlandsthemen und mit den vertraulichen Mitteilungen der kubanischen Botschafter.[11]

Die Funktionäre und die Bevölkerung leben dementsprechend immer mehr in getrennten Welten, was ihr Verhältnis zueinander nicht gerade vereinfacht. Klagen über die Unfähigkeit, Arroganz und Ineffizienz der *Pinchos* gehören zum kubanischen Alltag und erinnern an die ehemalige UdSSR. Jedoch ist der Sachverhalt auf der Roten Insel wesentlich komplizierter: Der Erste Sekretär der PCC, der Chef der *Pinchos*, profiliert sich immer wieder als heftigster Kritiker und erbitterter Gegner der Bürokraten. »Fidel« ist in den Augen vieler Kubaner eine tragische Figur, ein karibischer Don Quichotte, der einen aussichtslosen Kampf gegen die niederträchtigen Verräter der Revolution führt. Die wilden Schmähungen wider die *Pinchos* enden häufig mit dem Seufzer: »Fidel rauben sie alles.«

Diese Aussage trifft allerdings nur bedingt zu, denn das mit kubanischer Übertreibung *robo*, Diebstahl, genannte Phäno-

11 Vgl. Fogel/Rosenthal, a. a. O., S. 477f.

men verfügt über eine gewaltige Spannweite: Unterschlagung von Staatseigentum im großen Stil – nur von *Pinchos* zu bewerkstelligen – gehört ebenso dazu wie die alltäglichen Aktivitäten des kleinen Mannes: das »Abzapfen« oder »Umleiten« von allem, was fließt, steht oder sich bewegt und dem Staat gehört. *Robo* ist der Preis, den der verstaatlichte, entmündigte und entpolitisierte *Compañero* für seinen Gehorsam entrichtet. *Robo* ist in der *Período Especial* eine notwendige Überlebensstrategie und überdies faktische Realität im Reich der Täuschungen, in dem die Regierung einerseits so tut, als ob sie Löhne zahlen würde, und die »Werktätigen« andererseits vorgeben zu arbeiten.

Auch die Kritiker, die den Nepotismus und die Korruption anprangern und lamentieren: »Wenn Fidel das wüßte«, sehen nur die eine Seite der Medaille. Der *Comandante* hat zwar nie macht- oder geldgierige Funktionäre gefördert, er begünstigte jedoch von Anfang an den Paternalismus und zumindest indirekt den *clientelismo*. Diese Relikte aus vorrevolutionären Zeiten haben, wenn auch in veränderter Form, im sozialistischen Kuba überdauert und sind nach wie vor von zentraler Bedeutung; sie und das inzwischen erworbene Know-how lassen die Nomenklatura hoffen, das Leben auch ohne Fidel Castro bewältigen zu können. Die Bezeichnung *Pincho*, »Stachel«, spricht für die enorme Anpassungsfähigkeit und Zähigkeit, die diese soziale Gruppe als Kollektivkörperschaft in der kubanischen Geschichte bisher bewiesen hat.

Die Absurdität des Seins auf der Roten Insel wirkt sich inzwischen auf viele Funktionäre sogar positiv aus: Bescheidenheit und Sinn für Humor breiten sich immer mehr aus. Eine Minderheit wagt es sogar, im Freundeskreis verhaltene Kritik am *Comandante* zu äußern – allerdings wird dieser nie direkt benannt. Zahlreichen – vor allem jüngeren – Kadern erscheinen die Reformschritte als zu zögerlich, und sie schließen die Existenz von mehreren Parteien nicht mehr von vornherein aus.

Die Tendenz zur »Kubanisierung« der Nomenklatura scheint unumkehrbar. Nationalheros José Martí, dessen Reden, Aufsätze, Kommentare und Gedichte unvergessen sind, verdrängt immer mehr Marx und Lenin. Sogar als »orthodoxe Dogmatiker« verschrieene Funktionäre erweisen sich manchmal als verblüffend poetisch und humorvoll. Das bekannteste Beispiel dafür ist Raúl Castro. Der steife Armeechef kann sich nach einem leblosen öffentlichen Auftritt im privaten Kreis in einen unwiderstehlichen Lebemann verwandeln, der sich nichts versagt, gut und gerne tanzt, Charme versprüht und mit Rumflasche und Zigarre in der Hand nächtelang geistreiche Gespräche führen kann.

Raúl Castros private Vorzüge dürften den meisten Kubanern kaum bekannt sein. Einige Funktionäre hingegen, die einen direkteren Kontakt zum Volk unterhalten, sind indes angesehen oder sogar beliebt. Zu ihnen gehört erstaunlicherweise auch ZK-Mitglied Juan Contino, obwohl er die zerfallenden und unbeliebten CDR-Revolutionskomitees als »nationaler Koordinator« neu organisieren und beleben will. Der 1960 geborene Politiker vertritt eine neue Generation und einen neuen Stil. Er ist offen, bescheiden, verzichtet auf Schlagwörter und kommt mit seinen stichhaltigen Argumenten gut an.

Anita gehört derselben Generation an und schlug, wie praktisch all ihre Kommilitonen auf der Universität, denselben Weg ein wie Juan Contino – jedoch ohne innere Überzeugung. Nach Studienabschluß trat die promovierte Rechtsanwältin Mitte der achtziger Jahre der PCC-Zelle an ihrem Arbeitsplatz im Justizministerium bei. Danach wurde sie von Justizminister Escalona gefördert und stieg zur Abteilungsleiterin auf. »Ich stand noch unter der Schockwirkung des Ochoa-Prozesses, als ich im Herbst 1989 in Prag aus nächster Nähe die Massendemonstrationen und das Ende der Volksdemokratie miterlebte«, schilderte Anita das Schlüsselerlebnis ihres Lebens. Die Zweifel am Sozialismus wuchsen nach ihrer

Rückkehr auf die Rote Insel stetig weiter, und 1990 trat sie aus der PCC aus.

Etwa um dieselbe Zeit brach sie auch ihr fast dreißigjähriges Schweigen und nahm den Kontakt zu ihrer Mutter im US-Exil auf. Nach einem Verkehrsunfall hörte Anita zu arbeiten auf und lebte von den Dollar-Sendungen der militanten Antikommunistin aus Miami. Anita entschloß sich endlich für den totalen Bruch mit ihrer Vergangenheit. Die einstige PCC-Mitläuferin nahm den katholischen Glauben an und wollte Ende 1995 nur noch eines: mit ihrem Mann und ihrer 9jährigen Tochter in die USA auswandern.

»Yo me quedo«, »Ich bleibe [in Kuba]«, lautet die trotzige Parole, die nicht nur fanatische Fidel-Anhänger befolgen. Zwar verlassen viele Kubaner die Karibikinsel, und die meisten Idealisten kehren der Kommunistischen Partei den Rükken, jedoch zeigt auch ein Teil der verbliebenen PCC-Kader immer wieder menschliche Größe. Dafür bieten sich heutzutage etliche Gelegenheiten, denn die Notfälle häufen sich.

Beispielsweise im Mai 1995: Unweit des neueröffneten Luxushotels »Cohíba« am Malecón in Havanna protestierten obdachlose Frauen, Männer und Kinder – ein Novum, das die zunächst ratlosen Behörden vor eine ungewöhnliche Herausforderung stellte. Etwa 15 Familien saßen oder lagen mit ihren wenigen Habseligkeiten vor einer unbewohnten Villa gegenüber eines Parks, aus der sie die Polizei einige Stunden zuvor vertrieben hatte. Die Zwangsgeräumten blockierten den Verkehr und versicherten, solange zu bleiben, bis »ihre Probleme gelöst« seien. Die erwünschte Lösung war die Rückkehr in das leerstehende Haus, das die Lokalbehörden lange als Büro benutzt und dann aufgegeben hatten.

Das Spektakel zog immer mehr Aufmerksamkeit auf sich. Bewohner aus den Nachbarhäusern brachten den Obdachlosen Brot oder Wasser. Andere hingegen schockierte es geradezu, daß eine Gruppe von hauptsächlich schwarzen Frauen auf der Straße Widerstand leistete und die Anweisungen der

Behörden ignorierte. Junge Weiße verwendeten eine Bezeichnung, die aus einer anderen Epoche stammte, und sprachen abschätzig von *clase muy baja*, unterste Klasse.

Immer mehr Zuschauer stellten sich auf die Seite der laut klagenden Mütter. »So etwas gab es hier in Kuba noch nie«, empörte sich eine etwa 30jährige Frau. Ihr Vater lästerte über die Polizisten, die Mütter mit Kleinkindern einfach auf die Straße setzen. Er erklärte die relative Zurückhaltung der Behörden damit, daß ausländische Journalisten die Szene beobachten oder gar filmen würden. »Früher stürzten hier die Häuser nicht so schnell ein. Die Eigentümer hatten sie repariert und gepflegt«, lobte der Greis die alte Ordnung vor 1959.

Die Spannung stieg, als am Abend vier Lastwagen mit laufenden Motoren und unzählige Polizisten die Gruppe auf der Straße umstellten. »Sie warten darauf, daß alle schlafen gehen, und dann vertreiben sie uns mit Gewalt«, sagte eine kräftige Schwarze. »Das ginge nur mit meiner Einwilligung und die ist nicht zu haben«, erwiderte ein Mann im blauen *Guayabera* höflich und stellte sich mit Vornamen als ZK-Mitglied vor. Der *Pincho* bat die Obdachlosen, eine kleine Delegation zu wählen und diese zu einem kleinen Denkmal in Sichtweite zu schicken, wo er warten würde.

Die Szene auf dem unbeleuchteten Platz und das Nachspiel widerlegten alle vorgefaßten Meinungen über Kuba. Der Spitzenfunktionär und vier Vertreterinnen der Obdachlosen führten leidenschaftlich, aber diszipliniert Verhandlungen. Der Repräsentant der Macht betonte vor jedem Satz seinen guten Willen und seine Hilfsbereitschaft. Er sprach lange und ausführlich von bevorstehenden Renovierungsarbeiten am leerstehenden Haus, schilderte etwas übertrieben die Einsturzgefahr, kritistierte mild die »mutwillige Besetzung« und beschwor die Frauen, sich in städtischen Notunterkünften unterbringen zu lassen. »Dort werden wir dann getrennt und wieder vergessen, wie schon seit Jahren«, reagierte blitzschnell und selbstbewußt die Delegation. Sie konnte etwas später den Erfolg feiern: Kaum hatte der ZK-Vertreter nachgegeben und sich verabschiedet, verschwand auch die Polizei und gab den Weg zum Haus frei. Die »mutwilligen Besetzer« konnten sich dort dauerhaft einrichten.

Einige Tage später waren auf der anderen Seite des Parks ungewöhnliche Aktivitäten zu beobachten. Frauen und Männer in verwaschenen Kunststoffklamotten aus der ehemaligen Tschechoslowakei beluden im Zeitlupentempo einen schrottreifen Lastwagen aus der ehemaligen Sowjetunion. Die Ladefläche füllte sich mit schäbigen Schreibtischen aus den sechziger Jahren und mit vergilbten Aktenbündeln, die mit Schnüren zusammengehalten waren. Das jämmerliche Mobiliar und die ostentative Langeweile der Umzugsleute mochte Nichteingeweihte darüber hinwegtäuschen, daß mit dem sowjetischen LKW die kubanische *Fiscalía General*, Oberste Staatsanwaltschaft, an einen geheimgehaltenen Ort umzog.

Ein untersetzter Mann hinter dem Gartenzaun erregte die Aufmerksamkeit der Umstehenden. »Der dort ist Escalona, der Typ, der General Ochoa umgebracht hat«, erkannte ein Schwarzer den Staatsanwalt. Der Name des erbarmungslosen Anklägers elektrisierte die kleine Männerrunde auf der Straße. »Ich bin froh, daß er endlich geht«, flüsterte ein Nachbar und beschwerte sich über die lästigen Sicherheitsmaßnahmen. General Escalona fürchte seit den Hinrichtungen im Sommer 1989 um sein Leben. Er ziehe ständig um und lasse alle in seiner Nähe überwachen.

Kaum war Escalona mit seinen Akten und Mannen abgerückt, kamen schon die Maurer und Maler anmarschiert. Innerhalb von wenigen Monaten wurde das arg heruntergekommene Gebäude wieder in eine herrliche Villa zurückverwandelt und von einer Versicherungsgesellschaft mit ausländischem Partner in Besitz genommen. Die für kubanische Verhältnisse enormen Veränderungen am früheren Sitz der Staatsanwaltschaft deuteten neue Zeiten mit neuen Prioritäten an.

Die Meldung im Radio, wonach Escalona die Leitung eines Dollar-Hotels der Armee übernimmt, zeugte ebenfalls vom Wandel. Zwar galt es zunächst, ein Mißverständnis zu klären, denn nicht Juan Escalona, der Chef der Obersten Staaatsanwaltschaft im Generalsrang, sondern dessen Namensvetter Juan Carlos Escalona wurde zum Hoteldirektor ernannt. Jedoch lag ein Hinweis auf die möglichen Zukunftsperspektiven der kubanischen »Ladokratie« oder zumindest der militärischen Elite vor.

Das Hotel gehörte zum drittgrößten kubanischen Tourismusunternehmen, zur armeeigenen *Gaviota SA*. Die Zahl der *Sociedad anonyma* (SA) genannten kubanischen Aktiengesellschaften vermehrte sich zwischen 1993 und 1995 rapide und wuchs von 72 auf über 200 an. Die kubanischen Aktionäre sind namentlich nicht bekannt, sie gehören aber größtenteils dem produktiven Teil der Nomenklatura an; unter ihnen befinden sich hochqualifizierte Fachleute und professionelle Topmanager im Militärsektor und in einigen zivilen Bereichen. Diese Gruppe nimmt ständig an Bedeutung zu, und damit wächst auch innerhalb des kubanischen Machtapparats das objektive Interesse an Liberalisierung oder einem Systemwechsel zumindest im Bereich der Wirtschaft – ähnlich wie in einigen osteuropäischen »Volksdemokratien« in den achtziger Jahren. Die Autorität und Macht des erstarrten *Comandante*, die Trotzreaktionen auf den irrationalen Druck der USA, die Schwäche der inneren Opposition auf der Roten Insel könnten radikale Veränderungen zwar lange hinauszögern, nicht aber gänzlich verhindern.

10. Repression und Opposition

Anfang 1996 warteten die Behörden mit einer exotischen Überraschung für Touristen und Einheimische auf. »*Carnaval de la Habana 96*: Jedes Wochenende im Februar die heiße Sinnlichkeit der Tropen, eine majestätische Mischung aus Farben und Melodien«, verkündeten zweisprachige Plakate auf Hochglanzpapier in der Hauptstadt. Zur gleichen Zeit wurde auch in Santiago de Cuba endlich wieder der traditionelle Karneval gefeiert. Mit der Neuauflage des 1990 aus Kostengründen eingestellten Spektakels wollte die Regierung eine Trendwende einleiten: »Der Tiefpunkt der Krise ist überwunden. Die Rückkehr zur Normalität und Ausgelassenheit kann nun beginnnen. Kommt und feiert mit!« lautete die Botschaft an alle Einheimischen und Besucher.

In Havanna wurden die populärsten Salsa-Gruppen aufgeboten. Überall waren Festzelte aufgebaut, in denen Bier und Rum ausgeschenkt wurde oder belegte Brötchen gekauft werden konnten – teilweise sogar gegen Peso. Jedoch kam an keinem einzigen Februarwochenende wirkliche Feststimmung auf. Die Behörden beschränkten den Raum für Spontaneität auf ein absolutes Minimum und ließen die Feiernden keine Minute unbeaufsichtigt.

Alle Aktivitäten, vom Maskenumzug bis zu den Tanzveranstaltungen, waren generalstabsmäßig geplant worden. Sicherheitskräfte in Zivil mischten sich unter die Menge. Auf jedem größeren Platz, an jeder Ecke, an jedem Verkehrsknotenpunkt warteten martialisch wirkende Polizisten oder *Milicia*-Einheiten auf ihren Einsatz. Allerorten waren neue Mannschaftswagen mit erweiterter Platzkapazität zu sehen, die sich auch bei Massenverhaftungen verwenden lassen. Bei den häufigen Routinekontrollen wurden vor allem Jugendliche angehalten, die im nächsten Moment reflexartig nach ihrer *Cédula*,

Identitätskarte, griffen. Ohne *Carné de Identidad* auf die Straße zu gehen, wird von den meisten Polizeibeamten in Kuba entweder als Respektlosigkeit oder als gezielte Provokation aufgefaßt. Die fehlbare Person wird als Übeltäter behandelt und kann noch von Glück sagen, wenn die Angelegenheit nach einigen Stunden mit einer Geldbuße erledigt ist.

Hält der Beamte das blaue Dokument erst einmal in den Händen, beginnt eine zeitaufwendige und nervenaufreibende Prüfung. Die *Cédula* führt auf 28 Seiten alle wichtigen Schritte und Stationen im Leben eines kubanischen Bürgers auf. Nach den Angaben über Name, Geburtsort, Geburtsdatum, Ausweisnummer, Beruf und Identifikationsnummer des Inhabers folgen dieselben Daten über die Eltern, und noch vor dem Ausstellungsdatum und der Ausstellungsbehörde der Zivilstand. Es besteht Platz für vier Eheschließungen mit Name, Nationalität, Geburtsdatum und Geburtsort des jeweiligen Partners. Daran schließen sich elf Rubriken für den Vornamen, das Geburtsdatum und die Identifikationsnummer der Kinder unter 16 Jahren an. Vier Seiten sind für den Wohnort vorgesehen, für zwölf mögliche Adressen mit »Straße, Fernstraße, Kilometerstein, Feldweg, Hausnummer, Türnummer oder Bauernhof, Gemeinde, Region«. Schließlich ist das Datum des Zu- bzw. Wegzugs notiert, vom eintragenden Funktionär mit Stempel und Unterschrift bestätigt.

Findet der Polizist all diese Mitteilungen in der *Cédula* vorschriftsgemäß aufgeführt, so bleibt noch der spannendste Teil der Kontrolle: der vier Seiten umfassende Arbeitsnachweis, der den Namen und die Adresse des Unternehmens oder der Organisation sowie den Aufgabenbereich erfaßt. Ist im letzten Abschnitt nicht nur der Beginn, sondern auch das Ende des Anstellungsverhältnisses vermerkt und mit der Unterschrift des Direktors versehen, so wird der Polizist sein Schweigen brechen und streng fragen: »Wo arbeitest du denn und wovon lebst du eigentlich, *Compañero*?« Bei einer unbefriedigenden Antwort kann jedermann an Ort und Stelle als

»antisoziales Element« festgenommen werden. Das kubanische Strafgesetzbuch sieht für »Gemeingefährliche« ohne Arbeitsnachweis Gefängnisstrafen bis zu vier Jahren vor.

Will ein Polizist die Überprüfung der Identitätskarte beschleunigen oder braucht er zusätzliche Anhaltspunkte für eine Festnahme, so reicht ein kurzer Blick auf die »besonderen Bemerkungen« auf den Seiten 22 bis 25. Dort sind alle Sünden oder Strafen registriert. Ein bereits gebüßtes Vergehen, wie etwa der Besitz von einigen Dollar – vor August 1993 mit Gefängnis bis zu fünf Jahren geahndet –, kann einem zum Verhängnis gereichen. Auch häufige Kontakte zu Fremden können sich negativ auswirken: Wird etwa eine junge schwarze Kubanerin von weißen Polizisten nach drei Verwarnungen ein viertes Mal in Gesellschaft von Ausländern aufgegriffen, so ist die Wahrscheinlichkeit groß, wegen *delicuencia social* verhaftet und für ein Jahr ins Zuchthaus geschickt zu werden.

Die Klagen über die Willkür und Aggressivität der *Pe Enne Ere*, wie die *Policía Nacional Revolucionaria* sinnentleert abgekürzt wird, haben sich in den neunziger Jahren gehäuft. Dem ohnehin schwelenden Konflikt zwischen ohnmächtigen Bürgern und allmächtigen Polizisten gesellen sich alte Ressentiments zwischen den *Habaneros*, den Bewohnern der Hauptstadt, und den *guajiros* aus Ostkuba bei: Die Massenabwanderung aus den ärmsten Regionen und die Personalpolitik des Innenministeriums haben dazu geführt, daß ein bedeutender Teil der Sicherheitskräfte in Havanna aus dem Oriente stammt. Die abschätzig auch *Palestinos* – heimatlose Palästinenser – genannten Bauernburschen in Polizeiuniform fühlen sich in der Regel in der Großstadt nicht wohl und sind gegenüber den »frechen« *Habaneros* feindselig eingestellt.

Carlos wurde als *gusano*, »Wurm«, beschimpft und getreten, als ihn zwei *guajiros* im Oktober 1991 beim Sprayen erwischten. Der damals 21jährige Eisenbahntechniker war kurz nach Mitternacht mit der Parole »1992: sin Comandante«

(»Ohne den Kommandanten«) fertig und begann einige Schritte weiter an die Wand einer Schule »Abajo Fidel« (»Nieder mit Fidel!«) zu sprayen. »Nach der Hinrichtung von Ochoa war ich schockiert und änderte meine Meinung über die Regierung radikal. Ein innerer Trieb ließ mich nachts in Havanna umherschweifen und irgendwie ›Nein‹ sagen«, erzählte Carlos vier Jahre später. Er sah an dem verhängnisvollen Abend zwei Männer sich nähern und dachte, daß sie, wie schon andere zuvor, einfach weitergehen würden.

Carlos irrte sich in jeder Hinsicht. Die zwei Passanten stellten sich als militante Fidel-Verehrer heraus, und sie waren in ihrer Heimatstadt Santiago de Cuba als Mitglieder einer zivilen Eingreiftruppe gegen »Konterrevolutionäre« geschult worden, bevor sie zur Polizei in Havanna gingen. Carlos' linkes Auge war noch blutunterlaufen, als ihn ein milder Richter wegen »feindlicher Propaganda« zu 18 Monaten Gefängnis verurteilte. Nach 17 Monaten in einem Arbeitslager 300 Kilometer östlich von Havanna wurde Carlos wegen guter Führung vorzeitig entlassen.

Seine Hochstimmung ob seiner wiedergewonnenen Freiheit währte allerdings nicht lange, denn eine »besondere Bemerkung« auf Seite 22 der *Cédula* verhinderte, daß Carlos wieder Arbeit finden und ein normales Leben in Kuba führen konnte. Er beantragte politisches Asyl bei der US-Interessenvertretung in Havanna und stellte ein Einwanderungsgesuch. »Bis die Antwort kommt, schlage ich mich hier schon irgendwie durch«, erklärte er zuversichtlich im Sommer 1995.

Carlos wohnte bei seinen Eltern. Die kleine Türe seines Zimmers führte direkt zu dem großen Ruinenfeld, das beim »Jahrhundertsturm« im April 1993 vor dem Gebäude entstanden war. Mehr als zwei Jahre später wirkte der Ort immer noch geradezu gespenstisch: Zwischen den Trümmern von der Fläche eines Fußballfelds lagen Abfallberge aus Fischgräten und verfaulendem Obst. Die zerbröckelnde Mauer eines zweistöckigen Hauses, das aussah wie nach einem Bombenangriff, bildete mit dem herumliegenden Schutt eine organische Einheit. Laute Musik und Wäsche auf der Leine deuteten darauf hin, daß nicht alle Einwohner weggezogen waren.

Hinter dem dunklen Eingang konnte man halbnackte, mit Wasserkanistern beladene Männer erkennen. Im Treppenhaus zogen zwei schwarze Schweine laut grunzend an ihren Fesseln, mit denen man sie an ein verrostetes Eisengitter gebunden hatte. Das gemeinsame Badezimmer von etwa 15 Familien im Innenhof versank in knöcheltiefem Regenwasser, das sich mit Kot und Urin vermischt hatte. In winzigen Räumen hinter offenen Türen saßen ganze Familien vor dem Fernseher.

Eine adrette Nachrichtensprecherin unterhielt sich gerade mit den Vertretern einer westeuropäischen Solidaritätsgruppe über die Errungenschaften des kubanischen Sozialismus. Mercedes, die Nachbarin und Lebensgefährtin von Carlos, schien der Sendung aufmerksam zu folgen. »Ich wurde hier geboren«, sagte sie nach der Übertragung und zeigte mit ausdruckslosem Gesicht auf ihre winzige Wohnung. Ein selbst eingezogener *barbacoa*, Zwischenboden, diente als »Schlafzimmer« und machte die Enge in dem hohen Raum erträglich. An der Wand hingen bemalte Textilien, die farbige Hunde beim Billardspielen zeigten.

Im Unterschied zu Mercedes ließ Carlos' Vater seinem Ärger freien Lauf: »Weiß eigentlich Fidel, wie lange jemand mit einem mittelschweren Magengeschwür ohne Medikamente und Diät leben kann?« fragte der 66jährige Rentner empört. »Ich liege meistens im Bett und warte, daß etwas passiert«, sagte der ehemalige Untergrundkämpfer, der mit Guerillaführer Camilo Cienfuegos persönlich befreundet war. »Seit Camilo mit seinem Flugzeug über dem Meer verschwunden ist, bin ich mißtrauisch geworden.«

Dann wies er stolz auf die selbstgebastelte Antenne am vorsintflutlichen Radio neben seinem Bett. »Damit kann ich dem Irrsinn hier auf der Insel für einige Stunden entfliehen«, erklärte er mit einem kindlichen Lächeln. Der einsame alte Mann suchte jede Nacht die Verbindung zur Außenwelt und hörte Kurzwellensender aus aller Welt. Die Liste der notierten Frequenzen bewahrte er in der Schublade des Küchentischs auf.

In der Küche holte ihn die Wirklichkeit wieder ein. Nachdem er den Kühlschrank geöffnet hatte, deutete er händeringend auf die gähnende Leere in dem vereisten 100-Liter-Gerät. Das einzige Nahrungsmittel war ein kleines Ei zwischen zwei großen Wasserkrügen aus blaugefärbtem Aluminium.

»Wir haben Hunger. Es gibt hier nichts mehr«, schimpfte die dünne Frau des Rentners. Die Hilfsköchin wurde nach der Schließung der Betriebskantine entlassen und verweigerte einige Monate später den Arbeitseinsatz in der Landwirtschaft in einer Ostprovinz. Sie schlug sich als Wäscherin für ihre wohlhabenderen Nachbarn durch. »Ich hatte früher nichts gegen die Regierung von Fidel Castro, aber in der Sonderperiode ist das nun völlig anders«, wetterte sie.

Draußen auf der Straße ertönte die süßliche Stimme eines bekannten Schnulzensängers. Auf der anderen Seite des Ruinenfeldes fand eine Wahlveranstaltung statt. Auf dem Platz herrschte ausgelassene Stimmung. Etwa hundert Erwachsene plauderten und tranken Rum, der von einem Pferdewagen aus vor dem Eingang eines früheren Herrschaftshauses ausgeschenkt wurde. Plötzlich war eine kräftige Stimme aus dem Lautsprecher zu vernehmen. Ein energischer Mann stellte sich als Präsident der Wahlkommission vor. Er bat die Menge, einen Kandidaten für das Gemeindeparlament zu nennen. Nach einer kurzen Pause meldete sich der Präsident des »Komitees für die Verteidigung der Revolution« (CDR) und schlug die bereits amtierende *Compañera* Xiomara zur Wiederwahl vor. Der anderslautende Vorschlag eines grauhaarigen Mannes mit brüchiger Stimme war kaum zu hören. Der Wahlpräsident brüllte den Namen Xiomara noch einmal ins Mikrophon und forderte zur Wahl auf. Alle Anwesenden hoben ihre Hände. Die Frage aus dem dröhnenden Lautsprecher, ob jemand Einwände habe, verhallte in der Stille, und auch die Suche nach Gegenkandidaten erwies sich als aussichtslos.

Die Erkundigungen des ausländischen Besuchers nach der kaum zehnminütigen Wahlveranstaltung führten zu verwirrenden Ergebnissen. Die meisten auf der Straße verhielten sich abweisend und wortkarg, was in Kuba einigermaßen ungewöhnlich ist. Viele behaupteten, nicht zu wissen, ob Xiomara Parteimitglied sei. Alle gaben sich jedoch mit ihrer Arbeit im Gemeindeparlament zufrieden, aber nur wenige kannten die Kompetenzen und die Zahl der Abgeordneten.

Das Treffen mit Darío Machado, Mitglied des Zentralkomitees der PCC, wenige Wochen später half, gewisse Zusammenhänge herzustellen. Der 1947 geborene Politologe, der lange in einer ehemaligen »Volksdemokratie« in Osteuropa studiert hatte, weiß, wie Befragungen von größeren Gruppen in Kuba abgewickelt und ausgewertet werden: Er leitet das »Zentrum für Meinungsforschung und soziopolitische Studien«, das 1967 vom ZK ins Leben gerufen wurde. »Etwa 10 000 freiwillige Aktivisten unterstützen uns und führen die Befragungen durch. Es ist ein aktives und lebendiges System. Das Volk äußert seine Meinung und führt zugleich selber die Meinungsforschung durch«, stellte der dialektisch und rhetorisch geschulte Machado die bestechende Methode vor. Ihre Schwäche liegt allerdings bei den »freiwilligen Aktivisten«; viele Kubaner halten sie für Informanten der Polizei oder fanatische Fidel-Anhänger und begegnen ihnen daher mit der gebotenen Zurückhaltung.

»Kuba hat den Tiefpunkt der Krise überwunden, die sich auf den Bereich der Wirtschaft beschränkt und die politischen Institutionen nicht berührt hat. Neue politische Akteure sind bei uns nicht gefragt«, bemerkte Machado triumphierend und verwies auf seine beeindruckenden Forschungsergebnisse. Rund 93 % der erwachsenen Bevölkerung seien mit dem bestehenden Wahlsystem und der »direkten Demokratie« zufrieden. Lediglich 4% bevorzugten ein Mehrparteiensystem wie in den kapitalistischen Ländern. »Die überwältigende Mehrheit der kubanischen Bevölkerung steht hinter der Regierung und wird dies bald bei den Kommunalwahlen noch einmal deutlich zeigen. Nach unseren Berechnungen wird die Wahlbeteiligung bei rund 97% liegen«, sagte Machado, wobei er fast wörtlich die propagandistischen Platitüden der PCC wiederkäute.

Zur Auswahl standen am 9. Juli 1995 über 29 000 Kandidaten, die sich um die insgesamt 14 200 Sitze in den rund 169 kubanischen Gemeindeparlamenten bewarben. Die Aspiranten wurden nach einem ähnlichen Verfahren wie Xiomara ausgewählt. Sie gehörten mehrheitlich entweder zur PCC oder zu einer Massenorganisation, und keiner von ihnen hatte je mit kritischen Äußerungen über Regierung oder Partei auf sich aufmerksam gemacht. Je näher der Wahltag rückte, desto häufiger waren sarkastische Bemerkungen in Havanna zu hören: »Die Fortschritte sind beeindruckend: Im Februar 1993 wählten wir ein Parlament, das nichts zu sagen hat, und es gab genausoviele Kandidaten wie Deputiertensitze. Dieses Mal geht es um eine Institution, die zwar ebenfalls nichts ausrichten kann, aber jetzt haben wir immerhin die Wahl zwischen zwei Kandidaten, die sich möglicherweise von ihrer Augen- oder Haarfarbe her unterscheiden.«

Letztlich scheuten jedoch die meisten die direkte Konfrontation mit den Behörden und traten den Gang zur Urne an. Die CDR-Komitees führten in jedem Wahlkreis die üblichen Präsenzkontrollen durch. Die wenigen Bewohner, die sich eines Votums zu enthalten gedachten, wurden mehrmals vor Schließung der Wahllokale von CDR-Vertretern aufgesucht und zur Stimmabgabe aufgefordert.

Die meisten »Prognosen« des Machado-Instituts bestätigten sich somit, und die Behörden konnten stolz eine Wahlbeteiligung von 97% verkünden. Im Vedado-Viertel, wo sowohl Fidel Castro als auch Carlos und sein Vater den Urnengang antraten, wurden sogar 100% gemeldet. »Das ist wieder einmal der Beweis dafür, daß unser Volk seine eigene Revolution und sein eigenes System unterstützt«, jubelte Justizminister und Wahlkommissionspräsident Carlos Amat.

Die unausgefüllten Wahlzettel wollten jedoch nicht so recht zu diesem harmonischen Bild passen. Hinzu kam eine weitere, etwas aktivere Art des Protests: das Durchstreichen der Zettel mit einem großen X. Nach Angaben der Wahlkommission waren insgesamt 10% der Stimmen »ungültig«. Die meisten ausländischen Beobachter und Journalisten sprachen gar von 20%: Jeder Fünfte habe aus Protest den Wahlzettel nicht ausgefüllt oder durchgestrichen abgegeben.

Wären im Juli 1995 freie Wahlen anberaumt worden, so hätten mit Carlos die meisten Bewohner der Häuser um das Ruinenfeld unmißverständlich gegen Fidel Castro gestimmt. Aber auch im Vedado-Viertel, in La Habana Vieja, in den meisten Bezirken der Metropole, der anderen Städte und auf dem Lande hätte der *Líder Máximo* wahrscheinlich hohe Verluste hinnehmen müssen: Er wäre nach Meinung der meisten Kuba-Korrespondenten und -Experten auf nicht mehr als ein Drittel der Stimmen gekommen. Gegenwärtig dürfte er nicht einmal mehr diese 33% erreichen.

Diese Zahlen sind aber nur für ein hypothetisches Plebiszit mit der einfachen Frage »Weiter mit oder ohne Fidel?« verwendbar. Die grundsätzliche Frage nach den politischen Präferenzen und Kandidaten der Neinsager kann niemand beantworten. Sie ist auch müßig, da der kubanischen Bevölkerung keine Alternative zu der PCC und dem *Comandante* geboten wird.

Warum dies so ist, kann niemand besser darlegen als der entlassene Hochschulprofessor Elizardo Sánchez, ein kubanischer Oppositioneller der ersten Stunde. Der Besucher traf bei seiner ersten Begegnung mit dem ehemaligen Dozenten für marxistische Philosophie im Jahr 1991 auf verblüffende

Parallelen zu den Lebensumständen des dissidenten tschechischen Theaterautors und Hilfsarbeiters Václav Havel in den achtziger Jahren. Das gemütliche Haus von Sánchez in einem einst mittelständischen Quartier in der kubanischen Hauptstadt war ein Treffpunkt von erregt diskutierenden Intellektuellen in abgewetzten Klamotten, die in der Regel keiner geregelten Arbeit nachgehen konnten, jedoch überarbeitet, gehetzt und unausgeschlafen wirkten. Etwa zur selben Zeit wie die tschechische Menschenrechtsgruppe *Charta 77* hatte sich in Kuba eine ähnliche Bewegung formiert: Eine Handvoll Regimekritiker in Havanna begannen, die Menschenrechtsverletzungen auf der Roten Insel zu dokumentieren. Zu ihnen gehörte von Anfang an Elizardo Sánchez; er übernahm zwischen zwei Gefängnisaufenthalten 1987 die Führung der »Kubanischen Kommission für Menschenrechte und Nationale Versöhnung« (CCDHRN) und wurde nach der Gründung der ursprünglich aus sechs Gruppen bestehenden oppositionellen Sammelbewegung *Concertación Democrática Cubana* (CDC) im September 1991 deren organisatorischer Kopf.

Der 1944 geborene Eisenbahnarbeitersohn Sánchez bezeichnet sich als »demokratischen Sozialisten« und ist heute noch stolz darauf, während der Batista-Diktatur zu der revolutionären Organisation »Sozialistische Jugend« gehört zu haben. Er zitiert nach wie vor oft den »alten Marx« und bekundete Freude darüber, daß dem Denker aus Deutschland die Erfahrung erspart geblieben ist, in Kuba unter Fidel Castro leben zu müssen. Sánchez gründete 1991 mit Vladimir Roca, dem Sohn der 1989 verstorbenen Vaterfigur der kubanischen Arbeiterbewegung Blás Roca Calderío, die links-oppositionelle »Demokratisch-sozialistische Strömung«. Die 1996 etwa 50 Mitglieder zählende Gruppe warf Fidel Castro vor, durch die Verhinderung demokratischer Reformen die kubanische Revolution und den inneren Frieden aufs Spiel zu setzten. »Jeder verlorene Tag erhöht die Gefahr einer sozialen

Explosion und verringert die Chancen einer friedlichen Krisenlösung«, beteuerte Sánchez immer wieder. Neben dem Leben von unzähligen Menschen seien auch die erzielten sozialen Fortschritte gefährdet. »Je länger die Immobilität der Regierung anhält, desto gravierender wirkt sich die Krise aus. Damit wächst die Gefahr, daß das Pendel in die entgegengesetzte Richtung ausschlägt und in einem Wildwestkapitalismus sämtliche Errungenschaften über das Bildungs- und Gesundheitswesen hinaus verloren gehen«, drückte Sánchez seine Besorgnis über einen möglichen Rechtsrutsch aus.

Mit diesen Ansichten ist ihm ein ungemütlicher Platz zwischen allen Stühlen sicher – sowohl in Havanna als auch in Miami. Die von den Ultrarechten dominierten Medien der kubanischen Exilgemeinde in den USA attackierten Sánchez heftig und nannten ihn einen »gefährlichen Agenten des roten Diktators«, der sich als Regimekritiker ausgebe. Für den PCC-Organ *Granma* »täuscht Sánchez einen dritten Weg zwischen Imperialismus und Revolution« vor.[1] Der kommunistische Jugendverband UJC ging noch einen Schritt weiter und fordert seit 1992 »entschlossene revolutionäre Kampfaktionen gegen die gefährliche, als Vermittler getarnte, fünfte Kolonne der organisierten Konterrevolution«.[2]

Für Sánchez stellt die »totale Kontrolle« durch Staat und Partei das Grundübel in Kuba dar. Er fordert neben den demokratischen Reformen in Politik und Wirtschaft die uneingeschränkte Achtung der politischen und zivilen Menschenrechte. »Das CCDHRN-Programm erschöpft sich in der Menschenrechtserklärung der Vereinten Nationen, die praktisch von allen Staaten der Welt, auch von der Regierung Castro, anerkannt werden«, begegnet Sánchez, oft mit einem leisen Lächeln auf den Lippen, der Kritik von linksgerichteten Kuba-Freunden aus dem Ausland.

»Es geht zunächst einmal ums nackte Überleben, um die

1 Vgl. *Granma*, 21. 1. 1992.
2 Vgl. Aufruf zum VI. UJC-Kongreß, in: *Bohemía*, 3. 4. 1992.

Vermeidung eines Blutbades und Bürgerkrieges mittels einer nationalen Versöhnung«, sagte der CCDHRN-Präsident, wobei er nachdrücklich die Bedeutsamkeit der letzten beiden Wörter akzentuierte, die zum Namen seiner Organisation gehören. Sánchez spricht immer wieder davon, wie verheerend sich die nun fast vier Jahrzehnte währende Trennung und die wechselseitigen Angst- und Haßgefühle auf die kubanische Gesellschaft zu beiden Seiten der Florida-Passage ausgewirkt haben.

Wie der mit Schreibverbot belegte Dichter Havel, wird auch Sánchez von den Behörden mit besonderer Aufmerksamkeit bedacht. Wie bei Havel erscheinen auch bei Sánchez häufig dieselben Polizeibeamten, die seine Wohnung routiniert nach Manuskripten durchwühlen, Schreibmaschinen beschlagnahmen und oft auch den Hausherrn oder seinen Bruder Gerardo mitnehmen. Wie Havel in der CSSR, wird auch Elizardo Sánchez immer wieder eingekerkert: Nach 1980 saß er insgesamt über acht Jahre im Gefängnis. Das kubanische Strafgesetzbuch entspricht weitgehend dem sowjetischen und denjenigen in den ehemaligen »Volkdemokratien«; dem kubanischen Philosophen wurden ähnliche Straftaten vorgeworfen, wie dem tschechischen Schriftsteller: »feindliche Propaganda«, »Verbreitung von Falschinformationen, die dem Ansehen des Landes schaden, die Gefahr einer Intervention erhöhen und den internationalen Frieden gefährden«. Nicht einmal Ausländer, die sich angeblich der »Komplizenschaft« schuldig gemacht haben, sind vor Strafen gefeit. Sogar Korrespondenten von renommierten europäischen Nachrichtenagenturen und Zeitungen wurden von »Unbekannten« verprügelt oder von den Behörden aus Kuba ausgewiesen, weil sie Sánchez interviewt hatten.

Der ehemalige Philosophieprofessor sieht seine Lebensaufgabe darin, die demokratische Opposition auf der Karibikinsel zu koordinieren und zu erreichen, daß sich die Regierung dem Gespräch über die friedliche Beilegung der Krise unter

Beteiligung aller Kubaner im In- und Ausland nicht mehr verweigert. Dem Menschenrechtskämpfer schwebt ein ähnlicher Übergang vor, wie in Spanien nach Francos Tod oder in Nicaragua nach dem Contra-Krieg. »Staats- und Regierungschef Fidel Castro, der immer noch über Charisma verfügt, sollte in seinem eigenen Interesse und im Interesse Kubas den Wandlungsprozeß initiieren. Ich bin sogar dafür, daß die Regierung und die bereits bestehende Nationalversammlung diesen Prozeß leiten«, wiederholt Sánchez seit Jahren vergeblich.

Fidel Castro und die Spitzenfunktionäre erfuhren im Juni 1991 aus erster Hand vom weitverbreiteten Wunsch nach Reformen und Veränderungen. Zehn prominente und mehrfach ausgezeichnete Intellektuelle wandten sich einige Monate vor dem IV. Kongreß der *Partido Comunista de Cuba* in einem offenen Brief an die 1800 Delegierten. Die Briefschreiber schlugen angesichts der »gefährlichen Situation« im Land eine »Nationale Debatte vor, von der niemand ausgeschlossen ist«, sowie die Abhaltung von »direkten Wahlen für das Abgeordnetenhaus, ohne Beschränkungen« und eine »Amnestie für alle Gewissensgefangenen«. Das PCC-Organ *Granma* reagierte prompt auf den »Brief der Zehn Intellektuellen« und denunzierte sie in einem Editorial am 15. Juni 1991 als »Alkoholiker und Schwule im CIA-Dienst«.

Drei Tage vor dem Parteikongreß, am 7. Oktober 1991, erlebten etwa 50 ausländische Journalisten, Fernsehleute und Diplomaten in Havanna eine Sensation: María Elena Cruz Varela, die auch im Ausland bekannte Trägerin des höchsten kubanischen Poesiepreises und Mitunterzeichnerin des »Briefs der Zehn Intellektuellen« trat bei einer improvisierten Pressekonferenz im Haus von Elizardo Sánchez als Sprecherin des eben gegründeten Oppositionsbündnisses *Concertación Democrática Cubana* auf. Erstmals in der Geschichte der Revolution wurden die Konturen einer demokratischen und qualifizierten internen Opposition erkennbar. Die neue Allianz von linken und Mitte-Links-

Gruppen ging zwar etwas weiter als die Intellektuellen in ihrem »Brief der Zehn«, wahrte jedoch die Form als Bittsteller und wandte sich ebenfalls explizit an den bevorstehenden IV. PCC-Kongreß.

Die von María Elena Cruz auf sprachlichen Hochglanz polierte CDC-Erklärung enthielt indes einige Vorschläge und Formulierungen, die den *Comandante* und die Nomenklatura maßlos verärgern mußten. Gleich zu Beginn fand »der Mann« Erwähnung, »der über dreißig Jahre das Schicksal unserer Nation bestimmt hat [...] Er scheint auch jetzt, wie dies schon seit Jahren mit alarmierender Häufigkeit passiert [...] die Forderungen der Mehrheit geringzuschätzen [...] und den schädlichen politischen Kurs fortzusetzen, der ihn unwiderruflich vom Volk entfernt hat.«[3]

Die CDC empfahl den kubanischen Kommunisten eine sofortige Generalamnestie, Wahlen mit mehreren Parteien und die Abschaffung des Artikels 5 der Verfassung, der nach sowjetischem Muster die Führungsrolle der KP festschreibt. Befürwortet wurde ferner die Anerkennung der kubanischen Exilgemeinde als »innerer Teil der Nation« und ein »Nationales Treffen« in Havanna; dieses sollte unter Beteiligung aller politischen Kräfte aus dem Exil und aus Kuba die nationale Versöhnung sowie die Demokratisierung in die Wege leiten, eine Provisorische Regierung ernennen und eine neue Verfassung ausarbeiten.

Wenn der IV. Kongreß der KP diese Anregungen zurückweisen sollte, so die Sprecherin der CDC, wäre eine der letzten Gelegenheiten verspielt, um den »ökonomischen Zusammenbruch, das soziale Chaos und das größte Blutvergießen der kubanischen Geschichte noch abzuwenden«.

Nach Verlesung dieses Manifests antwortete María Elena Cruz im Namen der Oppositionsallianz auf die Fragen der Journalisten. Kein einziger Vertreter der eingeladenen kuba-

3 Vgl. Orozco, a. a. O., S. 921 f.

nischen Medien war anwesend; die Verantwortlichen im ZK und Innenministerium zogen passives Abhören durch die installierten Geräte im Haus von Sánchez vor. Der US-Presseattaché folgte zwar der Einladung, schwieg aber: Er wolle mit seiner Anwesenheit lediglich die »politische Toleranz« fördern, erklärte er später Sánchez.

»Was soll mit Fidel geschehen?« lautete eine der ersten Fragen. »Er soll in den Ruhestand gehen. Wir wollen keine Vergeltung [...] Wenn er sich entscheiden würde, ein anderes Land um Asyl zu ersuchen, würden wir auch dies begrüßen«, erwiderte die CDC-Sprecherin. Sie ging auch auf die nächste heikle Frage über Verteidigungsminister Raúl Castro und die Armee gekonnt ein. Sie appellierte an die »Vernunft der Streitkräfte, ihre Waffen bei politischen Kundgebungen auf der Straße nicht gegen das Volk zu richten«.

Als die Rede auf Gustavo Arcos kam, den großen alten Mann der kubanischen Menschenrechtsbewegung, wurden Meinungsverschiedenheiten im Oppositionslager sichtbar. Arcos ist so alt wie Fidel Castro und gehört zu dessen ersten Kampfgefährten. Er fiel wegen seiner Kritik am sowjetischen Kurs 1966 in Ungnade und verbrachte mit einigen Unterbrechungen insgesamt über zehn Jahre im Gefängnis. Nach der Freilassung hatte Arcos 1988 die Leitung des »Kubanischen Menschenrechtskomitees« (CCDH) übernommen, hielt sich jedoch 1991 von der CDC-Allianz fern. »Am besten fragen Sie Herrn Arcos selbst. Er ist schon vor langem gebeten worden, sich uns anzuschließen«, entgegnete María Elena Cruz etwas gereizt auf die Frage nach dem Verbleib des CCDH-Präsidenten. Dieser erklärte einige Tage später einem mit ihm befreundeten spanischen Journalisten, daß seine Gruppe sich auf die Verteidigung der Menschenrechte beschränken wolle: »Wir sind mit den Leitideen der CDC einverstanden, nicht aber mit den Aktionen.«[4]

4 Ebd., S. 295.

Verwirrung stiftete auf der Pressekonferenz der Auftritt von Roberto Luque, der ursprünglich mit María Elena Cruz zur liberal orientierten Gruppe *Criterio Alternativo* (»Alternative Meinung«) gehörte, sich aber mit der Dichterin überworfen und eine eigenes Bündnis ins Leben gerufen hatte. Luque war nach seiner Freilassung im September 1991 leicht reizbar und kämpfte um seine Glaubwürdigkeit, nachdem ihm der kubanische Geheimdienst einen üblen Streich gespielt hatte: Im Gefängnis war Luque in einen Hungerstreik getreten, wovon sich die Nachricht in Windeseile verbreitet hatte. Eines Abends sendete das kubanische Fernsehen eine Videoaufnahme, die den Häftling mit einem Sandwich in der Hand zeigte.

Ein Journalist gab Luque nun die Gelegenheit, sich als kompromißlosen Kämpfer zu präsentieren. »Wie beurteilt das neue Oppositionsbündnis in Havanna die alte Forderung von Exilpolitikern in Miami, wonach ausländische Unternehmen, die mit Fidel Castro Handel treiben, bestraft oder enteignet werden sollen«, wollte der Pressemann wissen. Luque ergriff das Wort und forderte den Abbruch der Handelsbeziehungen. »Diese Firmen helfen dem angeschlagenen Diktator [...] und laufen Gefahr, von der künftigen Regierung im freien Kuba enteignet zu werden«, wiederholte Luque den Standpunkt des intransigenten rechtskonservativen Exilführers Jorge Más Canosa in Miami. Die Intervention von Sánchez und die Beteuerung von María Elana Cruz, wonach Rache in der neuen Republik unerwünscht sei, konnten die Situation nicht mehr retten.

Eine Grundregel der kubanischen Politik lautet: Fällt einmal der Schatten der Unversöhnlichen in Miami auf einen Regimegegner, so hat er seinen Kredit bei der Bevölkerung verspielt. Das mag sich zwar in Zukunft ändern, gilt aber auch heute noch und erklärt die völlige Bedeutungslosigkeit der konservativen Sammlungsbewegung *Coalición Democrática Cubana* in Havanna, die von dem schwerreichen fanatischen

Castro-Gegner Más Canosa finanziert und beeinflußt wurde.

Der »Miami-Effekt« erschwert das Leben aller kubanischen Dissidenten, und sogar entschiedene Canosa-Gegner wie etwa Sánchez haben darunter zu leiden. Es gehörte von Anfang an zu Castros Taktik, all seine Gegner nach dorthin abzuschieben, wo der verhaßte Diktator Batista mit seinen Freunden und Helfershelfern schließlich gelandet war und auf Hilfe hoffte: nach Miami. So entstand im Lauf der Zeit in Kuba ein einfaches Gleichnis: Oppositionelle sind natürliche Verbündete der reaktionären Castro-Gegner in Miami, sie sind mit den Feinden der Revolution in den USA befreundet, also Verräter.

Geschichte, Traditionen und Institutionen der Roten Insel schließen den Teufelskreis für die interne Opposition. Jahrzehntelang haben kollektivistische Prinzipien wie Solidarität, Gleichheit, soziale Gerechtigkeit die Grundlage der kubanischen Gesellschaft gebildet. Individuelle Freiheitsrechte, wie freie Meinungsäußerung oder Vereinsbildung in einem politischen Kontext, verloren an Stellenwert, ganz abgesehen von den miserablen Kommunikationsmöglichkeiten und dem katastrophalen Papiermangel, unter dem sogar wichtige Propagandastellen der KP zu leiden haben. Oppositionelle haben in Kuba keine Möglichkeit, an die Öffentlichkeit zu treten; sie werden beschattet, isoliert, von den einheimischen Medien ferngehalten und sind sowohl juristisch als auch technisch zum Schweigen verdammt.

Die Kontaktaufnahme zu ausländischen Journalisten, zur Interessenvertretung der USA in Havanna, zu einem Emigrantensender oder einer Zeitung in Miami ist daher ein logischer Schritt. Der Weg übers Ausland kann zwar mittels der Kurz- oder Mittelwellensender zum Publikum in Kuba führen, dabei kann aber auch ein beträchtliches Maß an Authentizität verloren gehen: Es gibt immer wieder Nebengeräusche, manipulative Ergänzungen, Kommentare, die sogar regimekritische Zuhörer als störend empfinden.

Jegliche Option – Kontakte zum Ausland oder der Verzicht darauf – ist für die Dissidenten in Kuba mit unkalkulierbaren Risiken verbunden. Die Erstveröffentlichung des »Brief der Zehn Intellektuellen« an die PCC-Delegierten im *Miami Herald* am 31. 5. 1991 führte zu einer massiven Verärgerung der Regierung in Havanna, die vorgeschlagene »Nationale Debatte« wurde nicht einmal in Erwägung gezogen. Allerdings löste die freundliche Einladung an die kubanischen Medienvertreter zur Pressekonferenz im Oktober 1991 dieselbe Reaktion aus: Nach einer kurzen Phase der Nichtbeachtung mehrten sich die heftigen Attacken anonymer Schreiber im PCC-Organ *Granma*.

Politbüromitglied Carlos Aldana, der damalige dritte Mann in Havanna, warnte in einer auch für kubanische Verhältnisse ungewöhnlich heftigen Rede vor der Nationalversammlung am 27. Dezember 1991 die »Konterrevolutionäre«: Das Überschreiten der Grenzen rein »verbaler Dissidenz« könne schwerwiegende Konsequenzen zur Folge haben. In seiner Ansprache, die vom kubanischen Fernsehen übertragen wurde, teilte Aldana mit, daß in Kuba etwa 50 Gruppen mit insgesamt 1000 Regimegegnern existierten, von denen einige Hundert sich hauptamtlich »konterrevolutionären Tätigkeiten« widmeten. Aldana teilte die Gruppen in zwei Blöcke: »Der eine ist direkt mit der reaktionärsten Organisation [...] der *Gusanera* [Würmerei] in den USA verbunden, und der andere täuscht vor, gemäßigter zu sein.« Mit dem zweiten Block meinte Aldana, ohne irgendeinen Namen zu nennen, das linksliberal orientierte Oppositionbündnis *Concertación Democrática Cubana*, das von der »Revolutionsmacht« als viel gefährlicher eingestuft wurde als die ehemals von Más Canosa finanzierten Konservativen. Die meisten Führungsmitglieder der Gruppen, die im Oktober 1991 in einer gemeinsamen Erklärung im Rahmen der *Concertación* aufgetreten waren, saßen einen Monat später bereits im Gefängnis. Die Anklage hatte auf »Bildung einer verbotenen Vereinigung«, »Verleumdung« und »unerlaubte Herstellung von Druckerzeugnissen« gelautet. María Elena Cruz wurde am 21. November 1991 verhaftet und erst drei Jahre später wieder freigelassen.

»Das Besorgniserregende in Kuba besteht nicht darin, daß alles gelogen ist, sondern darin, daß alles wahr zu sein scheint«, erklärte der entlassene Offizier Gerardo Sánchez, den man wegen seiner Ansichten Mitte der siebziger Jahre aus der Armee ausgeschlossen hatte. Die abstrakte Aussage über die komplexe Situation in der *Período Especial* wird vor dem Haus der Sánchez-Brüder in Havanna oft als konkrete Realität vor Augen geführt. »Geht doch zum Teufel«, skandierten im November 1991 etwa 200 Menschen vor deren Fenstern im Namen der Revolution. »Euer Platz ist bei den *Gusanos* in Miami«, krakeelten gut gedrillte Männer in der vordersten Reihe. Es flogen Steine und sogar einige Eier, von denen man mit seiner Rationierungskarte bestenfalls vier pro Woche erhält. Nach etwa einer halben Stunde legte sich der »spontane Volkszorn« plötzlich. Die »aufgebrachten Werktätigen« begaben sich auf dem Heimweg, und zwar mit einem Sonderbus des Innenministeriums, wie die belagerten Sánchez-Brüder erkannten.

Das Gefühl beim Betreten des Hauses, daß einem unsichtbare Augen überallhin folgen, ist auch heute noch begründet. Das freundliche Lächeln der Nachbarn ändert nichts an der Tatsache, daß im CDR-Lokal gleich nebenan fleißig gearbeitet wird. »Als du an meiner Türe geklopft hast, registrierte ein informeller Mitarbeiter des Innenministeriums die genaue Zeit, deine Größe, Alter, Haarfarbe, Kleidung, besondere Merkmale und gab umgehend die Informationen an seine Vorgesetzten in der Zentrale telefonisch durch. Unsere Geheimpolizei hat die Eigenschaften einer Schweizer Uhr, sie ist pünktlich, zuverlässig, unverwüstlich und sogar auch wasserfest: Sie hört nicht einmal bei stürmischem Tropenregen zu arbeiten auf«, sagte Elizardo Sánchez zur Begrüßung.

Gegen die Absurditäten der Justiz versucht sich Sánchez

mit Ironie und Sarkasmus zu wappnen. Nicht nur dieser Galgenhumor verbindet ihn mit Havel und anderen Dissidenten, es bestehen zahlreiche weitere Parallelen: Sánchez weiß etwa, daß seine Freilassung keineswegs unwiderruflich ist und hält daher im Vorzimmer eine gepackte Tasche für die nächste Festnahme bereit. In Sánchez' Haus ist sich jedermann bewußt, daß der Geheimdienst Wanzen und versteckte Mikrophone installiert hat und selbst von den im leisesten Flüsterton geführten Gesprächen Tonbandaufnahmen gemacht werden können. Wie ehemals Havel, meint auch Sánchez, daß die aufgenommenen Unterhaltungen doch beweisen würden, daß bei ihm keine konspirative Geheimorganisation mit CIA-Agenten am Werk sei.

Vor dem absurden »Miami-Effekt« bleibt indes auch Sánchez nicht verschont. Die Isolierung auf der Roten Insel und der enorme Mangel an politischen Erfahrungen machen alle Dissidenten verwundbar und manipulierbar. Eine Freundschaftsbekundung etwa aus Argentinien und die Liste der Personen, die dort angeblich Sánchez' Kampf gegen die »kommunistische Tyrannei in Kuba« unterstützen, können sich als Falle erweisen. »All die Unterzeichner waren [...] Komplizen der faschistischen Militärdiktatur, die in Argentinien zwischen 1976 und 1983 Völkermord verübte, und heute sind diese Leute mit CIA-nahen Terroristen in Miami befreundet«, klärte ein Überlebender aus Buenos Aires Sánchez im Sommer 1987 auf.[5]

Auch nördlich von Miami drohen kubanischen Oppositionellen Gefahren. Die Regierungsstelllen in Washington planen in Zusammenarbeit mit der US-Interessenvertretung in Havanna die Zukunft Kubas. Dazu werden natürlich auch Einheimische benötigt, und die richtigen Freunde auf der Insel müssen rechtzeitig gefunden und gewonnen werden. Unvergeßlich ist der plumpe Annäherungsversuch von Elliot

5 Vgl. J. Timerman, Cuba, New York 1990, S. 106.

Abrams, der Präsident Reagan Ende der achtziger Jahr als Kuba-Experte zur Seite stand. »Gustavo Arcos ist nicht nur ein tapferer Mann, sondern auch ein potentieller Präsident beim demokratischen Systemwechsel in Kuba«, verkündete voreilig der schlechtberatene Politiker in Washington über den alten Herrn in Havanna, der weder über Machtambitionen noch Karrierepläne verfügt.[6]

Wie Havel in der ehemaligen CSSR weiß auch Sánchez, daß zwar seine Freiheit ständig bedroht, nicht aber sein Leben gefährdet ist. Der kubanische Dissident befindet sich in intellektueller Hinsicht folglich in einer schwierigen Lage: Er kommt nicht umhin, die Menschenrechtssituation in Kuba mit derjenigen von vielen anderen lateinamerikanischen Ländern zu vergleichen, wo der Tod und das Verschwinden von Regimegegnern zur Tagesordung gehören.

»Wir haben hier in Kuba sowjetische Methoden. Die Regierung will nicht das Leben, sondern die Denkfähigkeit ihrer Gegner zerstören«, erklärte Sánchez und nannte als Beispiel die psychische Folter in Isolierhaft. Er sei wegen eines Interviews, das er 1986 einem französischen Journalisten über das kubanische Gefängniswesen gegeben hatte, acht Monate lang in »Villa Marista«, dem zentralen Sitz des gefürchteten *Seguridad del Estado*, Staatssicherheitsdienst, in Havanna in Einzelhaft gehalten worden. »Viele haben sich schon in den winzigen dunklen Zellen umgebracht, und auch ich war nahe daran durchzudrehen«, sagte Sánchez leise.

Wegen einer Presseerklärung zum Ochoa-Prozeß wurde Sánchez 1989 erneut festgenommen. Die Isolierhaft im Arbeitslager Agüica dauerte neun Monate. »Die unvorstellbar kleinen und inhumanen Einzelzellen für diese Strafen wurden von den Gefangenen *La Polaca* [Die Polin] genannt. Der Gefängnisdirektor schnappte die Idee in Polen auf und wurde – wie die Sicherheitskräfte von Castro – von Speziali-

6 Vgl. Fogel/Rosenthal, a. a. O., S. 290.

sten aus der UdSSR und anderen sozialistischen Brüderländern geschult«, erzählte Sánchez mit erstaunlicher Nüchternheit.

Er gehört zu den intimsten Kennern der Gefängnisse in Kuba. Er könne es nicht bestätigen, daß militante Castro-Gegner gefoltert würden, trat Sánchez der in den USA weitverbreiteten Behauptung entgegen. Allerdings sei das Schlagen von Häftlingen nichts Ungewöhnliches. Wer Alexander Solschenizyns 1962 publizierte Erzählung *Ein Tag im Leben des Iwan Denissowitsch* kenne, könne sich eine ungefähre Vorstellung davon machen, was für Zustände in den überfüllten kubanischen Gefängnissen derzeit herrschten. Zu den übelsten Mißständen gehörten die katastrophale Versorgungslage und die hygienischen Verhältnisse: Die meisten Häftlinge erhielten kaum die erforderliche Menge an Kalorien, und viele müßten auf dem Boden schlafen.

Um wieviele Menschen handelt es sich? Waren 1987 ungefähr 700 Personen wegen »konterrevolutionärer Aktivitäten« inhaftiert? Waren drei Jahre später von den etwa 30 000 Häftlingen in Kuba nur noch 200 politische Gefangene, die wegen »Vergehen gegen die Staatssicherheit« festgehalten wurden, wie Fidel Castro in einem Interview sagte?[7] Zwar bestätigte Amnesty International diese Zahlen grosso modo, eine Überprüfung vor Ort war aber nicht möglich, da bisher keine Delegation dieser Menschenrechtsorganisation nach Kuba hatte einreisen dürfen. Die Verwendung der Menschenrechtsfrage als Propagandawaffe im kalten Krieg erschwerte zudem die Wahrheitssuche.

Ronald Reagan und George Bush setzten sich jahrelang erfolgslos dafür ein, daß Kuba wegen systematischer Menschenrechtsverletzungen von den UNO-Organisationen geächtet würde, wobei die beiden US-Präsidenten einige Rückschläge einstecken mußten. Angesehene US-Anwälte

7 Vgl. G. Miná, *Fidel*, Mexico DF 1991, S. 141 f.

dementierten etwa nach einer Kuba-Reise im August 1988 in der *New York Times* die Erklärungen des State Departements, wonach dort Menschen gefoltert würden oder ganz verschwunden seien. Hinzu kamen die Berichte von Amnesty International, in denen Kuba zwar kritisiert, nicht aber zu den »gefährlichen Ländern« gezählt wurde – im krassen Gegensatz zu den von Washington gehätschelten »Demokratien« in Guatemala, El Salvador, Honduras, Haiti und Peru. Auch ein UNO-Spezialbericht konnte 1988 die Vorwürfe hinsichtlich der anhaltenden und erkennbaren Menschenrechtsverletzungen in Kuba nicht bestätigen.

Nach Auflösung des sozialistischen Blocks erhöhten sich die direkten Einflußmöglichkeiten der US-Regierung enorm. Immer mehr ehemalige Sowjetrepubliken und »Volksdemokratien« schwenkten auf den militanten Kuba-Kurs der vereinigten Staaten ein. 1990 war es schließlich soweit: Die UNO-Menschenrechtskommission in Genf verabschiedete erstmals eine Resolution gegen die Regierung in Havanna. Ein Jahr später beauftragte die UNO sogar einen Diplomaten, die Menschenrechtsverletzungen auf der Insel zu überprüfen.

Havanna verweigerte die Mitarbeit und sprach von einer *venganza*, Rache, der USA. Im übrigen sei die Kommission in Genf einseitig und klammere die kollektiven Menschenrechte aus, wurde beanstandet. »Was nützen Presse- oder Meinungsfreiheit und die vielen politischen Parteien, wenn in den meisten lateinamerikanischen Ländern ein großer Teil der Bevölkerung im Elend dahinvegetiert, weder lesen noch schreiben kann, keinen Zugang zu Bildung und medizinischer Versorgung hat, an Krankheiten wie Cholera stirbt und ohne Aussicht auf Arbeit und menschenwürdiges Dasein leben muß?« stellten kubanische Regierungsvertreter die alte Standardfrage.

In den »demokratischen« USA werde die Todesstrafe vornehmlich gegen Schwarze und Latinos, nicht aber gegen

Weiße angewendet, gab Fidel Castro zu bedenken. »Die Gefängnisse in den USA sind voll von Menschen, die Opfer von Arbeitslosigkeit, Diskriminierung und sozialer Ungerechtigkeit sind.« [8]

»Mit was für einer Freiheit [...] mit welchen Menschenrechten rühmen sich die USA, wo so etwas passiert?« fragte *Granma* am 4. Mai 1992 nach den Rassenunruhen in Los Angeles mit 58 Toten, 3000 Verletzten und mehreren Tausend Verhafteten – hauptsächlich Schwarze oder *Hispanics*.

Die Anzeige von Menschenrechtsverletzungen in Kuba wird auch dadurch erschwert, daß die Grenzen zwischen Kriminellen und politischen Gefangenen verwischt sind. Die Regierung unterscheidet nicht zwischen »gemeingefährlichen und konterrevolutionären Verbrechern«. Die Zahl der Gefängnisse und Häftlinge gehört zu den bestgehüteten Staatsgeheimnissen.

Elizardo Sánchez und die etwa drei Dutzend Mitglieder der CCDHRN-Kommission für Menschenrechte sammeln alle irgendwie erhältlichen Daten. Sie befragen entlassene Sträflinge, deren Freunde und Familienangehörige, vergleichen die Angaben miteinander und mit ihren eigenen Erfahrungen, fertigen Karten und Skizzen an. Es ist eine schwierige Arbeit, die Mut und zugleich Selbstdisziplin verlangt. Die Überprüfung der Vorwürfe erweist sich in der Regel als heikel, oft als undurchführbar. Die Sicherheitspolizei infiltriert nach Möglichkeit alle oppositionellen Gruppen und versucht immer wieder, Menschenrechtskämpfer mit gezielten Falschinformationen irrezuleiten oder zu diskreditieren.

Sánchez' Berechnungen zufolge saßen im November 1991 in etwa 100 Gefängnissen und Gefangenenlagern auf der Karibikinsel zwischen 60 000 und 100 000 Häftlinge. Vier Jahre später sprach Sánchez von insgesamt rund 300 Strafanstalten mit annähernd 150 000 Insassen, was 1 % der kubanischen Be-

8 Ebd., S. 140.

völkerung entspricht und somit den furchterregenden US-Rekord etwa um das Doppelte übertrifft. Etwa 2000 bis 5000 Kubaner wurden nach Sánchez' Schätzung Ende 1995 aus »politisch-sozialen« Gründen gefangengehalten und wegen *deliquencia social*, »feindlicher Propaganda«, »Zugehörigkeit zu unbewilligten Vereinigungen«, »Beleidigung des Staats- und Regierungschefs« verurteilt. Nach Mitteilung von Amnesty International gab es im Februar 1995 rund 1195 politische Gefangene.

Wie Havel, den die tschechoslowakischen Behörden immer wieder zur Emigration drängten, hält auch das Innenministerium in Havanna die Gebrüder Sánchez an, nach Miami auszuwandern. Sie wollen aber im Lande bleiben, sagen sie, weil sie dort am meisten bewirken können. Es gäbe viele Reformer innerhalb der PCC, die sich aus Angst vor dem *Comandante* als solche zwar offenbarten, aber zu einer Zusammenarbeit mit der Opposition bereit seien. Unter den 32 Mitgliedern der CCDHRN-Kommission seien auch Anhänger der Regierung und Mitglieder der PCC vertreten.

Während die Reformkräfte im Staats- und Parteiapparat zum vorsichtigen Lavieren oder Stillhalten gezwungen sind, unternehmen Spitzenfunktionäre im Scheinwerferlicht Strafaktionen gegen kritische oder unabhängige Intellektuelle. Besonders entmutigend sind die nebulösen Aktivitäten des jungen Politbüromitglieds Abel Prieto, der auch dem Schriftsteller- und Künstlerverband UNEAC vorsteht und im Februar 1997 den ebenfalls linientreuen Kultusminister Armando Hart Dávalos ablöste. Der 1930 geborene Hart war bereits vor 1959 im Guerillakampf mit Fidel Castro verbunden. Sowohl Prieto als auch Hart gerierten sich in den neunziger Jahren als »Liberale«, griffen nichtsdestoweniger auf klassische sowjetische Methoden zurück, die gegen die unangepaßten Denker und Künstler Kubas schon früher eingesetzt wurden.

Die Verteufelung von unorthodoxen Autoren, die sich allesamt lange zur Revolution und zum *Líder Máximo* bekannt hatten, begann bereits Mitte der sechziger Jahre. Die Liste der Verfemten ist lang: Hochkarätige Lyriker, Romanciers und Schriftsteller wie Guillermo Cabrera Infante, Heberto Padilla, Reinaldo Arenas und Norberto Fuentes gehören dazu. Sie alle wurden eingeschüchtert, marginalisiert, als Konterrevolutionäre behandelt, als gefährliche Staatsfeinde eingekerkert oder zur Emigration gezwungen. Ein neuer Fall nach dem alten Muster erregte auch in Europa Aufsehen. Nachdem der kubanische Schriftsteller Jesús Díaz an einer öffentlichen Veranstaltung in Zürich im Februar 1992 die Regierung Castro und den Zynismus der Durchhalteparole »Sozialismus oder Tod« scharf kritisiert hatte, organisierte das Tandem Prieto-Hart in Havanna die Vergeltungsaktion. Als erstes ließ UNEAC-Präsident Prieto im Mai Jesús Díaz aus dem Schriftstellerverband ausschließen. Im Juli wurde dem damals in Berlin lebenden Abtrünnigen ein Drohbrief zugespielt, der in den Regierungskreisen in Havanna zirkulierte. Der Verfasser war Kultusminister Hart. In Anspielung auf dessen Namen verglich er Díaz mit Judas und drohte dem »Verräter« in verklausulierter Form mit dem Tod.[9]

Ein verstohlener, aber effektvoller Schlag des unbeirrbaren Kultusministers im Juni 1995 richtete sich gegen ein lebendes Denkmal der kubanischen Revolution: gegen den weltweit bekannten Liedermacher und Sänger Pablo Milanés. Der äußerst populäre »Pablito« finanzierte mit seinen Dollareinkünften die einzige regierungsunabhängige Kulturinstitution Kubas, die Hart und anderen dogmatischen Spitzenfunktionären von Anfang an ein Dorn im Auge war. Die Auflösung der »Pablo Milanés Stiftung« in Havanna ließ im Sommer 1995 eine großangelegte Säuberung befürchten. »Rette sich wer kann! Das Prieto-Hart-Duo bereitet neue Nummern und eine neue Inquisition vor«, hieß es halb scherzhaft, halb ein-

9 Vgl. *Die Weltwoche*, 19.11.1992, und *Neue Zürcher Zeitung*, 19.11.1992.

geschüchtert in kubanischen Intellektuellenkreisen. Eine neue Repressionswelle Ende Februar 1996 und die vorübergehende Festnahme von mehr als 140 Oppositionellen kurz vor einer geplanten Versammlung in Havanna bestätigten die Befürchtungen.

Trotz dieser entmutigenden Vorkommnisse scheinen gewisse Hoffnungsschimmer am Horizont auf, die ersten Anzeichen einer zukünftigen Zivilgesellschaft: Die von unabhängigen Anwälten 1990 gegründete »Vereinigung Ignacio Agramonte«, die radikale legislative Reformen, Gewaltenteilung und die Etablierung von rechtsstaatlichen Normen anstrebt, besteht bereits seit sieben Jahren, ungeachtet des ständigen Drucks der Behörden. Die »Nationale Vereinigung der Unabhängigen Ökonomen Kubas« (ANEIC), von einigen entlassenen Universitätsprofessoren ins Leben gerufen, publiziert seit 1995 regelmäßig Bulletins und Dossiers. Die Informationen über Tabuthemen wie etwa Arbeitslosigkeit, wachsende soziale Unterschiede und freie Gewerkschaften werden telefonisch nach Miami übermittelt, dort verlegt und dann nach Kuba geschmuggelt.

Zu den Verfassern des »Briefs der Zehn Intellektuellen« gehört auch ein Dichter, der im Sommer 1995 in seiner Wohnung in der Hauptstadt mit einigen geschaßten Journalisten eine unabhängige Nachrichtenagentur etablierte. 1991 zählte er noch zu den bevorzugten Zielscheiben des einflußreichen Politbüromitglieds Aldana. Das Blatt hat sich inzwischen ohne ersichtlichen Grund gewendet: Der mächtige Spitzenfunktionär fiel in Ungnade und landete auf dem Müllhaufen der Geschichte, der verfemte Dissident erfreut sich hingegen einer beispiellosen Narrenfreiheit. Er schreibt regelmäßig unter seinem richtigen Namen im *Miami Herald* kritische Beiträge über Kuba und vertritt linksliberale Positionen. »Meine Tochter wanderte vor kurzem nach Miami aus, und ich kämpfe täglich gegen meinen eigenen Wunsch an, ebenfalls zu gehen. Ich will aber dableiben und an etwas teilnehmen, das ohne Gewalt und Haß das Land verändern und die enttäuschten Hoffnungen auf Brot und Freiheit endlich einlösen kann«, erinnert der grauhaarige Schriftsteller an die Zielsetzungen der kubanischen Revolution von 1959.

11. Miami

Kaum ein Kubaner bringt das Wort »Miami« ohne heftige Gefühlswallungen über die Lippen. Die Stadt an der Biscayne Bay im Südosten von Florida ist seit der Entstehung der Kubanischen Republik zwar immer nur ein Nebenschauplatz des nationalen Dramas gewesen, aber dessen wichtigste Akte begannen oder endeten hier. Auf den Tabakplantagen nahe Miami etwa, wo vor allem kubanische Tagelöhner arbeiteten, hatte 1894 José Martí für den Unabhängigkeitskampf geworben und Geld gesammelt. Ein Jahr später starb der »Apostel« in seiner Heimat; er ritt nach einer sowohl in Miami als auch in Kuba oft kolportierten Legende in der Schlacht von Boca de Dos Ríos auf einen Schimmel in den Tod.

Nach dem Volksaufstand von 1933 in Havanna floh Militärdiktator Gerardo Machado auf Umwegen nach Miami. Der verhaßte General starb im Exil und wurde auf dem dortigen *Woodlawn Park Cemetery* beigesetzt. Unweit von Machados marmorner Krypta befindet sich das Grabmal seines prominenten Gegners: »Carlos Prío Socarrás, Präsident der Republik Kuba 1948-1952«, steht auf dem pompösen Grabstein.

1952 brach Fulgencio Batista Zaldívar von Miami auf und verjagte Prío aus dem Präsidentensessel, der sich wiederum nach Miami flüchtete. Auch der *Líder Máximo* kennt die Stadt aus eigener Anschauung. Nachdem Castro 1955 amnestiert wurde und vorzeitig die damalige Gefängnisinsel Isla de Pinos verlassen durfte, suchte er in Miami Geldgeber für den Guerillakampf gegen Batista. Multimillionär Prío, der auch im Exil Kubas verfassungsmäßiger Präsident war, ließ dem bärtigen Rebellenführer reichliche Mittel zufließen. Als einige Jahre später Fidel Castro die Herrschaft an sich riß, wendete sich das Blatt noch einmal: Batista landete schließlich an demselben Ort wie sein einstiger Gegenspieler Prío, der nun emsig den Sturz von Castro betrieb.

Der gepflegte *Woodlawn Park Cemetery* hat trotz der namhaften Toten aus Kuba seinen englischen Namen beibehalten. Die Gegend vor dem Haupteingang hat sich in den letzten drei Jahrzehnten jedoch radikal verändert. Die 8th Street Southwest, die am Friedhof entlangführt, wird nur noch Calle Ocho genannt und bildet das Zentrum des legendären kubanischen Viertels »Little Havanna«. Der Name stammt aus der Epoche der angelsächsischen Dominanz in Miami und täuscht darüber hinweg, daß die Hauptstadt des US-Bundesstaats Florida die zweitgrößte kubanische Stadt der Welt ist.

Mehr als die Hälfte der *exiliados*, wie sich die eineinhalb Millionen Kubanerinnen und Kubaner in den USA nennen, leben in Miami. Sie sind dort schon lange nicht mehr in der Fremde: Bereits 1986 belief sich die Gesamtzahl der *Hispanics* – womit hier vornehmlich die Kubaner gemeint sind – auf 56%. Die Dominanz der *Cubanos* ist augenfällig: »Warum sollten die Amerikaner für Kuba eine Gefahr darstellen? Wir haben sie sogar hier aus Miami vertrieben«, soll der mächtige Exilpolitiker Jorge Más Canosa gelegentlich auf geschlossenen Veranstaltungen aufgetrumpft haben.

Das futuristisch anmutende neue *Arquitectónica*-Gebäude an der Brickel Avenue, das die Skyline beherrscht, gehört einem kubanischen Unternehmen. Zahlreiche Kandidaten und Sieger bei den Bürgermeisterwahlen nach 1985 sind Kubaner gewesen. Über 20000 Firmen befinden sich in kubanischer Hand, in den Chefetagen der wichtigsten Banken sitzen Kubaner, zwei Fernseh- und zehn Radiosender sind kubanisch, der Lebensstil, die Sprache, der Alltag und die Feste in Miami sind kubanisch. Viele Mitglieder der exklusiven Clubs, die keine Schwarzen oder Juden aufnehmen, unterhalten sich auf Spanisch mit kubanischem Akzent und wollen oder können nicht Englisch sprechen. Die »feine Gesellschaft« in »Little

Havanna« mokiert sich über die *Americanos*, bei denen sie Kultur und Temperament vermißt.

»Der letzte Nordamerikaner wird gebeten, das US-Sternenbanner mitzunehmen«, seufzen resignierte *Anglos*, die kaum noch 10% der Stadtbevölkerung ausmachen. Viele von ihnen fühlen sich von den *Hispanics* bedroht und sehnen sich nach der Zeit vor 1960, als kaum 10000 Kubanerinnen und Kubaner in der Gegend gewohnt hatten.

Trotz dieser Erfolgszahlen will in »Little Havanna« keine Siegestimmung aufkommen: Miami gilt den meisten *exiliados* lediglich als eine Zwischenstation vor der Rückkehr in die Heimat. »Vor 1959 dachten wir in Havanna nie, daß die USA besser seien. Ganz im Gegenteil: Wir waren überzeugt, daß Kuba besser sei. Heute habe ich den USA zwar sehr viel zu verdanken, jedoch fühle ich mich auch nach mehr als 33 Jahren aus einem einfachen Grund nicht wohl hier: Ich würde lieber in Kuba leben«, schilderte ein prominenter Geschäftsmann in Miami das Lebensgefühl der ersten Emigrantengeneration.[1]

Die Absurdität der Geschichte hat aus Havanna und Miami siamesische Zwillinge gemacht: Sie sind sich zugleich ähnlich, grundverschieden und miteinander verwachsen. Beide Städte sind von Haßliebe und Wehmut erfüllt, die ein explosives Gemisch ergeben. Der Trinkspruch zu Neujahr: »Nächstes Jahr in Havanna!«, bringt zugleich die Sehnsucht und das politische Programm der *exiliados* auf den Punkt. Die erste Exilgeneration verzehrt sich nach ihrem imaginären *Cuba de ayer*, »Kuba von gestern«. Dieser Traum vom Paradies und von der Rückkehr dorthin, selbstverständlich nach Castros Sturz, trösten über den rauhen Alltag in der Fremde hinweg.

Vor dem Sieg der Exilkubaner fürchten sich auf der Kari-

1 Vgl. L. Botifoll, in: D. Rieff, *The Exile*, New York 1993, S. 30f. Botifoll, der Präsident der ersten kubanischen Bank in den USA, ist sowohl in Havanna als auch in Miami wegen seiner politisch-kulturellen Aktivitäten bekannt.

bikinsel jedoch nicht nur die Castro-Anhänger. Der Durchschnittsbürger wünscht sich zwar den Wohlstand Miamis herbei, trauert aber auch den Zeiten nach, in denen die Hilfe aus Moskau ein sorgenfreies Leben in bescheidenem Rahmen ermöglichte.

Der Name der Hauptstadt Floridas wirkt in Havanna genauso elektrisierend wie der Name *Habana* in Miami. Projektionen und Emotionen an beiden Orten trüben das Wahrnehmungsvermögen. Einerseits kennen die meisten *exiliados* die Verhältnisse in Kuba nur ungenügend, andererseits ist das US-Bild der meisten Inselbewohner entweder nur Schwarz oder nur Rosarot gefärbt.

Der Massenexodus aus Kuba nach 1959 hat zwei völlig neue Städte entstehen lassen. Die eine ist das real existierende Miami, das von den meisten Exilkubanern nur als Provisorium oder Wartesaal akzeptiert wird. Die andere Stadt ist Havanna, die als Traum und Mythos in immer größere Entfernung entrückt ist. Dadurch wird Miami zugleich zur Stadt der Zukunft und der Vergangenheit: Ihre kubanische Bevölkerungsmehrheit richtet sich vorübergehend ein und wartet wie gebannt auf den Tag, an dem sie definitiv in ihre Heimat zurückkehren kann.[2]

Wie Havanna ist auch Miami ein Mythos, das kubanische Tüchtigkeit und Intelligenz verherrlicht. Kaum ein *exiliado* unterläßt es, seinem Besucher stolz alle Attraktionen der Stadt zu zeigen. Die Besichtigung der ultramodernen Wolkenkratzer und der gigantischen Einkaufszentren endet in der Regel mit dem leidenschaftlichen Bekenntnis: »All das hier haben wir Kubaner erarbeitet, und Havanna könnte heute genauso weit sein.«

Diese Erfolgsgeschichte findet viele Bewunderer, aber auch eine Menge Kritiker. Neben den *Anglos* mit ihrem Hang zum Ethnozentrismus zweifeln sogar viele *Hispanics* an der Unbe-

2 Vgl. T. D. Allman, *Miami: City of the Future*, New York 1987, S. 324.

scholtenheit so mancher Wirtschaftsbosse und an der Legitimität gewisser Geschäftspraktiken in »Little Havanna«. Dem kürzlich verstorbenen, selbsternannten Exilführer Más Canosa wurde nicht nur Steuerbetrug nachgesagt, sondern auch seine oft kolportierte Darstellung, wonach er dank seiner Cleverness im Telefonkabelgeschäft vom Tellerwäscher zum Multimillionär aufgestiegen sei, stößt vielerorts auf Skepsis. Häufig wird von schmutzigem Geld aus kolumbianischen Drogengeschäften gemunkelt, das zum richtigen Zeitpunkt »gewaschen« wurde und einen Boom ausgelöst habe. Überdies wollen die Klagen über die »kubanische Mafia« nicht verstummen, die alle lukrativen Aufträge in Miami und Umgebung kontrolliere.

Zu den unbewiesenen und kaum nachzuweisenden Behauptungen kommen subjektive Empfindungen hinzu, die sogar bei anderen Lateinamerikanern in Miami größtenteils negativ getönt sind. »Ehrlich gesagt, ich meide sie«, beschrieb ein peruanischer Taxifahrer sein Verhältnis zu den Exilkubanern. »Ich verstehe sie nicht. Sie kämpfen für die Blockade gegen ihre Heimat und lassen ihre eigenen Landsleute hungern«, begründete der gesprächige Mann aus Lima seine Abneigung.

»Die Kubaner hier sind selbstgerecht und fanatisch«, beschwerte sich eine nicaraguanische Kellnerin am Miami Beach. »Sie behandeln alle anderen Latinos wie hergelaufene Habenichtse und halten sich selber für die einzige Gruppe, die nur aus ehrbaren politischen Gründen in den USA ist.« Die junge Frau stimmte mit ihren Ausführungen in ein Lamento ein, das in der zentralamerikanischen Exilgemeinde ständig zu hören ist.

Nur wenige *exiliados* sind bereit, ihre Erfolgsgeschichte in größere Zusammenhänge einzuordnen. Als Gegengewicht zur sowjetischen Unterstützung von Castros Kuba entwarf die US-Regierung anfangs der sechziger Jahre für »ihre« Kubaner ein spezielles Hilfsprogramm. Im Unterschied zu den »illegalen Immigranten« aus Lateinamerika wurden Kubaner als politische Flüchtlinge aufgenommen. Sie erhielten in den USA als »Freiheitskämpfer« oder »Opfer der stalinistischen Diktatur Castros« neben allen möglichen Vergünstigungen auch Geld in astronomischer Höhe: Zwischen 1962 und 1976 betrug die Direkthilfe aus Washington an die kubanische Exilgemeinde rund 2,1 Millarden Dollar.[3]

Einer der wichtigsten Arbeitgeber in »Little Havanna« war anfangs der sechziger Jahre der US-Geheimdienst CIA. Die Planungs- und Kontrollzentrale befand sich an der Universität von Miami. Von dort aus leiteten etwa 350 geheime Abteilungsleiter die Konspiration gegen die Rote Insel. Jedem Abteilungsleiter waren zwischen vier und zehn »Hauptagenten« unterstellt, die ihrerseits zwischen zehn und dreißig »reguläre Agenten« beschäftigten. Exilkubaner bildeten auf allen Stufen der Hierarchie die große Mehrheit. Insgesamt arbeiteten zwischen 12000 und 120000 »reguläre Agenten«, die vermutlich weitere Kontaktpersonen hatten, auf getarnten Booten, die nach CIA-Schätzungen »die drittgrößte Flotte in der westlichen Hemisphäre« bildeten.[4] Ferner unterhielt die CIA in Miami eine eigene Fluggesellschaft, ein eigenes Reisebüro, Hunderte von Immobilien, zahlreiche Boot- und Waffengeschäfte.

Parallel zum spektakulären Aufschwung in »Little Havanna« verschlechterte sich die Situation der Schwarzen in Miami, deren Anteil an der Stadtbevölkerung 1995 etwa 20% betrug. Sie wurden von hervorragend organisierten und ausgebildeten *exiliados* immer mehr an die Seite gedrängt. Nach den blutigen Rassenkrawallen von 1968 änderte sich wenig; die Verslumung von »Liberty City«, dem berühmt-berüchtigten Stadtteil der schwarzen Unterschicht, schritt weiter

3 Vgl. Fogel/Rosenthal, a. a. O., S. 435. Die vom US-Präsidenten John F. Kennedy gegründete »Allianz für den Fortschritt« (und für die »Freiheit« im Sinne Washingtons) investierte in derselben Zeitspanne in ganz Lateinamerika viel weniger Geld, betonen die Autoren.

4 Vgl. J. Didion, *Miami*, New York 1987, S. 90f.

voran und die Stimmung blieb angespannt: Zwischen 1968 und 1980 brachen 13 kleinere oder größere Aufstände in Miamis Schwarzenvierteln aus.[5]

In »Little Havanna« hingegen blühte die Wirtschaft, als im Frühjahr 1980 erneut eine enorme Flüchtlingswelle aus Kuba einsetzte. Die Ankündigung Castros, ausreisewillige »Verräter« ziehen zu lassen und für den Abtransport des »Abschaums« den nordkubanischen Hafen Mariel für Boote aus Miami zu öffnen, löste in der Exilgemeinde Euphorie aus. Die Hilfsbereitschaft für die *Marielitos*, wie die etwa 125 000 Emigranten liebevoll genannt wurden, kannte keine Grenzen, und im Schnelltempo wurde im Sportstadion *Orange Bowl* eine Zeltstadt mit allem Komfort errichtet. Etwa 57 000 kubanische Flüchtlinge hausten im Mai 1980 dort und führten den Schwarzen in »Liberty City« auf der gegenüberliegenden Seite des Miami River vor Augen, wo die eigentlichen Prioritäten der Stadtregierung liegen. Als am 17. Mai 1980 eine weiße Jury vier weiße Polizisten von der Anklage freisprach, einen 33jährigen Schwarzen in Miami totgeschlagen und danach einen Autounfall vorgetäuscht zu haben, explodierte die Zeitbombe. »Liberty City« brannte vier Tage lang. Die Krawalle forderten zehn schwarze und acht weiße Todesopfer.

Die Massenabwanderung aus Kuba dauerte unterdessen an und zeitigte ähnliche Nebeneffekte wie zwei Jahrzehnte zuvor: Alle zur Verfügung stehenden Mittel wurden für die bevorzugte Behandlung von »Castros Opfern« verwendet, während sich die Lage der Schwarzen weiter verschlimmerte.[6]

5 Ebd., S. 44.

6 Bei Nelson Mandelas Besuch in Miami 1990 war die politische Dimension der ethnischen Spannungen nicht mehr zu übersehen. Weiße Exilkubaner protestierten gegen den schwarzen Menschenrechtskämpfer und gegen dessen frühere Besuche in Havanna. »Wir sind hier, weil Mandela ein Freund Castros ist, und kein Freund Castros ist in Miami willkommen«, skandierte die verärgerte Menge. Sie wurde von schwarzen Gegendemonstranten niedergeschrieen: »Mandela, willkommen in Miami, in der Stadt der Apartheid.«

Der Sommer 1980 wartete jedoch mit weiteren bösen Überraschungen auf, die das Kuba-Bild der weißen Exilgemeinde nachhaltig erschütterten. Die 125 000 *Marielitos* sprachen zwar denselben Dialekt wie sie, schienen aber sonst einem völlig anderen Land zu entstammen. Die vielen Schwarzen und Mischlinge unter den Neuankömmlingen machten den *exiliados* erst bewußt, daß sich der Anteil der weißen Bevölkerung auf Kuba nach 1960 drastisch vermindert hatte. Ein Großteil der *Marielitos* entsprach außerdem keineswegs den an sie gerichteten Erwartungen: Nur wenige in dem bunten Haufen waren erprobte Freiheitskämper oder tüchtige Kleinbürger mit Unternehmergeist. Neben den Schwarzen schockierte auch die große Anzahl von Homosexuellen und Randexistenzen unter den *Marielitos* die katholisch-konservativ dominierte kubanische Exilgemeinde. Etwas später zeigte sich, welch schlimmen Streich ihr Castro gespielt hatte: Er hatte die Gefängnisse und Nervenkliniken in Kuba öffnen lassen und Miami neben etwa 25 000 Kriminellen auch Tausende von Geisteskranken aufgebürdet.

Im Zuge der Säuberung vom »Abschaum« gelangten auch verfemte Künstler als *Marielitos* nach Miami und kamen dort vom Regen in die Traufe. Besonders tragisch war das Schicksal des 1943 geborenen Schriftstellers Reinaldo Arenas, der die Karibikinsel aufgrund seiner Homosexualität und seiner Weigerung, die Herrlichkeit der Revolution zu besingen, zum gehetzten Staatsfeind wurde. Arenas konnte »den Scheißhaufen Miami« wegen der Intoleranz, die ihn an Kuba erinnerte, und wegen der »Ausschweifungen der kubanischen Reaktionäre« nicht ertragen. Er kehrte der Stadt nach kurzer Zeit den Rücken und ging nach New York,[7] wo er am 6. Dezember 1990 freiwillig aus dem Leben schied.

Arenas, der zu den bedeutendsten kubanischen Schriftstel-

7 Vgl. das Interview mit L. Hasson, in: O. Ette (Hg.), *La escritura de la memoria. Reinaldo Arenas: Textos, estudios y documentación*, Frankfurt/M. 1992, S. 57ff.

lern der Gegenwart gezählt wird, ist in Havanna und Miami immer noch eine weitgehend unbekannte Größe. In vielen Buchhandlungen in »Little Havanna« werden Arenas' Meisterwerke aus »moralischen« Gründen boykottiert.

Die literarische Verarbeitung der kleinbürgerlichen Intoleranz und der geistigen Enge in »Little Havanna« blieb Guillermo Rosales vorbehalten. Er wurde etwa um dieselbe Zeit wie Arenas in Kuba geboren und ist kurz vor diesem in Miami gelandet. Auch Rosales wurde von den Funktionären in Havanna mit Schreibverbot belegt. In seiner autobiographisch gefärbten Erzählung *Boarding Home* von 1986 schildert er das tragische Scheitern einiger Nonkonformisten, die sowohl in Havanna als auch in Miami auf Ablehnung stoßen. Die zentrale Figur in Rosales' Buch ist der Schriftsteller William Figueras, der nach anfänglicher Begeisterung für die kubanische Revolution den Glauben an das bevorstehende Paradies der Werktätigen verliert. Figueras schreibt einen Roman über die unmögliche Liebe zwischen einem Kommunisten und einer bürgerlichen Frau, die schließlich zusammen Selbstmord begehen.

Das Werk kann nicht publiziert werden, da die Kulturfunktionäre Figueras der Morbidität und Pornographie zeihen. Danach zieht er sich zurück und hört auf zu schreiben. Er beginnt Teufel an den Wänden zu sehen und Stimmen zu hören, die ihn beleidigen.

Nach 20 Jahren kann Figueras die offizielle Kultur des sozialistischen Staates nicht mehr ertragen. Er kommt eines Tages zum Schluß, daß nur ein anderes Land ihn vor dem Wahnsinn retten könne, und geht als »totaler Flüchtling« nach Miami. Am Flughafen dort empfängt eine aufgeregte Menschenmenge mit Tränen in den Augen und Videogeräten in den Händen die Familienangehörigen aus Havanna. Viele kennen sich nur von Fotos oder haben sich seit Jahrzehnten nicht mehr gesehen.

Die Verwandten sind nach Figueras' Ankunft entsetzt: Sie

erwarteten einen *luchador*, Kämpfer, einen Geschäftsmann mit Ambitionen, einen zukünftigen Sportwagenfahrer im Pierre-Cardin-Anzug, einen Don Juan mit Eroberungsdrang, einen Familienvater mit vielen Kindern, nicht aber einen erschöpften Verlierer. Figueras landet nach kurzen Aufenthalten in drei psychiatrischen Anstalten in einem *Boarding Home*, einem Heim für abgeschobene Greise, Geisteskranke und Marginalisierte.

Dort lernt er die kubanische Malerin Francis kennen, die eine ähnliche Leidensgeschichte und ähnliche Erfahrungen durchgemacht hat. Die Liebe zwischen Figueras und Francis und ihr Versuch, sich gemeinsam in der abnormen Normalität Miamis einzurichten, scheitern an der feindseligen Umwelt. Francis wird zwangsweise in die Psychiatrie eingewiesen und mit Gewalt von ihrem Liebhaber getrennt. Die beiden enden in Rosales' Erzählung entmündigt und vereinsamt in miserablen *Boarding Homes*.

Zu den kaum erträglichen seelischen Belastungen und Widersprüchen in Miami gehört auch, daß das frühere Provinznest eine archaische und zugleich hypermoderne Großstadt ist. Eine weiße Marmormadonna und eine vollcomputerisierte Bahn aus dem 21. Jahrhundert gehören zu ihren Wahrzeichen. In den ferngesteuerten Fahrkabinen hoch über der Innenstadt sitzen verwirrte Obdachlose, wild gestikulierende *Boarding Home*-Insassen und kühle Bankangestellte nebeneinander. Unweit der futuristischen Banken- und Versicherungspaläste steht die kubanische Kirche »Jesus Christus der Allmächtige«. Das monumentale Gotteshaus befindet sich in der Avenida Reagan, die ihren Namen der militant-antikommunistischen Haltung des ehemaligen US-Präsidenten verdankt.

Reagans Geist dominiert auch die Theater in »Little Havanna«. *Mit Lincoln und Ileana werden wir nach Havanna zurückkehren* und *Cuca als Beauftragte... und Kuba wird befreit* heißen die letzten Stücke in der Calle Ocho. Sie handeln von den Träumen und der Besessenheit der ersten Emigrantengeneration. Fotos vor dem Eingang zeigen Fidel Castro als senilen Greis oder als bizarren Pantoffelhelden in Uniform.

Wie in Havanna wird auch in »Little Havanna« suggeriert, daß die Zeit stillstehe. »In Ehren für die Märtyrer der Brigade vom 17. April 1961«, ist auf einer Marmorplatte in der Calle Ocho zu lesen. Das Denkmal, das immer mit frischen Blumen geschmückt ist, verleiht der gesichtslosen Durchfahrtstraße eine pathetische Note. Eine ewige Flamme und ein furchtloser Soldat aus Bronze sollen die Erinnerung an die 114 gefallenen Mitglieder der Invasionsbrigade lebendig halten, die in der Schweinebucht von Castros Truppen vernichtend geschlagen wurden.

Doch die profane Welt läßt sich nicht beiseite drängen: In der Nähe des Mahnmals schießen immer mehr Junk-Food-Buden aus dem Boden. Die Banalität des Konsumalltags vermischt sich mit Brutalität: Das einst sauber-kleinbürgliche »Little Havanna« ist in den Teufelskreis von Drogen und Gewalt geraten. Nicht einmal die »Casa de Domino«, der Inbegriff kubanischer Lebensart in der Calle Ocho, blieb verschont. Der gemütliche Garten mit Dominospielern wurde wegen der Drogenhändler eingezäunt und muß bereits am frühen Abend schließen.

Auch das legendäre Wandbild in der Calle Ocho gehört einer anderen Epoche an: Die kunstvoll gemalten Kubanerinnen im Ballkleid zwischen Freiheitsstatue und Superman haben mit der Realität in »Little Havanna« nicht mehr viel zu tun. Nach den reichen Kubanern ziehen nun auch deren mittelständische Landsleute aus dem gefährdeten Viertel weg und werden von mittellosen Neuankömmlingen aus Zentralamerika abgelöst.

Die kubanische Exilgemeinde in den USA wird seit Jahrzehnten weltweit mit rechtsradikalen Schlägern, fanatischen Castro-Gegnern und antikommunistischen Millionären gleichgesetzt. Letztere beherrschen nach wie vor die Kommunikationsmittel und die Szene in Miami. Jedoch ist das politische Spektrum in »Little Havanna« von Anfang an breit gewesen und umfaßt neben sozialdemokratischen sogar auch anarchosyndikalistische Strömungen.

Die meisten Führer der rechtsextremen Gruppierungen nahmen am Invasionsversuch in der Schweinebucht teil. Nach dem Fiasko schloß sich ein Teil der enttäuschten Veteranen illegalen paramilitärischen Gruppen an, ein anderer Teil fand bei der CIA Arbeit. Die Methoden des Befreiungskampfes blieben lange »karibisch«; zu ihnen gehörten Terrorakte in Kuba, Attentatsversuche gegen Castro, Propagandaschlachten in Hetzsendern und Bombenanschläge auf »Verräter« in Miami.

Bis heute ungeklärt sind die Verbindungen von etwa 20 kubanischen Exilgruppen zu den Schlüsselfiguren bei der Ermordung von US-Präsident John F. Kennedy, der seit seiner zögerlichen Haltung während der Schweinebucht-Invasion in »Little Havanna« besonders verhaßt war. Das 1976 verübte Attentat auf ein kubanisches Passagierflugzeug über Barbados, bei dem 73 Menschen starben, konnte hingegen nahezu restlos aufgeklärt werden: Die Täter kamen aus dem Umkreis der ehemaligen Interventionsbrigade.[8]

Anfang der achtziger Jahre begannen einige der einflußreichsten Geschäftsleute der kubanischen Exilgemeinde, ihre Aktionen gegen Castro zu »amerikanisieren« und auf Anraten der Reagan-Administration eine Kuba-Lobby in Washington zu bilden. Die 1981 gegründete *Cuban American National Foundation* (C. A. N. F.) avancierte auf Anhieb zu einer der mächtigsten politischen Aktionsgruppen in den USA. Die Stiftung gehört unter der Bezeichnung *Fundación* zu den Schimpfwörtern in Havanna und symbolisiert die geballte Macht der *exiliados*.

Amerikanische Präsidentschaftskandidaten wie Präsiden-

8 Vgl. Didion, a. a. O., S. 134f.

ten gaben sich nach 1981 die größte Mühe, mit der C. A. N. F. auf gutem Fuß zu stehen. Präsident Reagan entschied sich sogar gegen die Einwände seines Außenministers George P. Shultz für ein wichtiges C. A. N. F-Projekt: *Radio Martí* strahlt auf Wunsch der *Fundación* seit 1985 mit Steuergeldern finanzierte Propaganda im Kurz- und Mittelwellenbereich nach Kuba aus. Der Kongreß in Washington verzichtet in der Regel auf Debatten, die zu Konflikten mit der C. A. N. F. führen könnten. Demokraten und Republikaner sind gleichermaßen um das Wohlwollen der *Fundación* bemüht, da ihre etwa 50 000 Mitglieder enorm einflußreich und finanzstark sind. Mehr als hundert C. A. N. F.-Direktoren sollen pro Kopf 10 000 Dollar als Jahresbeitrag zahlen, und das Vermögen vom C. A. N. F.-Chef Jorge Más Canosa wurde zu seinen Lebzeiten auf etwa neun Millionen Dollar geschätzt.[9]

Más Canosa, der 1939 geborene Sohn eines Tierarztes der kubanischen Armee, übernahm nach internen Kämpfen Mitte der achtziger Jahre die Leitung der C. A. N. F. Er mußte bei der Schweinebucht-Invasion auf dem Schiff bleiben. Bis zu seinem Tod im Jahr 1997 träumte er von dem großen Tag nach Castros Vertreibung, an dem er als Sieger und dessen Nachfolger in Havanna einzuziehen gedenkt. Der rechtslastige Erzfeind Castros wurde von zurückgetretenen C. A. N. F.-Gründern mit dem Diktator in Havanna verglichen und als genauso »paternalistisch und autoritär« kritisiert.[10]

Im Restaurant »Versailles« in der Calle Ocho trifft sich schon seit Jahrzehnten das Establishment der kubanischen Exilgemeinde. Gegenüber der Spiegelwand mit Königskrone hängt eine Aufnahme aus vorrevolutionärer Zeit, die Havanna und die Küstenpromenade mit glänzenden Limousinen zeigt. Nachmittags gehört das vornehme Speiselokal aristo-

9 Vgl. *The New Yorker*, 27. 4. 1992, S. 76.

10 Vgl. Raul Másvidal, in: *The New Yorker*, 27.4. 1992. Der Bankier Másvidal verließ 1986 die von ihm mitbegründete C. A. N. F. aus Protest gegen die Methoden von Más Canosa.

kratischen Großmüttern, die abends von lauten Männern abgelöst werden.

Auf mehreren Tischen liegen kostenlose Presseerzeugnisse aus. »Wegen versöhnlerischer Haltung gegenüber der castristischen Tyrannei: Kardinal von Havanna verursacht Skandal«, verkündete im Sommer 1995 die »Neue Heimat« auf der Frontseite. Auf der nächsten Seite forderte ein Redakteur US-Präsident Clinton auf, seine Kuba-Politik zu ändern: »Die US-Navy sollte nicht die kubanischen Bootsflüchtlinge verhaften, sondern die Küsten von Kuba blockieren, um Castro ein für alle Mal zu strangulieren.« Drei andere Gratispublikationen geben der »Neuen Heimat« Schützenhilfe gegen die »Verräter«, die das US-Embargo als kontraproduktiv ablehnen und den Dialog mit Castro befürworten.

Zu den wichtigsten Waffen der Wortführer der *moral majority* im Exil gehören Mittelwellensender, die auch in Kuba empfangen werden können. *Radio Voz*, der Sender der Más-Canosa-Leute, *Radio La Cubanisima*, *Radio Progreso*, *Radio Fe* und noch ein halbes Dutzend andere Rundfunkstationen mit Kampfauftrag versuchen sich gegenseitig mit ihrer martialischen Rhetorik zu übertrumpfen.

»Radio Mambi der Große« trägt den Namen des kubanischen Bauernsoldaten im Unabhängigkeitskrieg gegen Spanien. Der Chef dieser Rundfunkstation, Armando Pérez Roura, ist Mitglied aller bedeutenden Kampforganisationen der Exilkubaner. Jeden Morgen um 6 Uhr erscheinen zwei aufgeregte Nachrichtensprecher im Studio. Sie geben über drei Stunden mit hysterischer Stimme und von aufwühlender Musik begleitet die neuesten Schandtaten des Tyranns in Havanna bekannt. »Wir müssen keine diplomatischen Rücksichten nehmen, wie unsere Kollegen von *Radio Martí*, die der US-Regierung unterstellt sind«, erläuterte ein freundlicher *Mambi*-Sendeleiter die redaktionellen Richtlinien.

Auch die etwas mildere »Stimme von CID« (»Unabhängiges und Demokratisches Kuba«) attackiert ununterbrochen den »faschistischen Castrismus« und ruft die Streitkräfte auf der Insel täglich zur Rebellion auf. Die kampflustige Radiostation ist in einem typischen Vororthaus neben der Küche installiert. Der joviale Hausherr heißt Huber Matos und wird von seinen Leibwächtern ehrfurchtsvoll *Comandante* genannt. Der ehemalige Kampfgefährte Castros, der den *Líder Máximo* wegen der Sowjetisierung Kubas kritisiert hatte, wurde im November 1959 aus der Rebellenarmee ausgestoßen, von Fidel Castro des Verrats bezichtigt und zu 30 Jahren Haft verurteilt, von denen er 20 Jahre absaß. Seit 1980 lebt er in Miami in einem militärisch abgesicherten Haus und empfängt unbekannte Besucher mit einem Revolver im Gurt.

Zu den Kampfmitteln der unversöhnlichen Exilkubaner gehören neben langen Zeitungs- und Radiokommentaren auch explosive Kurzformeln: »Soy amigo de FIDEL CASTRO«, »Ich bin mit Fidel Castro befreundet«, stand auf den Streifen, die Unbekannte Anfang der neunziger Jahre überall in »Little Havanna« auf die Verkaufsautomaten der Tageszeitung *Miami Herald* geklebt hatten. Die nüchterne Kuba-Berichterstattung im liberalen Blatt war der C. A. N. F. immer schon ein Dorn im Auge gewesen. Nachdem die Zeitung 1991 die weitere Verschärfung des US-Embargos gegen Kuba kritisiert und über eine Strafuntersuchung wegen der Wäsche von Drogengeldern in der Bank eines führenden C. A. N. F.-Mitglieds berichtet hatte, begann die Offensive der Leute um Más Canosa. Die kostspielige Hetzkampagne stand unter dem Motto »Ich glaube dem *Herald* nicht« und war mit der Forderung verbunden, mißliebige Redakteure zu entlassen.

Die Affäre erregte in den USA erhebliches Aufsehen. Die Menschenrechtsorganisation *America's Watch* konstatierte in ihrem Jahresbericht 1992, daß die militanten Führer der *exilio* und der *Fundación* die Meinungs- und Pressefreiheit in Miami durch die »Schaffung eines repressiven Klimas« beeinträchtigten.

Heutzutage dominieren zwar immer noch finanzkräftige

Scharfmacher die Medien in »Little Havanna«, die *exilio* bildet jedoch schon lange keine monolithische Einheit mehr: Die 125 000 *Marielitos* und die etwa 60 000 *Balseros* haben die soziale Zusammensetzung der Exilgemeinde verändert. Seit 1960 ist zudem eine zweite Generation von US-Kubanern herangewachsen, die entscheidend zur Veränderung der politischen Kultur in »Little Havanna« beiträgt. Bomben gegen »Vaterlandsverräter« und »eingeschleuste Kommunisten« gehören der Vergangenheit an, und die Kritik an den ultrakonservativen Exilführern wächst. Die Kämpfer auf Konfrontationskurs geraten zunehmend unter Druck; an die Stelle der unversöhnlichen Väter tritt die neue Generation der *Yucas* (»Young urban Cuban-Americans«), wie sich junge Kubanoamerikaner selbstironisch nennen.

Viele von ihnen haben sich, wie der 30jährige Alfredo, erst nach der Rebellion gegen die Kuba-Besessenheit ihrer Eltern der Karibikinsel zugewandt. »Nach vielen Reisen in Lateinamerika und Osteuropa wurde mir klar, daß Kuba der Bezugspunkt meiner Identitätssuche und Selbstverwirklichung ist«, erklärte der junge Politologe in kubanisch gefärbtem Spanisch. Er komme jedoch dem Wunsch seines Vaters nach und verzichte darauf, seine Heimat unter dem Regime von Fidel Castro zu besuchen.

Durch glückliche Zufälle konnte Alfredo den Teufelskreis von Wut und Nostalgie durchbrechen. Er verbringt seit Anfang 1995 seine Freizeit damit, aus Kuba herausgeschmuggelte Manuskripte von regimekritischen Autoren zu redigieren und als Untergrund-Publikation zu drucken. »Wir hier im Exil können bei der Entstehung einer Zivilgesellschaft in Kuba Geburtshilfe leisten und dazu beitragen, daß die Menschen dort ihren eigenen Weg finden«, erläuterte Alfredo die neue Strategie. Er gehöre höchstwahrscheinlich zu den 85 % der Exiliierten, sagte er nachdenklich, die nach Castros Ende nach Kuba reisen, jedoch weiterhin in den USA leben werden.

Alfredo wirkte als Berater der während der Flüchtlingskrise im Juli 1994 gegründeten Exilorganisation *Agenda: Cuba*, die mit den ungelösten Widersprüchen von vielen *Yucas* lebt. Diese berufen sich einerseits auf radikaldemokratische Ideale, für die sie als Studenten gekämpft hatten. Andererseits führt die Versöhnung mit den konservativen Eltern und die gemeinsame Gegnerschaft zum »roten Diktator« in Kuba zur gelegentlichen Zusammenarbeit zwischen *Yucas* und antikommunistischen Demagogen in Miami.

Viele *Yucas* sind Experten im Umgang mit den Medien und setzen sich mit spektakulären Aktionen ins rechte Licht. Es gelang ihnen, am selbstdeklarierten »Kubanischen Nationalen Trauertag« am 13. Juli 1995 sogar, unter Funktionären in Havanna Verwirrung zu stiften. Aus den Faxgeräten der wichtigsten Ministerien und Großbetriebe liefen atemberaubende Meldungen. »*Agenda: Cuba*, ›No Castro, No Problem‹« war neben dem Absender aus Miami zu lesen. »Bruder«, wurden die Leser in Kuba angesprochen, »heute vor einem Jahr beging die castristische Tyrannei ein Massaker: Die Versenkung des Schleppers ›13. März‹ kostete 41 Flüchtlingen das Leben. Bleib nicht untätig! Geh am Nachmittag an den Malecón, lösche nach 21 Uhr die Lichter!«

Kaum waren die subversiven Aufrufe gelesen, läutete das Telefon. *Agenda*-Mitarbeiter in Miami riefen pausenlos in Büros und Privatwohnungen in Havanna an und versuchten mit ihren Landsleuten auf der Insel ins Gespräch zu kommen. »Es gab mehrheitlich positive Reaktionen, und auch erboste Funktionäre sprachen lange mit uns, anstatt einfach aufzulegen«, bewertete eine *Agenda*-Aktivistin die Kampagne.

Das große Medienereignis jedoch war eine kleine Flotte: ein Fischerboot mit dem bombastischen Namen »Democracia« und 13 Begleitschiffen. Etwa 100 entschlossene Männer am Bord brachen von Miami auf und wollten an der Stelle der Tragödie vor Kubas Küste Blumen niederlegen. Die von Journalisten begleitete Flotte ignorierte alle vorherigen Warnungen der Regierungen in Havanna und Washington. Als die

»Democracia« und elf andere Boote, von sechs kleinen Flugzeugen und zwei Hubschraubern begleitet, die kubanische Zwölf-Meilen-Grenze überschritten hatten und trotz Haltebefehlen der Küstenwache weiterfuhren, hielt die Exilgemeinde in Miami den Atem an.

»Die Luft ist hier weniger stickig, das Wasser im Meer ist klarer und nach 21 Jahren erscheint plötzlich Havanna und der Malecón vor meinen Augen«, schrie ein junger *Agenda*-Vertreter an Bord der »Democracia« im *Radio Mambi.* Der heiß ersehnte Tag schien näher gerückt zu sein. Die Spannung im Studio schlug in Hysterie um und verbreitete sich auf verschiedenen Wellenlängen in der ganzen Stadt.

Die Stimmung im Hauptquartier der *Fundación* erinnerte an die Euphorie vor einer historischen Entscheidungsschlacht. Wild gestikulierende Abteilungsleiter liefen mit ihren Sekretärinnen aus den Büros. »Castros Kriegsmarine hat unsere unbewaffneten Leute vor Havanna angegriffen«, ertönte es aus allen Ecken. Als die ersten Fernsehbilder im beflaggten Empfangssaal übertragen wurden, trat augenblicklich Stille ein.

Die Luftaufnahmen zeigten zwei kubanische Kriegsschiffe, die das Boot der Exilkubaner erfolgslos zur Rückkehr zwingen wollten. »Democracia« spielte eine halbe Stunde lang mit ihnen Katz und Maus. Erprobte Männer in orangenfarbenen Schwimmwesten sangen die kubanische Nationalhymne ab und warfen Blumen ins Wasser. »Ihr seid Kubaner, und wir sind auch Kubaner«, riefen sie den verblüfften Soldaten zu, »wir haben genauso das Recht wie ihr, hier in kubanischen Gewässern zu sein.«

Die Antwort ließ nicht lange auf sich warten: Zwei Kanonenboote keilten die »Democracia« in gemächlichem Tempo ein und rammten das Fischerboot von beiden Seiten. Drei Besatzungsmitglieder wurden leicht verletzt, und das beschädigte Fischerboot mußte sofort die Rückfahrt nach Miami antreten.

»Castros Schlächter konnten diesmal wegen der Journalisten und der Fernsehkameras nicht, wie vor einem Jahr, ein Massaker verüben«, schrie eine erregte Stimme im *Radio Mambi*. Die nun folgende lange Schimpfkanonade gipfelte in der nachstehenden Schmähung: »Wir haben es mit Ungeheuern zu tun, die schlimmer sind als Bestien und nicht dem Bauch einer Frau zu entstammen scheinen.«

Auch die »Verräter« innerhalb und außerhalb der Exilgemeinde kamen nicht ungeschoren davon: »Es hat sich wieder einmal die Dummheit derjenigen erwiesen, die immer noch daran glauben, daß sie Castro mit guten Absichten, Medikamenten, Blumen oder Süßigkeiten überzeugen können. Sich dem Tyrannen auf Kuba anzunähern ist einzig und allein mit Waffen möglich«, betonte der Mann und rief das Ende des rumänischen Diktators Ceaucescu in Erinnerung.

Eine ähnliche Dynamik und Logik liegt auch den häufigen Demonstrationen in Miamis José-Martí-Park zugrunde, die trotz der Beteiligung von *Yucas* und jungen *Agenda: Cuba*-Führern nach wie vor von den großen alten Männern der *exilio* dominiert werden. Zu Beginn bittet immer ein katholischer Pfarrer Gott, das Vaterland von dem teuflischen Diktator zu erlösen: »O Herr, mit Deiner Hilfe wird Kuba noch dieses Jahr frei.«

Einige ältere Männer legten Blumen am Denkmal vor der Rednertribüne nieder. »Für Salvador Díaz Verson, den Vater des Antikommunismus in Kuba«, steht auf dem Sockel, »der unermüdliche Schriftsteller hatte nach 1925 kompromißlos gegen den internationalen Kommunismus gekämpft.« Zum Schluß meldeten sich Vertreter der Kampfgruppe *Alpha 66* zu Wort: »Castros letzte Stunde hat geschlagen. Wir sind geeint und werden siegen«, schrieen sie ins Mikrophon. Der dröhnende Applaus täuscht meistens darüber hinweg, daß sich in letzter Zeit selten mehr als 1500 Demonstranten zusammenfinden.

Kaum 14 Jahre nach Díaz' Tod schwanken dessen Verehrer

immer mehr zwischen Wut und Ohnmacht. Eine von den bitteren Pillen, die sie zu schlucken haben, ist die Migrationsvereinbarung zwischen Havanna und Washington, wonach kubanische Bootsflüchtlinge seit Mai 1995 von den US-Behörden repatriiert und nicht mehr automatisch als Opfer der kommunistischen Diktatur aufgenommen werden. Ein anderer Grund für die Enttäuschung ist die abnehmende Beteiligung der Exilkubaner an den Protestaktionen gegen das Migrationsabkommen.

Meinungsumfragen deuten das Ende einer Epoche in Miami an. Die intransigenten *Caudillos* und die C. A. N. F. erleben einen Popularitätstief. Immer mehr Exilkubaner wenden sich auch von den traditionellen C. A. N. F.-Verbündeten ab; Vereinigungen wie »Kubanische Frau« oder »Kubanische Gemeinden im Exil« haben zunehmend Mühe, die Massen zu mobilisieren.

»Die *Fundación* ist zu einer mächtigen Institution in Washington geworden und kann kaum noch zwischen den Interessen der US-Regierung und des kubanischen Volkes unterscheiden«, lautet ein häufig erhobener Vorwurf. Kritiker werfen ferner den C. A. N. F.-Führern Skrupellosigkeit vor. Sie würden den katastrophalen Zusammenbruch des Castro-Regimes einem geordneten Übergang vorziehen, damit sie sich in Kuba als Retter der Nation aufspielen können.

Miami und Havanna liegen zugleich nah beieinander und sind weit voneinander entfernt. Die Reisezeit variiert je nach politischer Lage und Staatsangehörigkeit. Ein Jahr nach dem Sieg der kubanischen Revolution wurden wegen der zunehmenden Spannungen mit den USA die Fährverbindung und die täglichen Direktflüge zwischen Havanna und Miami eingestellt. Danach mußten die wenigen Unentwegten die kaum 150 km lange Strecke auf einem riesigen Umweg über Zentralamerika hinter sich bringen.

Ab 1986 bot »Marazul«, das Reiseunternehmen des Exilkubaners Francisco Aruca in Miami, zweimal pro Woche Direktflüge nach Havanna an. Arucas Initiative verkürzte die Flugzeit von mehreren Stunden auf weniger als 45 Minuten und führte auch im übertragenen Sinne zu einer Annäherung an den Erzfeind. Die direkte und öffentliche Kontaktaufnahme mit den Behörden der sozialistischen Insel schlug wie eine Bombe in »Little Havanna« ein. Das Schimpfwort »Kommunist« erhielt durch die Hetzsender eine neue Bedeutungsvariante, die sich nahtlos an die Injurien »Schwuler«, »Verräter« und »Versöhnler« fügte, nämlich »Arucist«.

Umstritten wie der Unternehmer war auch sein Unterfangen. Die Regierung in Havanna läßt Exilkubaner, die nicht in den USA geboren wurden und die Karibikinsel nach 1959 verließen, nur mit einem gültigen kubanischen Paß einreisen. Die Kontaktaufnahme mit der kubanischen Interessenvertretung in Washington verlangt von den Exilierten eine enorme Selbstüberwindung. Die Erinnerungen an frühere Erniedrigungen vermischen sich mit Ängsten vor unkalkulierbaren Gefahren.

»Wie viele andere in meinem Bekanntenkreis, hatte ich vor dem ersten Besuch in Havanna denselben Alptraum, der mich nach der Ankunft in Miami vor mehr als 35 Jahren noch lange verfolgt hatte«, erzählte Fernando. Der 70jährige Psychiater war im Traum freiwillig nach Kuba zurückgekehrt und wollte wieder weg. Nachdem unzählige Gesuche abgelehnt wurden oder unbeantwortet blieben, beschloß Fernando, die lebensgefährliche Flucht nach Florida zu versuchen. Mit den vergeblichen Versuchen, sich in Havanna die wenigen Bestandteile für ein Floß zu besorgen, endete der Traum.

»Ich war dem Wahnsinn nahe und verdammte meine idiotische Leichtfertigkeit, mich in die Falle locken zu lassen«, schilderte Fernando die Empfindung vieler Exilkubaner nach der Landung in Havanna. Der Anblick von kubanischen Soldaten mit sowjetischen Waffen auf dem Flughafen bildete den Höhepunkt des Schreckens. Das mulmige Gefühl verschwand in der Regel erst wieder beim Abheben der Maschine in Richtung Miami.

Nachdem Castros Luftwaffe im Februar 1996 exilkubanische »Luftpiraten« in zwei Kleinflugzeugen unweit von Havanna abgeschossen hatte, stellte die US-Regierung alle Direktflüge nach Kuba ein. Der Trip von Miami nach Havanna dauerte wieder lange und war mit vielen Komplikationen verbunden.

Die lautstark geäußerten oder auch stillen Vorwürfe der *exiliados* an die Adresse derjenigen, die trotz all dieser Widerstände immer wieder in ihre Heimat reisen, vermischen sich häufig mit Neid und Bewunderung: Der Rückkehrer mag kein prinzipienfester Castro-Gegner sein, er wird aber die Insel der Träume hinter der Meeresenge als Realität erleben. Und er wird nicht nur sein Geburtshaus und das Grab seiner Eltern wiedersehen, sondern auch den Daheimgebliebenen, den Legenden seiner Kindheit, seiner Vergangenheit und den Ursprüngen seiner Identität wieder begegnen.

»Irgendwann tauchen bei all meinen Altersgenossen in Miami dieselben Zweifel auf«, erklärte Fernando den Teufelskreis im Exil. Jeder Tag beginne mit den Fragen: »Werde ich mein Leben glücklich in Kuba beenden oder in den USA als gebrochener Mensch mit Kuba in meinem Herzen sterben? Wie lange kann ich auf das Wiedersehen noch warten? Werden mich die Castro-Brüder als Machthaber in Kuba nicht doch noch überleben?«

Epilog

Bill Clinton und Boris Jelzin, so wird in Kuba ein häufig kolportierter Witz erzählt, möchten Silvester 2099 in Havanna feiern. Beide Staatschefs lassen sich einfrieren und werden kurz vor dem Ende des 21. Jahrhunderts aufgetaut. Jelzins Abflug verzögert sich; das Flugzeug wird von der Moskauer Mafia besetzt, und die Passagiere müssen Lösegeld zahlen. Clinton kann zwar in Washington starten, der geplante Zwischenstop in Miami muß aber abgesagt werden: Schwarze Banden, die bei der Vertreibung der Exilkubaner noch Verbündete waren, führen untereinander Krieg.

Am Flughafen in Havanna werden alle nach Kokain durchsucht und US-Passagiere müssen sich einem Aids-Test unterziehen. In der Stadt sehen Clinton und Jelzin überall Warteschlangen. Sie schließen sich der Menge vor einer Bäckerei an und fragen, wer Kuba regiere. »Fidel Castro«, lautet die Antwort. Ein Kubaner zieht Clinton zur Seite und flüstert ihm ins Ohr: »Ich habe im *Radio Mambi* gehört, daß der *Comandante* am nächsten Samstag gestürzt wird.«

Im Sommer 1997 schien allerdings Fidel Castro noch alle Zügel in Händen zu halten und bei guter Gesundheit zu sein. Am Malecón, wo der Puls von Havanna schlägt, waren keine Zeichen für bevorstehende Umwälzungen in Sicht. Der Massenaufruhr am 5. August 1994 und *Castros letzte Stunde* – so betitelte ein Pulitzer-Preisträger in Miami seinen Bestseller im Januar 1992 – schienen in weite Ferne gerückt zu sein. Polizisten in Uniform und Zivil schauten gelangweilt dem friedlichen Treiben von Familien, Kindern und Liebespaaren zu. Legale und illegale Straßenverkäufer boten überall selbstgemachte Pizzas und Käsebrote an, die zwar armselig waren, aber im Vergleich zum katastrophalen Mangel noch im September 1994 einen gewissen Fortschritt bedeuteten.

Etwa in der Mitte der spärlich beleuchteten Küstenpromenade fällt von weitem ein neu renoviertes Gebäude im grellen Neonlicht auf. FIAT, verkündet die Leuchtschrift an der Fassade die Eröffung der ersten Vertretung in Kuba. Der Dollarpreis der billigsten Modelle entsprach 1997 etwa 11000 durchschnittlichen kubanischen Monatslöhnen. Als Trost werden im Fiat-Haus Bier und Kuchen verkauft. Der Andrang ist enorm; vor den glitzernden Wagen im Schaufenster steht eine hypnotisierte und wortlos kauende Menschenmenge und führt jeden Abend den enormen Hunger nach Konsumgütern auf der Karibikinsel vor Augen.

Einige Minuten von dieser Szene entfernt ist das elegante Luxushotel »Cohíba«: Der gigantische Vorbote einer anderen Welt mit einer anderen Arithmetik dominiert die Skyline von Havanna. Von der Dachterrasse des postmodern eingerichteten Baukolosses ist der Anfang und das Ende der Stadt zu erblicken. In südlicher Richtung, auf der Prachtstraße Paseo, stehen große Bäume in gepflegten Gärten, die zu eleganten Villen aus der Zeit zwischen den beiden Weltkriegen gehören. Im Osten ragt »El Capitolio«, die getreue Kopie des Wahrzeichens von Washington, hervor. Das monumentale Bauwerk aus den zwanziger Jahren, in dem heute die Akademie der Wissenschaften und ein geologisches Museum untergebracht sind, steht in einem Meer von verwitterten Palästen und Wohnhäusern aus der Kolonialepoche.

Der Zerfall im Zeitlupentempo kann sich plötzlich beschleunigen, und dann kracht ein mehrere Jahrhunderte altes Gebäude innerhalb von Sekunden zusammen. Dieses Ereignis ist unkalkulierbar und löst manchmal eine Kettenreaktion aus; ein winziges Stück, das abbröckelt, bringt einen Palast aus dem Gleichgewicht, der beim Einstürzen ganze Häuserreihen mitreißt. Ähnlich verhält es sich mit dem sozialen und politischen Zündstoff in Kuba: Ein einziger Funke kann eine Explosion auslösen.

Wann und wie das passiert, kann niemand vorhersagen:

Das System auf der Roten Insel wird von einer komplexen Dynamik aus widersprüchlichen Elementen zusammengehalten. Die Mehrheit der in Kuba Gebliebenen hat sich mit dem Bestehenden irgendwie arrangiert und die Konfrontation mit der Macht mangels Alternativen vermieden. Die wenigen Dissidenten sind isoliert, und die meisten Durchschnittsbürger scheinen wie von einer Lähmung befallen, die sich nicht allein der Furcht vor Repression verdankt: Es ist die Angst vor einer unbekannten Zukunft, vor der Auflösung der öffentlichen Ordnung, die Angst vor einer Gewaltwelle mit Vergeltungsaktionen nach dem Tod von Fidel Castro, die Angst vor ähnlichen Zuständen wie in der ehemaligen UdSSR oder in anderen »Volksrepubliken«, die Angst vor dem Sieg und der Rache der Exilkubaner und die Angst vor dem Verlust der eigenen Identität und Träume.

Der zunehmende Druck des arroganten Feindes im Norden verletzt den Nationalstolz der Kubaner: Die ständige Verschärfung der Sanktionen gegen die Rote Insel erzeugt Gegendruck und stärkt dem *Comandante* den Rücken. Die plötzliche Aufhebung des US-Embargos hingegen würde Fidel Castro wahrscheinlich verwirren und den kubanischen Sicherheitsapparat vor unlösbare Probleme stellen. Mit den mehreren hunderttausend zusätzlichen Besuchern pro Monat würde eine immense Menge von Ideen und Kapital nach Kuba strömen, deren Kontrolle unmöglich wäre.

In Miami herrscht aber eine andere Logik vor. Das Kriegsgeheul ist gegenwärtig so deutlich vernehmbar wie schon lange nicht mehr und erweist sich als ebenso kontraproduktiv wie früher. Die Ironie der Geschichte hat die *Hardliner* in Washington und Miami zu den Verbündeten der Falken in Havanna gemacht.

Allein die Existenz der mächtigen Exilgemeinde in Florida – mit ihren Dollarmilliarden und etwa 250 000 potentiellen Heimkehrern – läßt die Nomenklatura in Kuba bangen. Dazu gehören etwa eine Million Menschen mit Familien, die bei einem radikalen Systemwechsel alles verlieren könnten: Macht, Privilegien, Arbeit, Haus oder Wohnung. Auch die Mehrheit der etwa fünf Millionen Schwarzen und Mulatten in Kuba, die sich in der *Período Especial* gegenüber Rassendiskriminierung zusätzlich sensibilisiert hat, kann der weiß-katholisch dominierten *exilio* nur wenig abgewinnen. Miami ist im Bewußtsein der meisten Kubaner, trotz der geographischen Nähe, weit entfernt und vermag nach wie vor den Gang der Dinge auf der Insel nur mäßig zu beeinflussen.

Dennoch kann sich die relative Stabilität in Kuba jederzeit als Täuschung erweisen und im Zuge einer dramatischen Wende in die Brüche gehen. Trotz seiner sinkenden Popularität ist Fidel Castro der zentrale politische Faktor geblieben, der noch einiges in Bewegung setzen oder paralysieren kann. Sein Festhalten am alten Kurs und an der absoluten Führungsrolle ist riskant, kurzsichtig und kann nicht mehr lange weitergeführt werden. Dem fatalen Spiel um Zeitgewinn sind enge Grenzen gesetzt: Die Leidensfähigkeit und die Geduld der kubanischen Bevölkerung neigen sich dem Ende zu, und Fidel Castro ist weder jung noch unsterblich. Der Tod des omnipotenten *Líder Máximo* könnte ein gefährliches Machtvakuum erzeugen und Kuba an den Rand eines Bürgerkriegs bringen.

Es steht nach wie vor keineswegs fest, daß nach dem Tod des *Comandante* Verteidigungsminister Raúl Castro oder sonst jemand auf der Roten Insel sich als Nachfolger von Fidel Castro Akzeptanz verschaffen könnte. Es ist nicht ausgeschlossen, daß sich die Spitzenfunktionäre in Havanna unter sich und dann mit der US-Regierung einigen könnten. Washington fürchtet nichts so sehr wie das totale Chaos in Kuba und die unkontrollierte Massenflucht nach Miami.

Die quälende Ungewißheit in Havanna könnte durch Präventivmaßnahmen schon bald gemildert werden. Die Beförderung von weiteren »jungen« und loyalen Funktionären in die höchsten Ämter würde eine »kollektive Führung« ermöglichen. Als nächster Schritt wäre der scheinbare Rückzug von Fidel Castro denkbar, der als graue Eminenz hinter den Kulissen –nach dem Vorbild Deng Xiaopings in Peking – weiter regieren könnte.

Eine originelle, aber kaum wahrscheinliche Variante der Krisenlösung wäre der sofortige Rücktritt des *Comandante* und die gleichzeitige Ernennung eines internen Oppositionsführers – etwa Elizardo Sánchez' – zum neuen Regierungschef. Nach den Erfahrungen der meisten ehemaligen »Volksdemokratien« müßte theoretisch Fidel Castro als Oppositionspolitiker einige Jahre später die Wahlen gewinnen.

Denkbar ist auch die Ankurbelung der Produktion auf der Roten Insel mit Hilfe von Dollaranreizen und anderen Methoden, die sich in China bewährt haben. Vertrauensleute von »Fidel« in Schlüsselpositionen könnten sogar eine Art staatskapitalistischen Wohlfahrtsstaat mit sozialdemokratischen Parolen anstreben und in den USA mit Erfolg um Verständnis und Kapital werben. Diese Entwicklung hätte eine Eigendynamik zur Folge, die mit den alten Methoden nicht mehr kontrollierbar wäre, und Kuba würde sich langsam, aber von Grund auf verändern. Jedoch erhielte die Nomenklatura eine Überlebenschance, die sie bei einem Blitzsieg der in Miami dominierenden Exilpolitiker nicht hätte.

Fidel Castro schien im Sommer 1995 einen entscheidenden Schritt in die richtige Richtung zu unternehmen, als er seinen einstigen Kampfgefährten und späteren Gegner Eloy Gutiérrez Menoyo aus Miami zu Gesprächen in Havanna empfing. Der 1964 in Kuba gefangengenommene anticastristische Guerillaführer Menoyo wurde 1986 freigelassen und gründete im US-Exil die Organisation *Cambio Cubano* (CC), die für demokratische Veränderungen auf dem Weg von Verhandlungen mit dem *Comandante* eintritt. Gutiérrez Menoyo erörterte auf dem historischen Treffen mit Fidel Castro im Juli 1995 in Havanna die Modalitäten einer »verantwortungsbewußten« kubanischen Opposition und seiner eigenen

Rückkehr auf die Rote Insel als CC-Chef. Die wütenden Angriffe der *exiliados* gegen den »Verräter«, der sich als »nützlicher Idiot des Tyrannen in Havanna« mißbrauchen lasse, waren zu erwarten; nicht vorauszusehen aber ist, inwieweit Gutiérrez Menoyos Mission nun erfolgreich sein wird.

Entscheidende Bedeutung für die Zukunft Kubas hat der Einfluß derjenigen Oppositionsgruppen auf der Roten Insel, die einerseits im Gegensatz zu den Unversöhnlichen in Miami die Aufhebung des US-Embargos, andererseits demokratische Reformen fordern. Bisher war in diesem Bereich wenig Ermutigendes zu erkennen: Fidel Castro verweigerte jeglichen Dialog und leugnete die Existenzberechtigung von Dissidentenorganisationen mit der alten Begründung, daß diese die »nationale Einheit« Kubas gefährdeten.

Von den Behörden ebenfalls beargwöhnt und von der Öffentlichkeit kaum bemerkt, beginnt in Kuba fast 30 Jahre nach Che Guevaras Heldentod eine Art *hombre nuevo*, neuer Mensch, in Erscheinung zu treten. Dieser »neue Mensch« ist eine entstaatlichte Privatperson, ein ideenreicher Einzelgänger, ein Seiltänzer ohne Sicherheitsnetz, der die Furcht vor Absturz oder vor Verlust der Nestwärme des Kollektivs überwunden hat. Der *hombre nuevo* in unabhängigen Gewerkschaften, in Vereinigungen von dissidenten Ökonomen oder Anwälten, in Freimaurerlogen oder kirchlichen Basisgruppen gehört zu den ersten Boten einer zukünftigen Zivilgesellschaft in Kuba.

Zu diesen »neuen Menschen« gehört auch die Dichterin María Reina. Sie ersuchte jahrelang vergeblich die Bürokratie, ein »Haus der Poesie« einzurichten, in dem sich staats- und parteiunabhängige Künstler regelmäßig treffen können. Schließlich baute María Reina auf dem Dach ihres Hauses selber einen Verschlag, der als *Casa de la Poesía* genutzt wird. Der »neue Mensch« bleibt in Kuba, wie María Reina, weil es dort so viel zu tun gibt. Der »neue Mensch« stirbt jedesmal, wie sie, wenn ein guter Freund dennoch weggeht.

Der »neue Mensch« ist auch wie Mário: Der ehemalige Vizedirektor einer stillgelegten Schuhfabrik wurde illegaler Taxifahrer, danach Privatchauffeur für ausländische Geschäftsleute und avancierte zum informellen Berater von verschiedenen Unternehmern, die von seinem ausgedehnten Bekanntenkreis in ganz Kuba profitieren.

Der *hombre nuevo* ist auch ein Grenzgänger, der zwischen verfeindeten Welten vermittelt und sich gegen die Bunkermentalität in Havanna und Miami stellt. Er ist wie Raúl, der Filmkritiker und Schriftsteller, der politische Hysterie und Demagogie auf beiden Seiten der Florida-Passage mit Scharfsinn bekämpft. Seine Publikationen im In- und Ausland, seine Vortragsreihen in den USA haben zwischen beiden Welten Brücken geschlagen.

Den *hombre nuevo* gibt es auch in Miami: in wachsender Zahl in Gutiérrez Menoyos *Cambio Cubano* und sogar in Anti-Castro-Organisationen. *Agenda: Cuba* etwa hat zwar von den alten Parolen wie »No Castro, No Problem« nicht Abstand genommen, aber immer mehr junge Mitglieder erkennen die enormen Gefahren, die das plötzliche Verschwinden des zentralen Machtfaktors auf der Roten Insel auslösen könnte: Chaos, Gewalt, Bürgerkrieg. Viele *Agenda*-Mitglieder geben daher der Entstehung von demokratischen Organisationen sowie einer Bürgerrechtsbewegung in Kuba absolute Priorität und sind zu Verhandlungen mit Fidel Castro bereit. Einige würden sogar – wie Gutiérrez Menoyo – bei Gewährung gewisser Minimalgarantien in Kuba als Oppositionelle tätig werden. Sie könnten dort in Zusammenarbeit mit bereits bestehenden Gruppen den Abschied vom *Comandante* erleichtern, den Übergang zum unerläßlichen Systemwechsel vorbereiten und zugleich künftigen Gefahren entgegenwirken.

Das Festhalten des *Líder Máximo* an seiner Machtfülle, die Schwächen der Nomenklatura, die sinnentleerte Ideologie und die stetige Verarmung der Bevölkerung haben unermeßlichen Schaden verursacht. Jeder neue Tag in den alten Bahnen erhöht die Wahrscheinlichkeit eines gewaltigen Rechtsrutsches mit neuen *Caudillos* in der Zeit nach Castro. Der Pendelausschlag könnte autoritäre Demagogen in Miami begünstigen. Mit ihnen würden die Alpträume vieler kubanischer Intellektueller Wirklichkeit werden. Die Rote Insel des erstarrten *Comandante* könnte sich im Handumdrehen in ein Reich von antikommunistischen Hysterikern verwandeln, die ihr Leben vor dem Fernsehapparat verbringen und zwischen zwei Werbespots aus den USA von Rachsüchtigen oder religiösen Fanatikern bearbeitet werden.

Ein kleiner Trost bleibt immerhin: »Und da wird sie immer sein. Wie einmal jemand gesagt hat: Diese langgestreckte, traurige, unglückselige Insel wird auch nach dem letzten Indianer und nach dem letzten Spanier und nach dem letzten Afrikaner und nach dem letzten Amerikaner und nach dem letzten der Kubaner noch da sein, wird jeden Schiffbruch überleben, ewig vom Golfstrom umspült: schön und grün, unsterblich, ewig.«[1]

1 Cabrera Infante, a. a. O., S. 182.

Neue Historische Bibliothek in der edition suhrkamp

Hans-Ulrich Wehlers fast aus dem Nichts entstandene ›Neue Historische Bibliothek‹ ist (...) nicht nur ein forschungsinternes, sondern auch ein kulturelles Ereignis.
Frankfurter Allgemeine Zeitung

Abelshauser, Werner: Wirtschaftsgeschichte der Bundesrepublik Deutschland 1945-1980. NHB. es 1241
Alter, Peter: Nationalismus. NHB. es 1250
Berding, Helmut: Moderner Antisemitismus in Deutschland. NHB. es 1257
Berghahn, Volker: Unternehmer und Politik in der Bundesrepublik. NHB. es 1265
Bernecker, Walther L.: Sozialgeschichte Spaniens im 19. und 20. Jahrhundert. NHB. es 1540
Botzenhart, Manfred: Reform, Restauration, Krise. Deutschland 1789-1847. NHB. es 1252
Burkhardt, Johannes: Der Dreißigjährige Krieg 1618-1648. NHB. es 1542
Carsten, Francis L.: Geschichte der preußischen Junker. NHB. es 1273
Dippel, Horst: Die Amerikanische Revolution 1763-1787. NHB. es 1263
Dipper, Christof: Deutschland 1648-1789. NHB. es 1253
Frevert, Ute: Frauen-Geschichte. Zwischen bürgerlicher Verbesserung und Neuer Weiblichkeit. NHB. es 1284
Geiss, Imanuel: Geschichte des Rassismus. NHB. es 1530
Geyer, Michael: Deutsche Rüstungspolitik 1860-1980. NHB. es 1246
Grimm, Dieter: Deutsche Verfassungsgeschichte 1776-1866. NHB. es 1271
Hentschel, Volker: Geschichte der deutschen Sozialpolitik 1880-1980. Soziale Sicherung und kollektives Arbeitsrecht. NHB. es 1247
Herbst, Ludolf: Das nationalsozialistische Deutschland. 1933-1945. Die Entfesselung der Gewalt: Rassismus und Krieg. NHB. es 1285
Hildermeier, Manfred: Die Russische Revolution. 1905-1921. NHB. es 1534
Holl, Karl: Pazifismus in Deutschland. NHB. es 1533
Jaeger, Hans: Geschichte der Wirtschaftsordnung in Deutschland. NHB. es 1529
Jarausch, Konrad H.: Deutsche Studenten 1800-1970. NHB. es 1258
Jasper, Gotthard: Die gescheiterte Zähmung. Wege zur Machtergreifung Hitlers 1930-1934. NHB. es 1270

314/1/12.96

Neue Historische Bibliothek in der edition suhrkamp

Kiesewetter, Hubert: Industrielle Revolution in Deutschland 1815-1914. NHB. es 1539

Kluge, Ulrich: Die deutsche Revolution 1918/1919. Staat, Politik und Gesellschaft zwischen Weltkrieg und Kapp-Putsch. NHB. es 1262

Kluxen, Kurt: Geschichte und Problematik des Parlamentarismus. NHB. es 1243

Kraul, Margret: Das deutsche Gymnasium 1780-1980. NHB. es 1251

Langewiesche, Dieter: Deutscher Liberalismus. NHB. es 1286

Lehnert, Detlef: Sozialdemokratie zwischen Protestbewegung und Regierungspartei 1848-1983. NHB. es 1248

Lenger, Friedrich: Sozialgeschichte der deutschen Handwerker seit 1800. NHB. es 1532

Lönne, Karl-Egon: Politischer Katholizismus im 19. und 20. Jahrhundert. NHB. es 1264

Marschalck, Peter: Bevölkerungsgeschichte Deutschlands im 19. und 20. Jahrhundert. NHB. es 1244

Mitterauer, Michael: Sozialgeschichte der Jugend. NHB. es 1278

Möller, Horst: Vernunft und Kritik. Deutsche Aufklärung im 17. und 18. Jahrhundert. NHB. es 1269

Pankoke, Eckart: Die Arbeitsfrage. Arbeitsmoral, Beschäftigungskrisen und Wohlfahrtspolitik im Industriezeitalter. NHB. es 1538

Peukert, Detlev J.K.: Die Weimarer Republik. NHB. es 1282

Radkau, Joachim: Technik in Deutschland. Vom 18. Jahrhundert bis zur Gegenwart. NHB. es 1536

Reulecke, Jürgen: Geschichte der Urbanisierung in Deutschland. NHB. es 1249

Rohe, Karl: Wahlen und Wählertraditionen in Deutschland. Kulturelle Grundlagen deutscher Parteien und Parteiensysteme im 19. und 20. Jahrhundert. NHB. es 1544

Schönhoven, Klaus: Die deutschen Gewerkschaften. NHB. es 1287

Schröder, Hans-Christoph: Die Revolutionen Englands im 17. Jahrhundert. NHB. es 1279

Schulze, Winfried: Deutsche Geschichte im 16. Jahrhundert. NHB. es 1268

Sieder, Reinhard: Sozialgeschichte der Familie. NHB. es 1276

Siemann, Wolfram: Die deutsche Revolution von 1848/49. NHB. es 1266

Siemann, Wolfram: Gesellschaft im Aufbruch. Deutschland 1849-1871. NHB. es 1537

Staritz, Dietrich: Geschichte der DDR 1949-1989. NHB. es 1260

314/2/12.96

Neue Historische Bibliothek in der edition suhrkamp

Thränhardt, Dietrich: Geschichte der Bundesrepublik Deutschland. 1949-1989. NHB. es 1267

Ullmann, Hans-Peter: Interessenverbände in Deutschland. NHB. es 1283

– Zwischen den Zeiten. Das Deutsche Kaiserreich 1871-1918. NHB. es 1546

Wehler, Hans-Ulrich: Grundzüge der amerikanischen Außenpolitik 1750-1900. Von den englischen Küstenkolonien zur amerikanischen Weltmacht. NHB. es 1254

Wirz, Albert: Sklaverei und kapitalistisches Weltsystem. NHB. es 1256

Wunder, Bernd: Geschichte der Bürokratie in Deutschland. NHB. es 1281

Ziebura, Gilbert: Weltwirtschaft und Weltpolitik 1922/24-1931. Zwischen Rekonstruktion und Zusammenbruch. NHB. es 1261

Registerband. NHB. es 1280

314/3/12.96

edition suhrkamp
Eine Auswahl

Abelshauser: Wirtschaftsgeschichte der Bundesrepublik Deutschland 1945-1980. NHB es 1241
Achebe: Heimkehr in ein fremdes Land. es 1413
– Okonkwo oder Das Alte stürzt. es 1138
– Termitenhügel in der Savanne. es 1581
Adorno: Eingriffe. es 3303
– Gesellschaftstheorie und Kulturkritik. es 772
– Jargon der Eigentlichkeit. es 91
– »Ob nach Auschwitz sich noch leben lasse«. es 1844
– Stichworte. es 347
Aebli: Küss mich einmal ordentlich. es 1618
– Mein Arkadien. es 1885
Amnestie oder Die Politik der Erinnerung in der Demokratie. es 2016
Anthropologie nach dem Tode des Menschen. es 1906
Armut im Wohlstand. es 1595
Bachelard: Das Wasser und die Träume. es 1598
Bachtin: Die Ästhetik des Wortes. es 967
Barthes: Der entgegenkommende und der stumpfe Sinn. es 1367
– Kritik und Wahrheit. es 218
– Literatur oder Geschichte. es 303
– Mythen des Alltags. es 92 und es 3309
– Das Rauschen der Sprache. es 1695
– Das Reich der Zeichen. es 1077
– Das semiologische Abenteuer. es 1441
– Das Spiel der Zeichen. es 1841
Beck, Ulrich: Die Erfindung des Politischen. es 1780
– Gegengifte. es 1468
– Risikogesellschaft. es 1365 und es 3326
– Die Suche nach der sozialen Wirklichkeit. es 1961
Becker, Jürgen: Ränder. es 351
– Umgebungen. es 722
Über Jürgen Becker. es 552
Becker, Jurek: Warnung vor dem Schriftsteller. es 1601
Beckett: Endspiel. Fin de Partie. es 96
– Flötentöne. es 1098
– Warten auf Godot. es 3301
Benet: Du wirst es zu nichts bringen. es 1611
Benjamin: Das Kunstwerk im Zeitalter seiner technischen Reproduzierbarkeit. es 28 und es 3305
– Moskauer Tagebuch. es 1020
– Das Passagen-Werk. es 1200
– Über Kinder, Jugend und Erziehung. es 391
– Versuche über Brecht. es 172
– Zur Kritik der Gewalt und andere Aufsätze. es 103
Bernhard: Der deutsche Mittagstisch. es 1480
– Ein Fest für Boris. es 3318
Bertaux: Hölderlin und die Französische Revolution. es 344
Bloch: Abschied von der Utopie? es 1046
– Kampf, nicht Krieg. es 1167

316/1/4.97

316/2/4.97

edition suhrkamp
Eine Auswahl

316/3/4.97

edition suhrkamp
Eine Auswahl

Dieckmann: Vom Einbringen. es 1713
Digitaler Schein. es 1599
Dinescu: Exil im Pfefferkorn. es 1589
Döring: Ein Flamingo, eine Wüste. es 1588
– Schnee und Niemand. es 1779
Dorst: Toller. es 294
Draesner: gedächtnisschleifen. es 1948
Drawert: Alles ist einfach. es 1951
– Haus ohne Menschen. es 1831
– Privateigentum. es 1584
– Spiegelland. es 1715
Dröge/Krämer-Badoni: Die Kneipe. es 1380
Duerr: Frühstück im Grünen. es 1959
– Satyricon. es 1346
– Traumzeit. es 1345
Düttmann: Zwischen den Kulturen. es 1978
Duras: Eden Cinema. es 1443
– Hiroshima mon amour. es 3304
– La Musica Zwei. es 1408
– Sommer 1980. es 1205
– Das tägliche Leben. es 1508
– Der Tod des jungen englischen Fliegers. es 1945
– Vera Baxter oder Die Atlantikstrände. es 1389
Duras/Porte: Die Orte der Marguerite Duras. es 1080
Eco: Zeichen. es 895
Eich: Botschaften des Regens. es 48 und 3306
– Rebellion in der Goldstadt. es 1766
Der eingekreiste Wahnsinn. es 965
Norbert Elias über sich selbst. es 1590 und es 3329
Ende der sozialen Sicherheit? es 1907
Engler: Die ungewollte Moderne. es 1925
– Die zivilisatorische Lücke. es 1772
Enzensberger: Blindenschrift. es 217
– Deutschland, Deutschland unter anderm. es 203 und es 3313
– Einzelheiten I. es 63
– Die Furie des Verschwindens. es 1066
– Landessprache. es 304
– Der Weg ins Freie. es 759
Eppler: Kavalleriepferde beim Hornsignal. es 1788
Esser: Nachruf auf den Standort Deutschland. es 1926
Euchner: Egoismus und Gemeinwohl. es 614
Evans: Im Schatten Hitlers? es 1637
Ewald: Der Vorsorgestaat. es 1676
Falkner: X-te Person Einzahl. es 1996
Farge/Foucault: Familiäre Konflikte: Die »Lettres de cachet«. es 1520
Federman: Surfiction: Der Weg der Literatur. es 1667
Federman/Chambers: Penner Rap. es 2020
Fellinger: Paul de Man - Eine Rekonstruktion. es 1677
Felman: Wahnsinn und Literatur. es 1918
Felsenstein: Die Pflicht, die Wahrheit zu finden. es 1986

316/4/4.97

316/5/4.97

edition suhrkamp
Eine Auswahl

316/6/4.97

edition suhrkamp
Eine Auswahl

316/7/4.97

edition suhrkamp
Eine Auswahl

Konrád: Antipolitik. es 1293
– Identität und Hysterie. es 1921
– Die Melancholie der Wiedergeburt. es 1720
– Stimmungsbericht. es 1394
– Vor den Toren des Reiches. es 2015
Krechel: Mit dem Körper des Vaters spielen. es 1716
Krippendorff: Militärkritik. es 1804
– Politische Interpretationen. es 1576
– Staat und Krieg. es 1305
– »Wie die Großen mit den Menschen spielen.« es 1486
Kristeva: Fremde sind wir uns selbst. es 1604
– Geschichten von der Liebe. es 1482
– Mächte des Grauens. es 1684
– Die Revolution der poetischen Sprache. es 949
– Schwarze Sonne - Depression und Melancholie. es 1594
Leggewie: Kultur im Konflikt. es 1960
Lejeune: Der autobiographische Pakt. es 1896
Lem: Dialoge. es 1013
Lenz, Hermann: Leben und Schreiben. es 1425
Lepenies: Benimm und Erkenntnis. es 2018
Leroi-Gourhan: Die Religionen der Vorgeschichte. es 1073
Lesen im Buch der edition suhrkamp. es 1947
Leutenegger: Lebewohl, Gute Reise. es 1001
– Das verlorene Monument. es 1315
Lévi-Strauss: Das Ende des Totemismus. es 128
– Mythos und Bedeutung. es 3323
Lezama Lima: Die amerikanische Ausdruckswelt. es 1457
»Literaturentwicklungsprozesse«. es 1782
Löwenthal: Mitmachen wollte ich nie. es 1014
Lüderssen: Abschaffen des Strafens? es 1914
– Genesis und Geltung. es 1962
– Der Staat geht unter – das Unrecht bleibt? es 1810
Lukács: Gelebtes Denken. es 1088
Maeffert: Bruchstellen. es 1387
Mahony: Der Schriftsteller Sigmund Freud. es 1484
de Man: Allegorien des Lesens. es 1357
– Die Ideologie des Ästhetischen. es 1682
Marcus: Umkehrung der Moral. es 903
Marcuse: Ideen zu einer kritischen Theorie der Gesellschaft. es 300
– Konterrevolution und Revolte. es 591
– Kultur und Gesellschaft 1. es 101
Mattenklott: Blindgänger. es 1343
Mattenklott: Umschreibungen. es 1887
Mayer: Gelebte Literatur. es 1427
– Das Geschehen und das Schweigen. es 342
– Versuche über die Oper. es 1050

316/8/4.97

edition suhrkamp
Eine Auswahl

Über Hans Mayer. es 887
Mayröcker: Magische Blätter. es 1202
– Magische Blätter II. es 1421
– Magische Blätter III. es 1646
– Magische Blätter IV. es 1954
Meckel: Von den Luftgeschäften der Poesie. es 1578
Meinecke: The Church of John F. Kennedy. es 1997
Menninghaus: Paul Celan. es 1026
– Schwellenkunde. es 1349
Menzel: Auswege aus der Abhängigkeit. es 1312
– Das Ende der Dritten Welt und das Scheitern der Großen Theorie. es 1718
Menzel/Senghaas: Europas Entwicklung und die Dritte Welt. es 1393
Meuschel: Legitimation und Parteiherrschaft in der DDR. es 1688
Miłosz: Zeichen im Dunkel. es 995 und es 3320
Mitscherlich: Krankheit als Konflikt. es 164
– Die Unwirtlichkeit unserer Städte. es 123 und es 3311
Möller: Vernunft und Kritik. es 1269
Morshäuser: Hauptsache Deutsch. es 1626
– Revolver. es 1465
– Warten auf den Führer. es 1879
Moser: Besuche bei den Brüdern und Schwestern. es 1686
– Eine fast normale Familie. es 1223
– Repressive Kriminalpsychiatrie. es 419
– Romane als Krankengeschichten. es 1304
– Verstehen, Urteilen, Verurteilen. es 880
Muschg: Herr, was fehlt Euch? es 1900
– Literatur als Therapie? es 1065
Mythos Internet. es 2010
Mythos Metropole. es 1912
Mythos und Moderne. es 1144
Nachdenken über China. es 1602
Nakane: Die Struktur der japanischen Gesellschaft. es 1204
Narr/Schubert: Weltökonomie. es 1892
Negt/Kluge: Geschichte und Eigensinn. es 1700
Nizon: Am Schreiben gehen. es 1328
Nooteboom: Berliner Notizen. es 1639
– Wie wird man Europäer? es 1869
Oppenheim: Husch, husch, der schönste Vokal entleert sich. es 1232
Ostermaier: Herz Vers Sagen. es 1950
Overbeck: Der Koryphäenkiller. es 2009
Oz: Die Hügel des Libanon. es 1876
Paz: Der menschenfreundliche Menschenfresser. es 1064
– Suche nach einer Mitte. es 1008 und es 3321
– Zwiesprache. es 1290
Penck: Mein Denken. es 1385
Petri: Schöner und unerbittlicher Mummenschanz. es 1528

316/9/4.97